晓 剑 著

青春肆虐的河谷

一个无邪而又荒唐少年的悲凉人生

一对纯真而又放浪的男女的爱情秘闻

一段熟悉而又陌生年代的惨烈记忆

WUHAN UNIVERSITY PRESS
武汉大学出版社

图书在版编目(CIP)数据

青春肆虐的河谷/晓剑著.—武汉:武汉大学出版社,2012.4
红土地之歌
ISBN 978-7-307-09189-4

Ⅰ.青… Ⅱ.晓… Ⅲ.上山下乡知识青年—史料—云南省
Ⅳ.D652

中国版本图书馆CIP数据核字(2011)第210430号

责任编辑:张福臣 责任校对:黄添生 版式设计:马 佳

出版发行:**武汉大学出版社** (430072 武昌 珞珈山)
(电子邮件:cbs22@whu.edu.cn 网址:www.wdp.com.cn)
印刷:武汉武铁印刷厂
开本:880×1230 1/32 印张:10.75 字数:243千字
版次:2012年4月第1版 2012年4月第1次印刷
ISBN 978-7-307-09189-4/D·1118 定价:25.00元

编 委 会

总　序

叶　辛

40年前，中国的大地上发生了一场波澜壮阔的知识青年上山下乡运动。“波澜壮阔”四个字，不是我特意选用的形容词，而是当年的习惯说法，广播里这么说，报纸的通栏大标题里这么写。知识青年上山下乡，当年还是毛泽东主席的伟大战略部署，是培养和造就千百万无产阶级革命事业接班人的百年大计，千年大计，万年大计。

这一说法，也不是我今天的特意强调，而是天天在我们耳边一再重复宣传的话，以至于老知青们今天聚在一起，讲起当年的话语，忆起当年的情形，唱起当年的歌，仍然会气氛热烈，情绪激烈，有说不完的话。

说“波澜壮阔”，还因为就是在“知识青年到农村去，接受贫下中农的再教育，很有必要”的指示和召唤之下，1600多万大中城市毕业的知识青年，上山下乡，奔赴农村，奔赴边疆，奔赴草原、渔村、山乡、海岛，在大山深处，在戈壁荒原，在兵团、北大荒和西双版纳，开始了这一代人艰辛、平凡而又非凡的人生。

讲完这一段话，我还要作一番解释。首先，我们习惯上讲，中国上山下乡的知识青年，有1700万，我为什么用了1600万这个数字。其实，1700万这个数字，是国务院知青办的权威统计，应该没有错。但是这个统计，是从1955年有知青下乡这件事开始算起的。研究中国知青史的中外专家都知道，从1955年到1966年“文革”初始，十多年的时间里，全国有100多万知青下乡，全国人民所熟知的一些知青先行者，都在这个阶段涌现出来，宣传开去。而发展到“文革”期间，特别是1968年12月21日夜间，毛主席的最新最高指示发表，知识青年上山下乡，掀起了一个前所未有的高潮。那个年头，毛主席的话，一句顶一万句；毛主席的指示，理解的要执行，不理解的也要执行；且落实毛主席的最新指示，要“不过夜”。于是乎全国城乡迅疾地行动起来，在随后的10年时间里，有1600万知青上山下乡。而在此之前，知识青年下乡去，习惯的说法是下乡上山。我最初到贵州山乡插队落户时，发给我们每个知青点集体户的那本小小的刊物，刊名也是《下乡上山》。在大规模的知青下乡形成波澜壮阔之势时，才逐渐规范成“上山下乡”的统一说法。

我还要说明的是，1700万知青上山下乡的数字，是国务院知青办根据大中城市上山下乡的实际数字统计的，比较准确。但是这个数字仍然是有争议的。

为什么呢？

因为国务院知青办统计的是大中城市上山下乡知青的数字，没有统计千百万回乡知青的数字。回乡知青，也被叫作本乡本土的知青，他们在县城中学读书，或者在县城下面的区、城镇、公社的中学读书，如果没有文化大革命，他们读到初中毕业，照样可以考高中；他们读到高中毕业，照样可以报考全国各地所有的大学，就像今天的情形一样，不会因为他们毕业于区级中学、县级中学不允许他们报考北大、清华、复旦、交大、武大、南大。只要成绩好，名牌大学照样录取他们。但是在上山下乡“一片红”的大形势之下，大中城市的毕业生都要汇入上山下乡的洪流，本乡本土的毕业生理所当然地也要回到自己的乡村里去。他们的回归对政府和国家来说，比较简单，就是回到自己出生的村寨上去，回到父母身边去，那里本来就是他们的家。学校和政府不需要为他们支付安置费，也不需要为他们安排交通，只要对他们说，大学停办了，你们毕业以后回到乡村，也像你们的父母一样参加农业劳动，自食其力。千千万万本乡本土的知青就这样回到了他们生于斯、长于斯的乡村里。他们的名字叫“回乡知青”，也是名副其实的知青。

而大中城市的上山下乡知青，和他们就不一样了。他们要离开从小生活的城市，迁出城市户口，注销粮油关系，而学校、政府、国家还要负责把他们送到农村这一“广阔天地”中去。离开城市去往乡村，要坐火车，要坐长途公共汽车，要坐轮船，像北京、上海、天津、广州、武汉、长沙的知青，有的往北去到“反修前哨”的黑龙江、内蒙古、新疆，有的往南到海南、西双版纳，路途相当遥远，所有知青的交通费用，都由国家和政府负担。而每一个插队到村庄、寨子里去的知青，还要为他们拨付安置费，下乡第一年的粮食和生活补贴。所有这一切必须要核对准确，做出计划和安排，国务院知青办统计离开大中城市上山下乡知青的人数，还是有其依据的。

其实我郑重其事写下的这一切，每一个回乡知青当年都是十分明白的。在我插队落户的公社里，我就经常遇到县中、区中毕业的回乡知青，他们和远方来的贵阳知青、上海知青的关系也都很好。

但是现在他们有想法了，他们说：我们也是知青呀！回乡知青怎么就不能算知青呢？不少人觉得他们的想法有道理。于是乎，关于中国知青总人数的说法，又有了新的版本，有的说是2000万，有的说是2400万，也有说3000万的。

看看，对于我们这些过来人来说，一个十分简单的统计数字，就要结合当年的时代背景、具体政策，费好多笔墨才能讲明白。而知识青年上山下乡运动中，还有多多少少类似的情形啊，诸如兵团知青、国营农场知青、插队知青、病退、顶替、老三届、工农兵大学生，等等等等，对于这些显而易见的字眼，今天的年轻一代，已经看不甚明白了。我就经常会碰到今天的中学生向我提出的种种问题：凭啥你们上山下乡一代人要称“老三届”？比你们早读书的人还多着呢，他们不是比你们更老吗？嗳，你们怎么那样笨，让你们下乡，你们完全可以不去啊，还非要争着去，那是你们活该……

有的问题我还能解答，有的问题我除了苦笑，一时间都无从答起。

从这个意义上来说，武汉大学出版社推出反映知青生活的“黄土地”、“红土地”和“黑土地”系列作品这一大型项目，实在是一件大好事。既利于经历过那一时代的知青们回顾以往，理清脉络；又利于今天的年轻一代，懂得和理解他们的上一代人经历了一段什么样的岁月；还给历史留下了一份真切的记忆。

对于知青来说，无论你当年下放在哪个地方，无论你在乡间待过多长时间，无论你如今是取得了很大业绩还是默默无闻，从那一时期起，我们就有了一个共同的称呼：知青。这是时代给我们留下的抹不去的印记。

历史的巨轮带着我们来到了2012年，转眼间，距离那段已逝的岁月已40多年了。40年啊，遗憾也好，感慨也罢，青春无悔也好，不堪回首也罢，我们已经无能为力了。

我们所拥有的只是我们人生的过程，40年里的某年、某月、某一天，或将永久地铭记在我们的心中。

风雨如磐见真情，

岁月蹉跎志犹存。

正如出版者所言：1700万知青平凡而又非凡的人生，虽谈不上“感天动地”，但也是共和国同时代人的成长史。事是史之体，人是史之魂。1700万知青的成长史也是新中国历史的一部分，不可遗忘，不可断裂，亟求正确定位，给生者或者死者以安慰，给昨天、今天和明天一个交待。

是为序。

目　　录

代　序
知青，一个难以诉说的字眼

对于我的女儿一辈来说，知青肯定是古时候的事了。在知青们已经开始当爷爷、奶奶、姥爷、姥姥的今天，我没有理由指责我的女儿对他父亲少年时的经历漠不关心，终究，新千年和新世纪的诱惑太多，何况，我女儿这辈人面临的生存竞争更加激烈和残酷，他们处理自己的事情已经够累的了。

然而，在我和我插队的同伴心中，知青可能永远都是个死结，是个到死也说不清、道不明的话题。

社会学家说知青是一种灾难，历史学家说知青是一种现象，政治家说知青是一种为了民族的群体牺牲，文学家说知青是一种心理情结，芸芸众生说知青是一种个人命运的被蹂躏和被煎熬，具体到每一个个案，还会有无数种非理性的说法和纯粹属于个人体验的评价。我认为，对每一种认识都不能否定，但也不能认定是对那一段于我们来说属于刻骨铭心生活的全面总结，因为整个民族的浮躁使这个民族还没有以冷静的心态对整个历史进行全面的、认真的、科学的反思和梳理，更不用说妄图遮掩这段历史的还大有人在。

十年前，在湖南卫视《有话好说》节目中，我作为嘉宾，为了使知青话题能够尽快进入争论，提出了“当知青好玩不好玩”的问题，似乎引起了众怒，掀起了一股不大不小的风波，这正是我所期待的，假如大家对我的问题漠然处之，那才是我们这代人的悲哀。不过，我至今认为，从某个角度讲，一群不谙世事的少年男女离开城市，来到农村，在残存的童趣中，肯定会有好玩的念头，这是不容置疑的，即使在面临国破家亡的抗日战争时期，小兵张嘎依然会堵人家烟囱，用摔跤去和小伙伴打赌就是对好玩的一种证明。

当然，好玩绝不会成为整整一代人把青春摆上魔鬼的祭坛的全部内容，甚至它仅仅是那个时代一种苦涩的笑，一种对于政治宗教本能的嘲弄，在今天，它成为了历史的黑色幽默，成为了记忆中更多泪水的源泉。

我编写了中国第一部关于知青生活的电影剧本《我们的田野》，我创作了大量的知青长、中、短篇小说，我主编了五卷本的知青文学精品文库，我和郭小东总撰稿的《中国老三届》是目前集数最多、内容最全面的知青专题片，里面无一不反映了童趣、童贞、少年的憧憬及孩提的荒唐，但是，这并不降低了作品基调的沉重感，更掩饰不住历史对我们这一代人不公平待遇，反而，其有助于我们的回忆与反思，有助于下一代人对上一代人的客观认识和评价。

这客观认识和评价，是民族赋予他们的使命，他们想摆脱也摆脱不了！

当然，谁也不可能取代谁的思考，就像谁也不可能取代谁的自身经历一样，我只是表达了我个人对过去生活的意念，其他有过知青经历的人尽可以有着与我截然不同的看法及阐述方式，这丝毫不影响我们这代人无法摆脱的集体意识。

知青，实在是个难以诉说的字眼，好在我们这代人的优势在于我们永远有着要诉说的冲动和欲望，有着谁不让说就和谁玩命的勇气和魄力，那就让我们有机会就诉说吧！

此文是为某杂志撰写的，正值我的母校武汉大学所属出版社大规模再版知青文学作品，在不胜感慨和感激之余，将其找出，是为代序。

第一章

伟人一挥手，类人猿从天安门广场到了中越边境——拍了一个“婆子”，“花”了两个痞子——国防绿、大回力和一尺半宽的“联动”红袖章——盘子大的毛主席像章换了一把跳刀和一支六〇口径竹烟筒

一个叫杨之洋的年轻小伙子很想冲进中国共产党第九次全国代表大会的主会场，这会场设在首都北京市中心天安门广场西侧的人民大会堂中。

那些日子里，人民大会堂中老老少少、男男女女数千之众，每人手握一本红塑料皮毛主席语录，站在仅容过身的座椅缝隙间，满怀真正激情地把双臂高高举起，挥左挥右，把身躯挺直，晃来晃去，跳着“忠”字舞。

当时跳“忠”字舞的普及程度和现在练气功减肥的普及程度不相上下，而且也不像后人们想像的那样被强迫，起码百分之九十五的人是自觉自愿的，跳得还颇有兴致。

就是在这次大会上，中共中央政治局常委、中央军委副主席、国防部部长、中国人民解放军十大元帅排行

第二的林彪被宣布为毛泽东主席的法定接班人。

消息传出，举国上下一片欢腾。

而地处北京市海淀区的C大学附中的“金猴”战斗队总勤务员杨之洋却并不那么自在，甚至显得有些沮丧，一米八零的个子似乎因情绪不佳而矮了不少，本来就不英俊的脸越发有些丑陋，而近乎猿人。

到十多年后他死时，也没向任何人说明过到底是因为他长得像类人猿而给自己的战斗队起了“金猴”的名字，还是因为他的战斗队叫“金猴”而被对立的那一派称为类人猿。

也许二者兼有。

杨之洋想冲进人民大会堂的念头倒不是因为林彪成了接班人而产生的。

当时的确有一些明智之人对林彪的所作所为产生了怀疑，认为他是赫鲁晓夫式的修正主义野心家。但这些人不是将此种看法深藏于心底，就是说出来被当成现行反革命投入大牢。而大多数人对林彪是崇敬的，对一九二八年井冈山红军会师是由毛泽东和林彪完成的说法是认同的。

一个赳赳武夫的杨之洋没有什么超人的头脑和特殊的认识，当然不可能得出林彪是坏人的结论。

他冲进人民大会堂的唯一目的是为了向毛主席表忠心！

在一天之前，他想成立一支红卫兵垦荒队去东北友谊农场开办红卫兵共产主义农业大学的提议被北京市革命委员会否决了，他的性格使他不能接受这否决，因而产生了冲进人民大会堂的疯狂念头。

杨之洋绝非政治型人物，冲人民大会堂也不是为了什么政治目的，说准确点，他有一股流氓无产者的气质，为人处世时像个黑社会小头目。这多少和他所受的家庭教育有关。

他生父是胡风反革命集团中的人物，此案刚一定性便自杀身死，而他母亲为了使他不受牵连匆匆忙忙下嫁给一个蹬三轮车的工人。三岁的他便由一个大学系主任的公子成为了一个只会卖力气、发酒疯、说下流话、干仗义事的男人的儿子。

他母亲成了奴隶和性交工具，他当然也成不了什么文弱书生，但他们母子却再也没受到过什么政治上的不公平待遇。

杨之洋之所以能够进入当时所谓宝塔尖学校 C 大学附中，完全是因为他的工人出身，当时这所高干子弟云集的中学为了批判干部子弟特权思想，装点一下门面，首次招收了十名工农子女入学，他便有幸成为这十人中的一个。

“文化大革命”轰轰烈烈开始以后，他从父亲那儿受到的影响便全部展示出来。第一个站到校长办公桌上，对校长歧视工农子女行为展开革命大批判的是他；当红卫兵还处于地下状态，公开张贴红卫兵宣言的还是他；把那些给他判过二分的老师们剃阴阳头的又是他。

颇具政治家风度的高干子女们极力夸赞他工人后代的先锋队作用，把一切打头阵的任务都交给他去做，使他的自尊心得到了极大的满足。

他爸爸虐待他母亲的方式被他全部用到了女老师身上，而他爸爸吊打他的方式则被他一丝不差地用到了男老师身上。在“破四旧”和抄家的“红八月”狂潮中，他更是大显神威，只身活捉了北京著名流氓集团“九龙一凤”的大龙，一口气用皮带抽死了一个当过伪警察局长的老头子，扳倒了万安公墓中二十多个坏人的巨大墓碑，还敲毁了颐和园佛香阁上五十多个小佛爷的脑袋。

为此，在整个海淀区他赢得了不小的名声，各校红卫兵的打手们听到类人猿的名字，都肃然起敬。

他被称为海淀区“份”最大的！

北京俚语中的所谓“份”，实际上就是一种名气的意思，不过早已成为黑道用语，在红卫兵时代，一方面破着“四旧”，一方面又有沉渣泛起。

前些日子，就是一九六八年十二月的一个夜晚，由于无聊而出去和另一派红卫兵打了一架的杨之洋刚刚睡下，便被一阵阵锣鼓声和鞭炮声惊醒，全北京市一万一千八百多只高音喇叭同时响了起来，原来毛主席的又一条最新最高指示发表了：

“知识青年到农村去，接受贫下中农的再教育……”

到农村去，这可是杨之洋的向往之一，他很喜欢农村，上小学时，最令他高兴的事就是父亲带他回老家。

蹬三轮的父亲的老家在北大荒，那里有成片的白桦林和美人松，有匆匆开放的野花，有一望无际的田野，有松鸡、野鸭，有狍子和狼，有时还能看到懒洋洋的熊和狡猾的狐狸，河流、水洼中的鱼用手都能抓住，叫不出名来的野果子和蘑菇遍布山谷。

杨之洋一到了那里就不想回城市，和村里的孩子们在一起，从早玩到天黑，不知累不知乏，每天都有数不清的收获。

他早就想砸烂那些死气沉沉的课桌，永远在农村里生活。他的性格使他天生就适合在大自然中做个无拘无束的人。

毛主席的指示确实说出了他的心里话。

他马上翻身起床，召集“金猴”战斗队的十九个类人猿，一同研究如何落实最新的最高指示。

经过整整一夜的争论，最后意见趋于一致：到北大荒去，成立红卫兵共产主义农业大学！

为此，他领着十几名男女冒着北国的风雪，来到他老家附近的友谊农场，和那里的造反派战友进行了联络。

友谊农场很欢迎他们的到来，毛主席的指示同样使那里一片沸腾，农场当即同意拨出一万亩土地和十排砖房让他们成立红卫兵共产主义农业大学，一分钱不收。

谁也不会知道，这是十年之后承包制的雏形，所有研究承包理论的人谁也没有搞到当时双方会谈的第一手资料。

杨之洋他们回到北京后，已是春暖花开时节，一份长达万言的报告送交到北京市革命委员会知青分配小组。

然而，这个报告被无情地否决了，所有知识青年的去向要在一元化领导下决定。

杨之洋怒火中烧，这是他人生中第一次有计划地去实现一个伟大的理想，却连第一步都没走出去。十几年以后，他还有过一次这样的计划，结局是死亡。

他决定去冲人民大会堂，以表示自己的决心和信心。

这种冲击在当时是非常时髦和奏效的。上万名中学红卫兵七次冲击公安部，致使中共中央文化革命领导小组不得不下令释放被关押的中学红卫兵领袖；大学红卫兵冲击外交部和人民大会堂，迫使周恩来不得不让陈毅出面接受批判；十万人冲击中南海达数十天，又使国家主席刘少奇站到了批判台上。

杨之洋认为自己的冲击也会取得预想的结果。

然而，他刚刚进入人民大会堂的警戒线，便被两个警察以熟练的捕俘动作扭住胳膊，塞进了一辆警车。

在海淀区公安局拘留所，他被关了整整一个星期，尝到了吃窝头喝菜汤的滋味，也从一伙小流氓那里学会了如何做一个硬汉。

当搞清楚他确实没有爆炸人民大会堂的意图之后，他被释放了。释放之前，北京市革委会知青分配小组的一个中年妇女接见了他，居然先表扬了他到农村去的决心，然后告诉他现在有一批去云南的知青名额，希望他能带头报名。

对于杨之洋来说，云南是一块神秘的地方，神秘即会产生好奇，好奇使他痛快地答应了中年妇女的要求。

其实，只要能去农村，到哪里他都不会拒绝。

回到学校，他才发现“金猴”战斗队的人都已经去了内蒙古和陕西，只剩下他这最后一个类人猿了。

他没有时间再考虑什么，因为《北京日报》已经发布了一条新闻：C 大学附中红卫兵小将杨之洋带头报名，去开发云南边疆。

杨之洋又一次来到天安门广场，他是来向北京告别的。

当时的红卫兵们无论举行什么大的活动，都要到天安门广场履行一个仪式，站在广场中心的人民英雄纪念碑前宣誓。

“金猴”战斗队成立、进行串联去延安、到北大荒友谊农场考察，都来天安门广场宣过誓。

到云南边疆去，杨之洋当然也要来这里了，否则会觉得没有寄托。

据说天安门广场是世界上最大的广场，据说台湾国民党当局想搞一个比天安门广场还要大的广场，派特务来丈量过，不过这都是据说，杨之洋并不想考证。

他孤独地立于春风之中，看着一队又一队要去插队的红卫兵们庄严地宣誓，感到了惆怅和凄凉。

终于，他什么话也没有说，默默地来，又默默地去了。

在南下的列车上，杨之洋轻而易举地拍了一个“婆子”。

拍“婆子”完全是北京红卫兵的一个创举，严格地说起来，其性质和现在的“马路求爱”如出一辙。

一九六七年冬季以后，中学红卫兵们似乎已经完成了文化大革命赋予他们的使命，被社会冷落起来，于是，进入青春期的年轻人们在性骚动的驱使下，开始了找朋友、谈恋爱。

一些男校和女校的红卫兵们无朋友可找，便杀向了社会，此举扩展开来，就形成了风行一时的拍“婆子”。

拍“婆子”的过程之简单足以令现今的那些“马路求爱者”瞠目结舌。

凡是处在中学生年龄、穿着整齐些的女孩子一律被视为“婆子”，而同样是中学生年龄的男孩子们稍有胆量和这种爱好的便随意上去阻拦。

搭话的内容也处于低文化层次：

“喂，哪儿的？”

“×中。你呢？”

“××中，××组织。”

这就算结识了，以后便频频约会，一同骑车在大街上招摇，一同去饭馆吃六分钱一两的刀削面。

假如“婆子”看不上男的，便会不理睬或骂一声：“臭流氓！”

当时，相貌漂亮些的女中学生，百分之百都被拍过，有时会被拍数十次、上百次。

不过，那时的拍“婆子”不像现在对性的目的那么明确，男女在一起更多的只是一种心理的满足，很少有真正一同上床睡觉的，最多亲吻一下，爱抚爱抚。至于相约插队到一个地方之后的事，当不属于拍“婆子”运动的本身，至多是外延而已。

当然，个别偷吃禁果的现象绝不能排除，但那不能代表广大参与过拍“婆子”的中学红卫兵们，就如同在抄家过程中有个别人侵吞了抄家物品不能说全体参与抄家的红卫兵见什么就往兜里塞什么一样。

杨之洋就绝没有拿过任何抄家的东西，甚至连资本家家中的水都不喝一口，面对着他见都没见过的高级糕点，他只是咽一口唾沫，然后把它们全踩碎。

拍“婆子”也是一样，为了满足一种虚荣心。虽然一九六九年他已满十八周岁，可跟女人在一起时，他从来没产生过要把对方的衣服扒光的念头，尽管有过一些这样朦胧的梦。

他曾经拍过三个“婆子”。

第一个是在王府井大街口上，他看到几个上海人正围着一个北京姑娘说什么，便晃了过去。不知为什么，那几个上海人撒腿就跑，于是那北京姑娘就成了他的“婆子”。

可见过三次面后，那位自称女三中的姑娘便不见了踪影。这把他气得够呛，因为他为她把一个月三块钱零花钱用了个一干二净，连一角钱一碗的炒肝都吃不起了。

第二个和第三个“婆子”都是在海淀街上拍的。那两个姑娘一听他是C大学附中的类人猿，二话没说就跟上了他，不过这两个女孩子先后去当了兵，离开了他。

他从后两个“婆子”那里体会到了女性的温情和依恋，懂得男人的力度和魁伟是从女人那儿体现出来的，也品尝到亲吻温湿柔唇和触碰细嫩乳头时生理上的欢欣。

在南下列车上拍的这个“婆子”是他在北京站临上车时就看中了的。

在上山下乡高潮的日子里，北京车站每发出一列满载中学生的列车，车站大厅和站台上就演出一场悲壮之极的生死离别的戏剧。

家长们暗自垂泪，情人们窃窃私语，战友们慷慨高歌，校方则锣鼓震天。

一会儿传来齐声朗诵毛主席诗词的声音，一会儿传来《告别战友》的歌声，一会儿传来不加掩饰的大哭，一会儿传来“世界革命的沙场上见”的誓词，此起彼伏，一浪高过一浪。

发车铃声响时，更是哭的哭，笑的笑，喊的喊，闹的闹，像壮士出征，也像囚犯西行，每个人的脸上都显出一副难以描绘的神态。

杨之洋没让父母来送，他怕母亲哭哭啼啼，也怕父亲喝多了酒来出洋相，而作为最后一个类人猿，他又没有战友来壮行，只好孤独地转来转去。

一个姑娘像太阳般在他眼前闪动了一下，他有点昏眩了。

那是一个年龄和他相仿的少女，瘦高个，乌黑的头发扎成两把小刷子，瓜子脸，大大的眼睛闪动着疑虑和担忧的目光，白皙的肤色略显病态，一身洗得发白的黄军装恰到好处地裹在身上，刚出土的小蘑菇般的乳房精巧地拱出胸脯。

杨之洋立刻断定，她是整个列车一千多名知青中“盘”最亮的。“盘”亮，便是漂亮的意思，这同样是当时红卫兵们的俚语。

说来奇怪，传统文化中最先侵蚀年轻一代的竟是地痞流氓类的语言和行为方式，也许是他们认为这最能表现自己？

杨之洋发现这个姑娘和自己同样孤独，无人相送，而不远处十几个来送人的男中学生们正窥视着这姑娘，显然想拍走她。

但是，由于同乘一列火车，杨之洋捷足先登了，他一直站在这姑娘背后，如同她的保护神，直到开车铃响起。

杨之洋和那个叫田萍的姑娘相识了。为此他从七号车厢挪到了二号车厢，和田萍身边一个小伙子换了位置。

田萍是北京B大学附中的学生，父母在“文化大革命”初期不堪凌辱，双双自杀身亡，留下她和一个在部队当兵的姐姐。

由于她从革命干部子女成了“黑五类”的狗崽子，所以没有任何一个红卫兵组织收留她，她一个人忧郁地关在家中过了三年，直到这次学校通知她去云南插队落户。

孤身离家，她当然需要一个保护人。当她得知类人猿的大名后，立即决定将自己托付给他。她不知道今后将怎么办，反正眼下不受人欺负就行了。

她告诉杨之洋：“有两个海淀中学的小痞子一直在找我麻烦。”

“小痞子”本来是北京的干部子弟对平民百姓家的孩子的蔑称，后来成为所有红卫兵对一切看不上眼的人的称呼。

杨之洋称别人为痞子，也被人称过痞子，他其实并不在乎称呼别人什么和被人称呼什么，只要自尊心不受伤害和能战胜别人就行。

他听田萍说完后，便站起来，去找那两个同样打田萍主意的痞子算账。

保护属于自己的女人是一切男人的雄性本能，除非败于对方手下。这和是否“文化大革命”，是否红卫兵小将无关。

按田萍的指点，杨之洋在六号车厢找到了两个身穿呢子军装、脸上长满粉刺的家伙，把他们叫到了两个车厢的接头处。

“知道我是谁吗？”杨之洋问。

那两个家伙傲慢地摇摇头，手向裤兜和腰里伸去。

“那婆子是我的了。”他指指车厢内田萍的背影。

“为什么？”一个家伙掏出了一根链锁。

而杨之洋不由分说，伸手抓住了两个家伙的头发，将两个脑袋像撞钟一样狠狠地碰在了一起。

鲜血涌了出来，两个家伙瘫倒在地。

“记住，我叫类人猿。”杨之洋走回到田萍身边。

后来，再没有人来打田萍的主意，人们只是传说六号车厢两个男生在车厢接头处不小心撞到门上，流了不少血。

田萍很为能成为类人猿的“婆子”而庆幸和自豪。

列车开了三天三夜，停在了西南重镇昆明新建成的火车站上。据说这个火车站是模仿北京站修建的，可一眼看去，与北京站简直不能同日而语，小家子气到了极点。

从车站到住宿地点昆明二十三中学完全是步行的，几乎穿过整个昆明市区，他们一路喊着口号，招引了不少人围观。

昆明人也像昆明火车站一样小家子气，居然让北京来的知识青年在教室里打地铺，而且没有蚊帐，把一千多男男女女咬得够呛，蚊子们好久没有这样痛快大餐过了。

第二天，杨之洋穿上了一身国防绿军装，套上一尺半宽无字的红袖章，登上雪白的带半圆形红胶皮的回力牌篮球鞋，带着田萍上街招摇过市去了。

他这身打扮，是北京典型的“老兵”装束。所谓“老兵”是对最早成立红卫兵的那些人的尊称，以示与一九六六年八月份以后乱世英雄起四方、各路蜂起的红卫兵的区别。

不过，就如同八十年代的冒牌货和伪劣商品一样，只要能弄到手那么一副行头，是个人就可以自封“老兵”。

其实“老兵”们无非是为了满足一种虚荣心，给自己短暂的荣耀一时延长些夕阳的余辉和不甘心被遗弃罢了。

另外，那种装束的时髦给年轻人一种美感，和七十年代末的牛仔裤、八十年代初的西装、八十年代末的健美裤、大裤衩、超短裙起一样的作用。

杨之洋家并无人当兵，他那身国防绿干部军装是他的战利品。

一九六七年的初春还异常寒冷，在举世闻名的“二月逆流”中，为配合老子们向中央文革反攻而成立的“首都红卫兵联合行动委员会”，随着老子们的失败也被宣布为反动组织。于是，以著名的四大学生领袖之一的蒯大富为首的清华大学“井冈山”伙同其他一些大学的武斗队打手们开始对一些参加了“联动”组织的中学红卫兵大查抄。

在一个深夜，清华大学“井冈山”突袭了十所中学的红卫兵总部后，又冲进了C大学附中。

在查抄前十所中学时，大学生们势如破竹，二百之众所到之处所向披靡，“联动”分子望风而逃，查抄战果辉煌。

然而，在C大学附中却遇到了强烈抵抗，住在办公楼一层的“金猴”战斗队一个个手持垒球棒，一阵挥舞，冲在前面的七八个大学生便头破血流。

由于楼道狭窄，摆不开战场，大学生们退到外面。但突然，从楼顶下雨般飞下一片片瓦片，当即有几个大学生昏倒在地。

大学生们在一群亡命之徒的反扑下仓皇败退，而杨之洋则带人追打上去。

在黄庄车站附近，一个没爬上卡车的大学生被杨之洋一棍子敲中后腰，腿一软摔倒在冰凉的地上。

几双皮鞋踢了上来，那个大学生鬼哭狼嚎，跪在地上连声喊着：“爷爷饶命!”

杨之洋是个吃软不吃硬的汉子，见对方求饶了，便让部下停住踢打，然后扒下了穿在大学生身上的一套崭新国防绿军装。他向往这种军装已经有一年多了。

第二天，据说蒯大富得知情况后，夸赞了C大学附中的红卫兵们。

至于那双回力鞋，则是杨之洋把堆在楼梯拐弯处的一大堆线装书给运到废品收购站卖了十二元钱，到王府井利生体育用品商店买回来的。

一尺半宽的绸子袖章是他裁剪了一面红旗，给十几个部下每人发一块，自己留了一块最大的。

凭这全套行头，他也着实风流过一些日子，一般人都以为他是真正的高干子弟，根本想不到他的爹每天在蹬三轮车给人家送煤。

到了昆明，他当然还要不失时机地到大庭广众之下摆摆“份”。

果然，由于他那身打扮，一群自称昆明军区大院的孩子们和他叫上了“碴巴”。

昆明人当然不懂“叫碴巴”是北京话中没事找事、要打架的意思，他们一般都是说“到小西门比比去”。

强龙难压地头蛇，在别人地盘上打架显然他有点吃亏，何况身边还带着田萍，而且自己又赤手空拳。

那十几个同样穿国防绿军装的孩子抡开了拳头，打得杨之洋只有招架之力，绝无还手之功。

正在这时，被杨之洋在列车上撞破了脑袋的两个小子领着二十多个北京知青赶来了，两个人对付一个，不但打得那群地头蛇头破血流，还扒下了他们身上的行头，装备到自己身上来，然后扬长而去。

当天晚上，一百多手执刺刀、步枪和驳壳枪的年轻人找到北京知青的住宿点，在刚刚停息了大规模武斗的昆明市，就是出现端机关枪、扛迫击炮的红卫兵小将也毫不奇怪。

不过，来人扑空了，一千多北京知青已经在黄昏时集体开拔，坐上了继续南下至中越边境地区河口的火车。

从昆明至河口的铁路是窄轨，走的是小火车，客车车厢每边都是坐两个人，不像大火车一边两个人，一边三个人。

这条铁路是由法国人设计、使用中国民工施工的。由于铁路全部在山谷间延伸，不仅坡度是全世界铁路线最大的，而且施工时死人也是最多的，据说每一根枕木下都有一具中国人的白骨。

火车不能直达河口，需要在开远县停下来换车，换车期间有两个小时的候车时间，杨之洋又带着田萍到街上去招摇。

开远县不大，最显著的特点是空气中飘荡着一股刺鼻的味道，一问街上人才知道，是附近一座解放军化工厂中传出来的，人们常年累月就是闻着这个味道生活，以至于几岁大的孩子们以为世界就是这个味道。

杨之洋看到了新鲜事，一个老乡用稻草把十个鸡蛋扎在一起出售，使他感到非常好奇。一问价格，一元五角一串。

他由于无聊，便讨价还价起来："一元四角行不行?"

那老乡坚决不同意。

"那么一元五角十一个行不行?"杨之洋用另一种方式压价。

老乡想了一下，居然点头同意了，结果引得杨之洋和田萍一阵哈哈大笑，而老乡并不觉得自己有什么错。

杨之洋又看到了另一桩没见过的景观：一个老头蹲在地上，捧着一根粗竹筒，再把整个脸贴住筒口，奋力吸着，一阵"吐噜"声过后，老头抬起头，心满意足地喷出一口浓烟。

杨之洋能理解这是个吸烟的工具，他见过父亲有个小水烟袋，吸烟时，烟气从水中过滤一下，带着股湿气进入肺中。可这么大的家伙他简直无法想像。

他会吸烟，以前偷父亲的劣等烟抽，后来自己买"大前门"抽，不过抽得不多。结识田萍后，她在昆明花5元钱给他买了一条云烟。

此时，他拿出一根云烟，递给老头："大爷，咱俩换着抽抽。"老头看看云烟，不相信似的接过来，放在鼻孔边闻闻，把竹烟筒递过来，并揉好一个烟球塞到小烟锅中，为杨之洋点燃。

杨之洋运足力气猛抽一口，嗓子一阵发痒，呛得他把烟气全喷出来。

老头和田萍都笑了。

杨之洋却没有笑，他最不能接受的就是有人看到他做失败了一件事。他把一根云烟掰成三截，插到烟锅上，又抽了起来。

这次很顺利，一口白白的烟气从他嘴中冒了出来。

“大爷，把这个竹烟筒卖给我吧。”杨之洋对竹烟筒爱不释手了。其实他是想等一会儿回到列车上，捧着竹烟筒来个哗众取宠，大出一下风头。

老头拿回竹烟筒，向一个角落处一指：“那里有卖的。”

杨之洋马上站起身，向那个角落走去。

果然，十几根用金灿灿铜片箍着的竹烟筒一字摆开，各种型号都有，细的胳膊粗，粗的大腿一样粗。

见杨之洋过来，一个戴头帕、系围裙的姑娘笑着说：“买一根吧，三块钱。”

杨之洋兜中只剩下三元钱，刚好可以买一根。但他刚选好一根六〇炮粗细的竹烟筒，那本地姑娘却不知从哪儿摸出一把跳刀，轻轻一按，刀锋“啪”地一下子跳了出来，刀尖正对着杨之洋。

“干什么？”杨之洋和田萍都吓了一跳。

“买一把吧，两元钱。”做生意的姑娘还是笑着说。

跳刀同样是杨之洋一见就喜欢的东西，严格地说，对这玩意他渴望已久了。在北京时，他只听人讲过，没想到在这小县城中见到了真家伙。

不过，他有点为难了，因为三元钱只能取这两件东西中的一件，而他的自尊又使他绝不愿意在田萍面前露出自己穷光蛋的本相。

他犹豫着，似乎在选择商品，因为那姑娘一下子摸出了五六把大小不一的跳刀。

猛然，杨之洋解开衣扣，露出挂在胸前的一个大号的毛主席纪念章。这枚盘子大小的纪念章是他去西安串联时，用三十斤全国粮票换的，现在他决定再将它换出去。

不出所料，这么大个的毛主席像章把做生意的姑娘深深吸引住了，她的目光停在上面一动不动。

“送给你做个纪念吧。”杨之洋不敢说用毛主席像章换东西，这在当时可能会犯下弥天大罪。连到商店去买毛主席画像都只能用“请”字。

那姑娘有点不相信。

杨之洋摘下来就挂到姑娘的脖子上。

而姑娘也知趣地将一支竹烟筒和一把跳刀递给杨之洋，让他同样做个纪念。

毛主席像章对于杨之洋并不稀奇，他有一百枚，而竹烟筒和跳刀则胜过他对像章的兴趣，那个姑娘恰恰相反，竹烟筒和跳刀对于她并不稀奇，盘子大的毛主席像章能胜过她所有的竹烟筒和跳刀。

两个人各得其所。

小火车一声长鸣，离开了臭气熏天的开远县，向崇山峻岭间驶去。

杨之洋的竹烟筒轰动了整个车厢，而那把跳刀他始终没露，假如他需要露跳刀的时候，那就说明有人要被放血了！

第二章

和越南姑娘共浴南溪河——印度巡捕式的塑料头盔造就二百名小偷——紧急调遣总后勤部军车遣送北京知青——第一美女为表衷情拔刀扎穿大腿动脉

杨之洋脱衣服时显得匆匆忙忙，扯掉了一个衬衣扣子，把裤腿蹬开了一个口子。

他倒不是怕田萍看见他的躯体，相反，他最引为自豪的便是他拳击运动员似的强健体魄，这体魄在很大程度上掩饰了他下巴过于突出、额头过于窄小的缺陷，但也使他更像一个尚未开化、充满野性的类人猿。

在C大学附中时，他是校体操队、校田径队、校游泳队的三栖运动员，这三项运动更使他肌肉发达、身材魁伟，也使他成为一个一般人见而生畏的打手。

他的的确确练过拳击，先是把十本莎士比亚的书挂在墙上，一拳一拳地打，一个月以后，居然将十本书全部打烂，后来又去打沙袋，最后去打树皮和墙皮。

在一次和另一伙“老兵”叫“碴巴”的时候，不知哪方先动了手，杨之洋一拳便打断了一个自称总后大院“份”最大的家伙的肋条骨，吓得那群穿呢子军装的人落荒而逃。

他本来很想去当一个侦察兵，来学校招兵的一个营长也很欣赏他的块头，但最后领到军装的都是干部子弟，红五星和红领章与一个三轮车夫的儿子没发生联系。

现在，当他站在一条河水清澈见底的河边脱衣时，之所以显得慌慌张张，是因为河里边已经泡着几个越南姑娘了。

和外国女人在一条河里洗澡，当然会使还不真正知道女人是何物的杨之洋有些惶恐不安又兴奋不已。

当载着一千多北京知识青年的小火车停靠到河口火车站时，第一个跳下车厢的便是杨之洋。

他可不是被一群穿着民族服装、弹着三弦琴、敲着象脚鼓、转着圈跳舞的男女所吸引。这些男女是河口县毛泽东思想文艺宣传队的演员，被农场请来欢迎知识青年的。

杨之洋感兴趣的是火车站边上的那条河！

这条河叫南溪河，在几十公里以外就开始伴随着铁路线弯曲而下，在河口县并入红河之中，而红河最终流入大海。

南溪河两岸大多是陡峭的山崖，各种葛藤类植物像绳索般垂吊下来，织成一张绵延百里的绿网。每当河水宽阔、平坦些的时候，就会出现一个幽静的小村落，凤尾竹、芭蕉叶、菠萝蜜树丛中露出砖房和竹屋的一角。

对这些典型的亚热带风光，杨之洋远不如田萍有兴致，只是过了一个叫蚂蝗堡的车站后，到昆明迎接北京知青的农场干部说河对面就是越南时，他才骤然从昏昏欲睡中醒来，瞪大了眼睛。

河那边就是外国！

外国对于任何一个60年代末的中国学生都是神秘的，何况越南正在进行着一场现代化的战争！

几乎所有知青都挤到了列车前进方向的左边，挤在一起向河对面张望。

结果是失望的，河对面和刚才的景色没有什么两样，依然是起伏的山岗，绿得让人心烦的植物，宁静的小村。

“妈的，不是和这边一个样子嘛！”有人扫兴地骂了一句。

农场干部解释着：“是一个样子吵，只不过一条无形的界线给切割开了。其实两边的人也是一个样，很多越南人和中国人是亲戚，常常互相往来呢。”

“我们能过去吗？”杨之洋对这一点最显得迫切。

农场干部警惕地看了他一眼，沉下脸来，严肃地说：“不行，随便过去要判叛国罪，起码坐十年大牢吵。”

杨之洋哼了一声，坐回自己的座位。

火车进入河口火车站时，农场干部又介绍着说：“火车再往前开一百米，就驶过了中越大铁桥，桥那边是越南的老街市，抗美援越的大批物资就从这里送过去的。”

出了河口火车站检票口，一条石板路顺坡而下，就到了河边，一排大青树根深叶茂，枝杈伸展进河心。

正是夕阳残照的时刻，强烈的光线抹在南溪河水面和两岸的植物上，像涂了一层金黄，也像染上一层血红。

半个炽热的球萎缩着，在高墙般突然拔地而起的一排山峰后面淫荡又故作娇羞地躁动着，终于慢慢消失。

浮在山顶上的云的四周勾勒出一道金边，如同是一块块巨大的艺术装饰品，而一个个魔爪般尖细的峰顶像要挑破轻俏而华丽的云。

一旦失去耀眼的光辉，南溪河和中越大铁桥便历历在目，刚才的剪影变成了全息图。

杨之洋看到了像眼泪般晶莹的流水，一波波快乐的涟漪，水底一块块光滑的卵石，还有河心十几个少女。

那就是越南人了！

她们穿着黑色无领的三婆衣，能装进四条腿的肥大裤子，绸子一样黑而亮的长发，银光闪闪的发卡，无拘无束地笑着。

在反映越战的新闻纪录片和《人民画报》的专号上，他见到过这种形象。

不过，他急于跳下水中绝没有什么下流的非分之想，只是为了能表示自己第一个和外国人在一条河里浸泡过，这确实是一桩值得炫耀的事情。

他觉得相隔几十米远的越南姑娘在向他张望，因而有点紧张，所以脱下外衣后，赶忙一个猛子扎下河中。

暖洋洋的，水像是一汪温泉，他露出头来，看见田萍正挽起裤腿，站到河边一个竹排上。突然不知怎么搞的，那竹排离开了岸边，向中越大铁桥漂去，吓得田萍尖叫起来，一阵晃动后，落入水中。

杨之洋一阵自由泳，冲到田萍身边，拉住正使劲扑打的她，直起身子，双脚踩到了卵石，水才齐腰深。

田萍也站稳后，发现原来水并不深，惨白的脸色慢慢有了点血色，继而大笑起来。

而那个竹排穿过中越大铁桥的桥孔，进入红河，流到越南境内去了。

越南姑娘似乎并没有产生什么好奇，她们也许根本不知道知识青年这么个名称，也不知道这些从北京来的年轻人从此将改变河口城生活的格局。

她们蹲下身去，掀起衣服，开始擦洗皮肤。岸上的人看不清她们的动作，而泡在水中的杨之洋和田萍则能看到她们光洁的脊背，也时而能看到坚挺得令人难以置信的小巧乳峰。

一千多知识青年拿好行李，乌合之众般列好队伍，听了一阵欢迎词，准备进入县城时，杨之洋和田萍刚好水淋淋地赶回来。

一千多双眼睛看着他们，杨之洋满不在乎，这正是他所追求的效果，而田萍却一下子羞得垂下头，用手护住因衣服贴身而轮廓鲜明的胸脯。

有一阵阵小声的议论，但没有训斥，农场干部只是说了声："拿好行李，进城了。"

所谓城，其实只是一条街，几幢水泥建筑物是海关、邮局、银行、新华书店、百货商店，其他的都是竹木结构的房子。

两排凤凰树沿街伸展开去，树冠上一层和血一样红得纯正的花，什么地方传来醉人的芳香，据说是柚子树花正在开放。

高音喇叭中传出毛主席语录和诗词歌曲，接着又传出了欢迎知识青年接受贫下中农再教育的口号。

商店已经关了门，但街道两边不少和越南人打扮相近的人一边嚼着些什么，一边观看浩浩荡荡的队伍。很快知青们就搞清了那些人嚼的不是口香糖，而是槟榔。嚼这种玩意的最大特点是使牙齿变黑，嘴唇像吃了人血一样鲜红。

还有一些穿着奇怪制服的人在观看，那是一种浅绿色服装，上衣有三个兜，立领，颇像二三十年代的学生装。一个父亲在总后勤部当官的小子显摆地说："那是出国部队，到越南去打仗就穿这种衣服。"

一阵极其尖利的警报声骤然在县城另一侧的山头上响起，令北京知识青年胆战心惊，不知出了什么事情。

这种警报声对北京人倒并不陌生，一九六五年毛主席提出"备战、备荒"的指示之后，不少地方都挖了防空洞，并进行了防空演习，演习时都会有手摇警报器发出这种怪响。

莫非河口县城邻近越南，也时常举行防空演习吗?

农场干部看到知青们的疑惑表情，轻描淡写地解释了一句："美国飞机来了。"

顿时，有点常识的知识青年们想起了美制 B-52 型重型轰炸机的地毯式轰炸。汽油弹、子母弹、化学弹、生物弹，这些在上军事课时学到的名词涌到年轻人脑海中。

然而，并不见人躲避，山坡边的单人掩体中只有一群群鸡在出入，毛泽东思想文艺宣传队的人依然载歌载舞，市民们还在高谈阔论，好像这警报只是一种增添气氛的音乐。

杨之洋太奇怪了，问："怎么不进防空洞?"

农场干部还是那么轻松地回答："没有这个必要吵。"

有人在仰头张望了，只见蓝得近乎透明的天空中出现了一道喷气飞机飞过后留下的白色气流痕，紧接着，又有两道气流痕出现。

"蒙自机场的战斗机拦截了。"农场干部居然懂得术语。

突然，地破山裂般的一声巨响，像旱天雷一样震得玻璃窗"哗哗"直晃。

不明真相的知青们只好把眼睛又盯向农场干部。

“这是加速炮，美国鬼子逃跑时用的，从飞机屁股上反方向发射，一炮打出来，飞机一眨眼就不见了。”农场干部有点得意地解释着，“美国飞机不敢来中国捣乱，可飞机速度太快吵，拐个弯就进入中国领空了，一见中国飞机拦截，就打个加速炮，以后你们每天几乎都能听到。”

一长两短的解除警报声又响了起来，知青们一下子变得热烈了许多。

晚上，住在河口县革委会的大礼堂里，知青们随身携带着简单的行李，在刚刚发的席子上一躺，便可以睡了。

十点钟的时候，电灯突然熄灭了，电扇也停止了转动，抬头外望，整个河口县城一片漆黑。

长期在灯火辉煌的大都市生活的知青们极不适应这种黑暗，一阵阵哄叫声响了起来。

农场干部提着一盏汽灯走进大礼堂：“不要叫，我们用的是越南发的电，每晚十点他们都拉闸吵。”

“妈的，我们玩命似地支援他们，为什么连点电都不给！”杨之洋愤怒了，认为越南人太不仗义。

这是农场干部无法解释的问题，他只能这样说：“我们农场正在修建一三一水电站，你们来了，去参加会战，很快我们就自己有电了吵。用不着和他们啰嗦。”

十年以后，不少写着中国制造字样的子弹和炮弹片夺去中国人的生命时，去参加过战斗的知青们还会记得这插队第一夜的情况。

杨之洋有点气闷，不安分的性格使他爬起来，走出大礼堂，穿过河口街道，又来到南溪河边。

对岸，老街市还闪烁着灯火，据说那边那座火力发电站使用的煤全部是云南小龙潭煤矿生产的，然后整车皮整车皮地运过去。

火车站有列车在启动，即使在黑暗中，杨之洋也能看到平板车上是一门门四联高射炮和一辆辆卡车。

深蓝色的夜空中升起了两发红色的信号弹，火车站内一声哨响，有十几个黑影提着冲锋枪向信号弹升起的山林中冲去。

杨之洋感到了一股战争的气氛，他很想参加战争，只有战争才符合他争强好胜的性格，才能体现他的全部天赋。

河口县的居民还没有从一千多北京知青带来的兴奋中平静下来，便又陷入因这些知青的无法无天而带来的惊恐之中。

这是一群已经无人管理，在社会上无拘无束、随心所欲了三年之久的年轻人，他们正处在由于精力过盛而满脸长疙瘩的青春时期。

本来，县城里的商店、饭馆以为可以从这些人身上好好地赚上一笔了，于是把所有库存商品一律拿出来，摆上柜台。没想到，等待他们的却是一场不大不小的灾难！

天刚一亮，知识青年们便三三两两、成群结伙地走出县革委会大礼堂，先是到红河边上看那终年不变颜色的红色流水。

红河之所以红是因为两岸的土壤是红色的，就像黄河之所以黄是因为两岸的泥土是黄色的一样。

这条河比南溪河宽阔得多，水流也湍急得多。南溪河正因为狭窄，水流量不大，所以冲刷不下什么泥土，也就使河水在旱季时清澈见底。

红河边有一些用竹篱笆围起来的香蕉园，里面一些香蕉树已经结出了串串硕果，几棵荔枝树上的荔枝也有玻璃球大小了。

知青们跳进香蕉园，掰下发青的香蕉，想品尝一下，但由于撕不开皮，只好作罢，便又用竹竿捅下荔枝，荔枝还酸，也难以进口，最终一无所获。

但草地上已经扔满了一串串香蕉和一个个荔枝，因为每一个知青都想亲自体验一下，而不想听取别人的经验。

早饭是集体吃的，那一大桶一大桶的糙米饭几乎无人问津，而多数人到街上去吃颇有特色、又软又香的米粉卷筒。

商店开门了，无聊的知青涌了进去，那些土里土气的商品让知青们一看便倒胃口，然而，有一种遮阳用的塑料头盔引起了男知青们浓厚的兴趣。

那是一种类似三十年代上海英租界内印度巡捕戴的帽子，圆顶，硬壳，有一圈帽檐，又有点像法国殖民军的战斗帽，戴在头上，有点归国华侨的味道。尤其戴上白色的，更能显出舞剧《红色娘子军》中男主角洪常青的神韵。

不知谁先买了第一顶，价格是三元七角五分。

当这个知青出现在河口街上时，立刻显出了“份”，很快又出现了第二顶、第三顶。

杨之洋当然也很想戴上一顶，但他兜里只剩下一元八角钱了，买是买不起，而国营商店中是不可能用毛主席纪念章调换商品的。

正当他趴在柜台前，看着一大堆头盔发呆时，被他打过、又称他为大哥的那两个海淀中学的小子出现在他身边。

他已经知道了这两个人的名字，一个叫顺子，一个叫得福，土里土气的名字，但确实是两个进北京城支左的解放军团副的儿子。

“大哥，来顶帽子吧。”顺子拍着马屁。

杨之洋不想告诉他们手头没钱，便不置可否地“嗯”了一声。

顺子一招手，一群知青挤到柜台前来，每人都要选购一顶帽盔，顿时，售货员有点应付不过来了。

就在此时，顺子把一顶白色帽盔扣到杨之洋的头上，然后冲他“嘿嘿”一笑。

杨之洋没有拒绝，他把这看成是“吃佛”，理所应当，但他并没有脏了自己的手。

“吃佛”是北京下层社会中的黑话，“佛爷”即是小偷的别称，“吃佛”则是凭借权势或武艺，使小偷将偷来的东西交出来，供自己享用的意思。

杨之洋在顺子和得福面前拔了“份”，得他们点贡品并不觉得有什么不对。不过，杨之洋本人绝不会去偷东西，他崇尚“冻死迎风站，饿死挺肚皮”的传统为人之道。

当然，顺子他们也并非惯偷，只是为了好玩而已，如同他们在部队大院中的晾衣绳上抓一件军装、在西瓜摊上摸走两个大西瓜一样。

不到十分钟工夫，涌进商店的北京知青们每人头上顶了一顶帽盔，浩浩荡荡来到街上。而商店售货员还在纳闷，为何少了二十多顶帽盔，却只收五顶的钱。

在北京知青来之前，这里是个夜不闭户、路不拾遗的田园式小镇，根本不会有人产生不给钱自从商店拿东西的念头，所以售货员也绝不会有什么防范，可是……

饭馆中也发生了此类情况。

河口的饭馆是先买饭菜票，然后由客人自己去端菜拿饭。以前绝不会有人买五毛钱菜票端一元钱的菜，可一百多北京知青坐进饭馆后，只见三大盆炒菜都盛光了，服务员手中才收了二十元的菜票，连她自己都莫名其妙了。

到了下午，商店和饭馆都提前关了门，不敢再开。初步计算一下，商店少收回二百零三顶帽盔的钱，还失踪了一架三五牌座钟（后来此座钟在县革委会礼堂的女厕所里被发现），而饭馆卖出去一百五十九份一元的菜，一百八十份五角的菜，只收到二十一元零五角的菜票。

难道一千多北京知青中就出现了二百个小偷吗？

而且，戴帽盔和在饭馆吃饭的人中还有相当一部分女性！

不过，县革委会的人做了一个精确的计算，得出了一个结论：北京来的知识青年接近百分之九十是好同志，没有偷帽盔，也没有白吃饭馆的饭菜。出现百分之十的右派不算稀奇，用不着大惊小怪，河口县“清理阶级队伍”时，不是出现了百分之十五的“地、富、反、坏、右”和“走资本主义道路的当权派”吗？不要怀疑知识青年的纯洁性！否则，就有对抗毛主席伟大战略的怀疑！

就是倒给钱，也没有人敢戴这顶大帽子！

河口县革命委员会的人关于知青大多数是好人的结论余音尚在，农场革命委员会却不得不采取紧急措施疏散这批北京人了。

由于商店、饭馆关了门，由于红河、南溪河不再有新鲜感，总要找些事做的知青们终于从自己身上寻开心了。

那就是叫“碴巴”、拍“婆子”，也就是打架、追逐女人。

在北京时，干部子女多的学校，如北大附中、人大附中、一〇一中、六十七中的所谓那些正宗“老兵”们就常和普通人家子女多的学校，如西颐中学、海淀中学、一二三中、黄庄中学的所谓“痞子”们发生暴力冲突。

先是用砖头、拳头、皮带对打，后来发展到用菜刀、链锁、刺刀对干。

其实打架的原因很简单，原来是因为派性，所谓中学生的派性大多是对某句口号的看法不一引起的，开始是一副“老子英雄儿好汉，老子反动儿混蛋”的对联，以后又有什么“四三”、“四四”派。

到了一九六八年，中学生们打架就和“文化大革命”关系不大了，在冰场上、饭馆里、马路旁，反正在任何一个地方都会因为谁多看了谁一眼而爆发一场流血之争。

倘若毛主席再不发表“知识青年到农村去，接受贫下中农再教育”的指示，并号召城里干部带头把子女送下乡去，那么这些中学生完全有可能演变出黑社会组织来。

在河口县城中，北京街头的一些事件正在重演。

顺子在和铁道学院附中的一伙人叫“碴巴”中吃了亏，挨了两个大耳光，松动了四颗门牙，一脸哭丧相跑来找杨之洋。

而杨之洋正在像孩子似的听田萍给他讲俄罗斯作家普希金的小说《射击》。虽然他很不爱看书，但听故事总是很入迷，尤其是那些富于传奇色彩的。他身体中终究还包含一位教授的基因。

田萍则看过许多世界名著，尤其“文化大革命”以后，三年闭门不出，看完了家中一千多部小说。从这些小说中，她早已经领略了人世间的罪恶和不公正，所以她才会一下子就寻找到了类人猿做她的保护人。

杨之洋正听着主人公将与情敌决斗的情节，心里痒痒的，恨不得手中也有一把手枪去击中一个什么东西。

“大哥，大哥!”顺子破坏了这个兴致。

“干什么?”杨之洋不太高兴。

“铁道附中几个小痞子挤兑你，想在河口拔头一‘份’。”顺子添油加醋地说，有意激怒杨之洋。

杨之洋蹬三轮车出身的自卑心理中最受不了的就是被人看不起，他一下子跳了起来，跟着顺子就往街上冲，田萍拦也拦不住。

在街口，果然看见十几个男女正围着得福在痛打，得福一个劲地求爷爷告饶。

一个留短发的女孩子居然也抡着皮带在打，显然得福拍了她，而她已经有了主儿，觉得受了侮辱。

顺子有了靠山，气壮多了，老远就喊着：“住手，海淀类人猿来了，这才是河口拔头一‘份’的!”

那些人住了手，蔑视地看着杨之洋，他们也许确实没听到过类人猿的大名，也许是觉得此地不是北京，类人猿单身一个，显不出什么威风了。

杨之洋走过去，扶起得福，问：“谁先动的手?”

得福满脸鲜血，指指为首的一个精瘦男孩子，那男孩子刚刚扔掉手中一块带血的半截砖头。

“你们真没听说过海淀类人猿吗?”杨之洋双手抱胸问。

“只在历史课上学过。”那女孩子嘴很损，带点北京油子的腔调。

杨之洋吸了口气，不由分说，一把抓住那精瘦男孩子的胸襟，把他拉到身边，又一拳击出。

只听一声闷响，那男孩子飞了出去，落到三米开外的排水沟中，一缕鲜血顺嘴角流出，只能哼哼，爬不起来了。

那女孩子一声尖叫，抡起了皮带，其余十几个人也拳脚齐发，其中还闪现一把菜刀。

杨之洋牢牢记住毛主席的教导：伤其十指，不如断其一指。他父亲也告诉过他："被一群人围打时，你不要个个对付，要瞄准一个，往死里打。"

他现在就开始实践毛主席和父亲的理论了，不顾其他人的痛打，几步冲到拿菜刀的那个家伙身边，闪过菜刀，双拳齐出，全部击中那人的脑袋。

那家伙丢掉了菜刀，摇摇晃晃向后倒去，小肚子上又中了杨之洋一脚，大嘴一张，把中午饭全吐了出来。

随后，杨之洋摸出跳刀，"啪"地一声按开，向戴眼镜的大个子冲去，手一挥动，一道血痕出现在那人的脖子上。幸亏杨之洋还没机会将跳刀磨开刃，否则，那人的气管有可能断开。

"别打了，别打了，你'份'大，我们栽了，讲和。"戴眼镜的大概是头，双手一握，连连作揖。

杨之洋收回了跳刀，放进兜中，冷冷地问："怎么说?"他知道讲和是有条件的，必须满足自己一方的条件。

戴眼镜的大个子无可奈何地看看把皮带系回腰间的女孩子，那意思很明确：跟得福和顺子走。

这女孩子虽然不心甘情愿，但居然很爽快，扭扭身子，走到得福身边，掏出手绢给他揩着脸上的血。

这一切全都因为大多数红卫兵拍"婆子"，其实都只是一块玩玩，显显威风，并没有什么性的实质，不像八十年代末九十年代初的中学生一谈朋友，就会上床；所以跟哪个男孩子泡几天都无所谓。

类人猿没有丢“份”，又回去找田萍听故事了。

而河口县城并没因此而轻松，在类人猿大打出手之后，又接连发生了三起大规模斗殴，最大的一起有五十多人从河口街另一头追打十几个人到街这一头。吓得河口居民纷纷关门闭户，不敢上街。

河口县革命委员会终于向农场提出了强烈抗议，让农场赶快把知青疏散，否则河口县会翻了天。

农场革委会本来还要召开欢迎大会，进行演出，放电影，看来这一切仪式都成为了多余的节目，当务之急是把知识青年们送到各个生产队去。

农场只有三辆汽车，最远的生产队在一百里以外，各分场还有一些四轮拖拉机，一天也只能跑一趟，若用这些运输工具，三天三夜才能将知青全部送完。

农场革委会主任只好给总后勤部××分部的汽车××团挂电话，请求他们紧急援助。这种请求以前有过两次，一次是发生瘟疫，一次是发生山火，都是救灾。

送知青也是救灾吗？

反正驻扎在农场管地内的汽车××团立即派来了十辆解放牌卡车，还有一辆北京吉普作为指挥车。

下午四点钟，知青们开始爬上卡车车厢，离开河口县城。

杨之洋没有上卡车，因为田萍被送进了医院。

整个河口农场共有十个分场，九十多个生产队，来自北京海淀区的这一千多个知识青年包括了近百所中学，刚好以学校为单位分到每一个生产队。

C 大学附中本来应该分到四分场一队，那是离河口县城三十八里路的一个地点，紧挨着红河。但是，由于匆匆疏散，忙中出错，结果被送上了一分场的车，开到八队。这个队离河口县城只有十里地。

当然，上汽车时所有知青都不知道各分场及各队的地理位置，他们今后的命运都是个未知数，根本不可能为了离河口县城远近而去打听什么。

唯一找到农场革委会要求更换去处的便是田萍，因为她想和杨之洋在一起。

而 B 大学附中是在铁路沿线的六分场三队，那里离一分场有三十里路程，需要翻越两座山岗，跨越五条小溪。这是以后知青们才知道的，田萍此时还不可能清楚。

“不行，不行。”农场革委会人保组的麻脸张干事不耐烦地摆摆手，“假如都要求换队，我们就没办法工作了！”

“我是他的女朋友。”田萍固执地说，并指了指杨之洋。

“女朋友也不行。等以后结了婚才可以调队。”张干事推开田萍，指挥别的学校的人去上汽车。

杨之洋对田萍还没有萌生感情之类的东西，他只是觉得她漂亮，和她在一起可以显示自己“份”大，今后的结局他想都没想过。

而十八岁的少女远比十八岁的小伙子成熟多了，田萍找杨之洋的目的非常明确，就是让他保护自己。在一个如此混乱的年代中，她当然需要依靠，为此，她宁愿成为这个粗鲁但心地不坏的男人的妻子。

她不顾一切地爬上了杨之洋所乘的汽车。

“下来，下来！”张干事吼着。

田萍垂着头，一动不动。

张干事一挥手，过来两个背枪的民兵。这样的民兵有几十个，是怕知青再打群架而从农场直属基建队调来的，现在又作为维持疏散工作秩序的武装力量。

两个民兵要去拉田萍。

杨之洋有点不知所措，他可以去和民兵对抗，哪怕挨两颗子弹，但为了把一个女人留在身边，又有点让他难为情。

他劝着田萍："去六分场吧，以后我会去找你玩。"

"不！"田萍靠在了他怀中。

杨之洋还从没和一个女人这样相依过，更别说在大庭广众之下了。他连忙向后退了一下，这是出于本能。

田萍猛然从他兜中摸出跳刀，一下按开，不顾一切地扎进自己的大腿，一股鲜血喷了出来。

杨之洋、张干事、两个民兵及周围的人们都惊呆了！

"这、这……你可以好好说嘛，不是不能调……"张干事吓坏了。若是知识青年还没分下去，就死了一个，恐怕他逃脱不了责任。

"快、快送医院。"他喊着。

杨之洋跳下车，抱起田萍，大步向农场的医院跑去，张干事跟在后面。

一路上，田萍流出的鲜血滴在红土路面上，一下就渗进因久未下雨而干燥的浮土中，显不出一丝痕迹。

杨之洋在医院里坐了一天一夜，他忽然发现女人原来比他想像的要复杂得多，对女孩子绝不能像对待哥们儿一样。

但到底该怎么对待，他也不知道。

由于田萍一刀扎破了动脉，农场医院简陋的医疗设备无法抢救，只好送她坐火车转至昆明治疗。

上火车时，一直昏迷的田萍醒了过来，对站在她身边的杨之洋问：“你不送我吗？”

杨之洋摇摇头。

田萍难过地闭上眼，在她自己给自己一刀时，其实想的不是今后，而是父母双双自杀时留给她的阴影，当一个软弱的女孩子感到屈辱时，第一件事就会想到死！

她又睁开了眼，小声说：“杨之洋，你敢不敢现在亲我一下？”

杨之洋又摇摇头。

两颗眼泪涌出田萍的美丽眼睛，她伸出双臂，似乎用生命的全部力量和追求抱住弯着腰的杨之洋的脖子，使他的脸贴下来，和自己的脸挨在一处。

瞬时间，杨之洋的嘴唇感到了一对冰冷但又柔软的肉体，他一动不动，僵住了。

一秒钟，两秒钟……似乎经过了一个世纪，田萍累了，终于松开了双手。

杨之洋呆呆地望着田萍被抬上火车，望着火车开动了，望着山谷间火车喷出的蒸汽消失，望着铁轨蛇一样弯曲着。

他开始知道了什么叫爱……

田萍再没有回来，在昆明被截去了右腿，而后被退回北京。

很久以后，杨之洋在北京又见到了她，那时，她已经是一个颇有名气的作家了，她还在爱着他。

第三章

类人猿用跳刀干掉人生中第一个生命——一片女人胸脯令知青们目瞪口呆——被吊在篮球架上批斗——加入生产建设兵团时最后一次拍“婆子”

像是穿行在一片渺无人烟的荒野之中，一辆三匹马套着的胶轮大车在沉重地行进着。车上有二十麻袋大米，有一个阴沉着脸的老头，还有北京知青杨之洋。

送走田萍后，杨之洋便坐上了这辆一分场八队来拉粮食的三套车。这车不是专程来接他的，本来说好第二天接他，可他实在不愿意再在河口县城的农场招待所住一夜了，便爬上那重载的马车。

马车沿着公路走了半里多地，便拐下一条岔道。岔道边便是场部医院，杨之洋发誓再也不进这肮脏的地方，这医院绝没有他在北京住的那所大杂院干净。

道路坑洼不平，浮土扬起灰尘，两边是起伏的山林，长势正旺的旱芦苇和山茅草向路心伸来，几乎遮蔽天日。

他递给赶车的老头一根云烟，这是他最后一包云烟中的一根了。

老头接过来，看看，没抽，很珍惜地夹在耳朵上，问："叫什么？"

"杨之洋。"

"北京好好的，到这鬼地方来干什么？"

杨之洋以为广大贫下中农都会欢迎他们来呢。他认真打量了一下老头，见他一身打了补丁的旧军装，手脚青筋毕露，像一个道地的农民，这才打消了与一个散布反动言论的阶级敌人同坐了一辆车的想法。

"毛主席号召我们来接受贫下中农再教育呀！"杨之洋认真了些。

老头哼了声："我们还不知道接受谁的教育呢！"

老头显然有股子无名火，正在寻找发泄对象。

杨之洋感到话不投机，忙闭上了嘴。

过了一会儿，天阴暗下来，可马车依然慢吞吞地走着，老头没有一点急于回家的意思，似乎他根本不希望回到家。

杨之洋从麻袋上翻到车前面，说："大爷，让我赶会儿车。"

"你会？"

杨之洋点点头。他倒不是吹牛，在东北老家，他常和村里的孩子们一同赶着马车在田野上奔驰，直到马和人都大汗淋漓。

老头把缰绳交给了杨之洋。

杨之洋拿好架式，一拉缰绳，喊了声："驾！"

马的步伐果然快了起来。杨之洋又用缰绳头抽了马屁股几下，马开始小跑了。

没有赶过车的人会被车的颠簸搞得掌握不住平衡而掉下车去，而杨之洋稳稳地坐在车辕上，感到一种因起伏而带来的惬意。

老头终于点燃了夹在耳朵上的那支烟，闷闷地抽起来。

天黑之前，马车到了八队门口。

这里不像北大荒那样一家一排房子，一户一个大院，而是全队聚拢在一起，由四排长长的青砖瓦舍组成了空场。门口几棵大青树，一个小土地庙似的建筑居于空场正中，里面贴着一幅毛主席像，两边有两条毛主席语录。房子的后面便是黑鸦鸦的山林，最高峰上有一棵震撼人心的雷击木。

听见马车声，几个小伙子迎了出来。其中一个粗壮而英俊的冲赶车老头毕恭毕敬地叫了声："王支书。"

刚刚跳下马车的杨之洋一愣，他绝想不到这个阴郁的老头便是他今后生活中的顶头上司，他尴尬地冲王支书笑了一下。

王支书长长地叹了口气，吩咐道："给小杨搞点饭吃，把他的行李搬到知青宿舍。"

所谓知青宿舍，原来是一排已经陈旧了的茅草房，据说以前是养鸭子的，后来隔成了七八间住房，有两对新结婚的当地人住了把头的两间，剩下的刚好给七男六女十三个北京知青使用。

屋顶的茅草已经不是金黄，由于长久的风吹日晒，生了一层褐色的锈，房柱被虫子蛀了，大白天也会发出"咔吱、咔吱"的声响，竹篱笆编得很稀，从这间屋子可以清楚地看到隔壁房内的一切。女知青们糊了一层报纸，挡住了男性的视线。

不过，这只是君子之防，因为用手指头蘸点唾沫，就能不声不响地捅一个洞。但是，在住了一年茅草房往新盖的砖瓦房搬家时，那一层报纸上也没有出现哪怕针尖那么大一个缝隙。

杨之洋和另外两个知青挤在了一间房内，他的床头冲着门，床帮和隔壁那对新婚夫妇的床帮只隔一层竹篱笆，那竹篱笆上没贴报纸，只有各自的蚊帐隐隐约约遮挡住了视线。

蚊帐是离开北京时北京市革命委员会发的，席子则是到河口那天，农场革委会送的，在一个亚热带地区，这两样东西终年不能离床。

杨之洋打开自己的行李，拿出一个枕头和一条薄被，里面就只剩几套换洗衣服了。另外还有一大堆各种版本的毛主席语录本。

当时最时髦的礼物就是《毛主席语录》和毛主席像章，到云南河口来插队，学校革委会送了一本，初二年级班委会送了一本，北京市革委会送了一本，海淀区革委会送了一本，居民委员会送了一本，邻居们送了五本，云南省革委会送了一本，农场革委会送了一本，河口县革委会送了一本，所以杨之洋的行李中已经有了十三本《毛主席语录》。

到八队食堂吃饭时，王支书又送了他一本，使他还没吃饭就有饱了的感觉。

不过，他还是吃了，在一群孩子和妇女好奇的目光中，吃下一大碗米饭，半碗煮南瓜，几块罐头肉，半条鱼。

王支书介绍了一个脸上有疤的中年汉子：“这是陈队长，干活的好手。”

杨之洋发现这汉子眼中有一道很凶的光，但脸上的神情在某些地方又与自己有点相似，这就是那种不服输的性格。

王支书介绍着：“咱们队，其实全农场大部分都是湖南人，从一九五八年开始陆陆续续由湖南醴陵、零陵等地移民来的，后来又把农场范围内的一些本地人接收了。”

陈队长又反过来介绍：“开办农场的是在越南和法国人打过仗的一批转业军人，咱们王支书一九五八年转业时就是教导员了。”

王支书赶快补充着：“陈队长参加过抗美援朝，是二级残废军人，挨过美国鬼子的子弹。”

杨之洋绝对听不出这两个人在相互奉承中的一种相互蔑视和隔阂，他只是一下子对两个人都肃然起敬了。

对一切真刀真枪干过的人杨之洋都有一种佩服之情。

“会打篮球吧？”王支书拍拍杨之洋肩膀。

“会。”

“好极了，有你这么个中锋，咱们队在全分场排老大了！”王支书在此时才兴奋了一下，阴郁的眼中闪出一点光亮，似乎在一切生活中他只对打篮球感兴趣。

没睡好觉。杨之洋觉得浑身燥热，翻来覆去，搞得木架竹床“嘎嘎”作响。

这完全是隔壁那对新婚夫妇造成的。

吃过饭后，杨之洋回到了茅草房中，由于没有电，只能点一盏油灯，到处都黑洞洞的，使人只能无所事事。

除了杨之洋外，其余十二个北京知青都是高中生，虽然同在C大学附中，但杨之洋和他们并不熟悉。关键是他们似乎和杨之洋并不属一类人物，对什么叫“碴巴”、拔“份”、拍“婆子”一概视为流氓行径。

当然，他们肯定知道类人猿的大名，于是也更对他冷漠。

杨之洋感觉得出他们的态度，也就不去主动和他们套近乎，自顾自躺倒在床上，想睡个好觉。

他是那种随时随地都能倒下就睡的人，有一次革命大串联到了重庆，参与了揪斗大走资派任白戈的革命行动，不想被上万名“保皇”的工人围在一个空场上。夜里十二点，他困得受不住了，钻到边上一间厕所内，假装解大便，蹲在便坑上睡了六个小时。

现在，有一张床，当然更会闭眼就睡着。至于那十二个男女坐在门口一会儿笑，一会儿唱，一会儿念诗，一会儿慷慨陈词，绝不会影响他的睡眠。

他闭上了眼睛。

然而，竹篱笆在动，有节奏，又有力度，随即传来一些他从没有听到过的奇异声响，这声响使他心惊肉跳。

任何一个生理正常的人，即使从没有听到见到，也能凭本能知道那声响、那动作是在干什么。

压抑的呻吟，放纵的喘息，忘乎所以的扭动，无休止的冲撞，组合成了一曲人类延续的赞歌。

杨之洋感到浑身被烧灼着，热血向某一个地方剧烈集中。他屏住呼吸听着，分辨着每一种声音的细微变化，又侧过身去力图透过竹篱笆去张望什么。

可是那边早已吹熄了灯，在黑暗中什么也看不见。

在这一刻，杨之洋以往的一些梦境变成了清醒的念头，他终于明白当和一个女人在一起变得亲密无间时，应该干些什么了。

他现在就想干，于是把手摸索下去……

当隔壁平静了之后，他终于也平静了。

然而，当他刚想睡去时，竹篱笆又开始颤动起来，直到深夜。没有任何精神寄托和文化生活的贫困小山村中，新婚夫妇还能有什么比在床上更快乐的事做呢？只是苦了杨之洋。

他想起了王支书在马车上说的那句话：“我们还不知道接受谁的教育呢！”

终于，他睡去了，在一种从未有过的混乱思绪中不安然地睡去。

很快，他又醒来了，一种和昨夜类似的声响使他醒来，黎明的白光正透进篱笆墙的道道缝隙。

隔壁很安静，显然夜间累了。声响是从屋顶传来，一伸一缩，很有节奏。

杨之洋把头探出蚊帐，向上看去，一下子呆住了。

只见一条胳膊粗的蛇盘在屋顶竹子做的横梁上，正吞食着一只肥硕的老鼠，那老鼠的后半截身子还在蠕动着。

杨之洋只在动物园中见过这种蛇。身体上一道黄，一道黑，据说叫做金环蛇，有剧毒，咬了人后，若不及时抢救，便有丧命的可能性。

杨之洋从枕头下摸出跳刀，“啪”地按开，紧握手中，慢慢从床上站起来。

他一米八零的个子，站在床上，再伸出比一般人长的手臂，刚好可以够到屋顶，他准备去杀掉这条蛇。

那条蛇的眼睛看到了他，但由于嘴被老鼠塞住，根本不可能向敌人发起进攻，而吞进一半的老鼠是吐不出来了。

杨之洋已经在河口县城把跳刀磨得锋利无比。由于河口农场是以种植橡胶为主业，割胶需要胶刀，胶刀每天都要用粗细两种油石磨，所以磨刀石到处都是，杨之洋从路边捡了一块，就把跳刀开了刃。

只见白光一闪，跳刀不但切断了蛇头，而且还切断了那根竹横梁，杨之洋第一次杀生用的力气过大了。

金环蛇沉重地掉到地上，身子剧烈扭动着。而横梁由于和椽子绑在一起，所以没有脱落，只是震下一些灰尘。

同屋的另外两个人惊醒了，看看杨之洋，又呆呆地盯住地上那条近两米长的金环蛇。

杨之洋把刀刃上的血往蚊帐上一抹，收起跳刀，往下一躺，又呼呼睡去。

根据农场革委会指示，分到各队的北京知青必须先办七天学习班才能正式参加生产劳动，一分场八队为十三个知青组织了学习班。

学习是在橡胶林地中举行的，河口的五月气温已在三十度以上，坐在屋子里显然太热，橡胶林有降温效应，若处在山口间还有强烈的穿堂风，所以除了晚上和下雨天外，队里开会都在橡胶林地。

杨之洋这才发现周围山岗上黑鸦鸦的都是橡胶树，那么从河口县城到八队的路两边也就都是胶林了。

橡胶树和一般的树没什么两样，只是树叶三片为一组，俗称三叶树。这些树都种在梯田上，一层层绵延到山顶。

已经成熟了的橡胶树的树干上斜着割开一条口子，牛奶一样粘稠的白色液体顺割线流下，通过一个铁舌头滴到白瓷碗中，然后将白瓷碗中的胶乳收集起来，送到加工厂，加工厂熏制为成品胶片。

第一天的学习班，由王支书主持，学了几段毛主席语录后，他便给知青们讲起了橡胶的制作过程。

下午，他又讲起农场的历史，什么帝国主义封锁，一两黄金块一颗橡胶树种子，什么土匪破坏，战友牺牲，什么住在原始森林中砍树，一天开荒一亩。

知青们很喜欢听王支书的故事，而杨之洋印在脑海中的却是王支书对滇西南满山遍野的大烟的讲述。

小时候回老家，他见过正在开花的罂粟。人们管那叫大烟。他肚子疼，大人给他吃了一点，立刻不再疼了。很多大人喜欢抽一点，说是能防病，后来政府不让种了。

云南也能种吗？

他想向王支书问些什么，但没问成，因为队里的保管员来喊他们去分香蕉。

后来他也没再问，直到他进入“金三角”地区，成为一名危害人类的毒贩子，也没有问过他一直想问的一个问题。

也许他问了，就不会走上这条路。

至于那问题是什么，谁也不知道。

保管员关于每人分十斤香蕉的通知破坏了一个人按部就班生活的机会。

其实改变人生的契机有时候非常简单，一句话，一个暗示，甚至默默无语都行。

保管员便是杨之洋隔壁那个整夜折腾的新郎官，叫陈忠和，这个队里的湖南人都姓陈，原来在湖南都是一个公社的，那公社叫陈家寨。

保管员把知青们领到食堂的保管室里，保管室中有大米和油盐酱醋，还有一个水泥池子，专门用来捂香蕉。

队里有个一百多亩的香蕉园，每个月都去砍一批快成熟的香蕉，放进这池子，加上一些乙炔石，密封起来，很快就会由绿变黄，然后分给人们吃。

知青们虽然刚来，刚好赶上分香蕉。大概是王支书有吩咐，所以保管员陈忠和把最粗最大的给知青们每人分了一串。

这时，陈忠和的新婚妻子也来分香蕉了，由于王支书在场，保管员不好意思拿最好的，便零零碎碎搭配了一些。

那个还是女孩子模样的女人没带装香蕉的东西，顺手脱下了上衣，用来包香蕉。

知青们一下子目瞪口呆。

因为那女人脱去上衣后，上半身便再也没有一根布丝，黑黄的肌肤和雪白的乳峰一同袒露着，而她毫不羞涩，提着衣服扬长而去。

王支书看出知青们不可思议的神态，苦笑了一下："暑天无君子，这是热，大家习惯了，尤其是结了婚的妇女，当众露出上身是毫不在乎的，一会儿你们打篮球时就知道了。"

果然，饭后知青们到空场中间的简易球架下打球时，看到四排房子几十个门口前都各坐着一个妇女在洗衣服。

由于天热汗多，这里每天收工后都要把换下的衣服洗干净，否则汗渍就会长久地留在衣服上。

那些妇女从十七八岁到三十多岁的都有，显然是每个家庭的主妇，一个共同特点就是只穿一条花裤衩，上半身赤裸着，各种各样的乳房白花花地暴露无疑。

这种使知青们目眩的景象很快便被知青们适应了，天气的炎热确实使人想扒去身上的一切遮拦。

不过女知青们终于没有同化到这一程度，她们接受了花短裤，但即使除去胸罩，一件棉织品还是要套在上身的。虽然有时赶上一场暴雨，肌肤近乎透出衣服，她们也没像那些妇女那样“解放”上半身。

这大概是观念的问题吧，但绝对与文化无关。

后来成立生产建设兵团时，派来一个同样姓王的现役军人连长，为维护军人风纪，强迫妇女们必须穿上衣，结果也只是连长在场时奏效，他不在场时，裸露依旧。

杨之洋没有想到陈队长会用对待阶级敌人的方式来对待他。

他只不过讲了陈队长一段有趣的经历，这经历是保管员陈忠和讲给他听的，而陈忠和又是听父亲讲的，他父亲已经死了。

陈队长当过志愿军，但并没有打过仗，因为他没来得及打仗就负伤了。

当年他加入志愿军后，坐上闷罐子车，一口气被送过了鸭绿江，然后改换汽车，直奔上甘岭地区。

他那个连队是去驻守一个山头的，山对面和坡下都被敌军占据着，形成一个对峙局面。

陈队长身强力壮，人又年轻好胜，提着苏式转盘冲锋枪，第一个冲到了山头上。他毫无战术常识地站在顶峰，像在家乡打完柴一样直起身抹着汗。

一声轻微的嗯哨，一颗子弹从坡下打上来，穿过陈队长的肩头肌，又从腮帮钻进，从眼眶下钻出。

他什么人也没见到，便昏了过去。

当他再醒来时，已经又回到国内，成为一个经常接受少先队员鲜花的志愿军伤员，尔后，他揣着残废军人证光荣地回到了家乡。

这在战争中是常事，可杨之洋却觉得这样的残废军人没什么可荣耀的，和逃兵没什么两样，只不过一个是主观，一个是客观。

他把这一切当成笑话讲给了全体知青听，而知青中一个叫丁文革的转头就把他讲的话告诉了陈队长。

陈队长勃然大怒。这个三十八岁的汉子其实对于他没打仗便负了伤的事并不觉得有什么羞耻，他不能忍受的是在他管辖下居然敢有人嘲弄他。

他早就对杨之洋有一股敌意。这是那种雄性间的本能所造成的。一山容不得二虎，陈队长在八队本来是身体最强健，个子最高大的，而杨之洋一来，明显超过了他，对于以身体为本钱和美的标准的农村来说，失去第一把交椅的陈队长当然由嫉妒轻而易举地转化为仇视。

他要给杨之洋点颜色看看。

当然，不能以这件事为借口，而要找一个恰如其分的理由。

经过观察，他终于发现杨之洋从来不参加一个非常重要的全民活动：早请示。

“早请示，晚汇报”是六十年代末期在中国大地上兴起的一个半官方半群众性活动，据后来专家考证，此活动借鉴了伊斯兰教和基督教的形式，只不过内容改变了。

其具体方式是：早晨六点钟，在红太阳升起之前，无论男女老少一律站到毛主席像前，先敬祝他老人家万寿无疆，然后念上一段与当日工作和生活有关的毛主席语录。晚上红太阳落山之前，再次集中于毛主席像前，把一天的工作和生活小结一下，唱一曲《大海航行靠舵手》。

农场当然不会例外，只是不知道为什么取消了“晚汇报”。大概每个人汇报一下过于繁琐了。

杨之洋惯于睡懒觉的习惯使他从没有参加过这种活动，有人问他为什么，他总是说：“我在心里请示过了。”

又一个早晨，他正在酣睡，突然被人猛地拖下床来，四个端着日式三八大盖枪的民兵用长长的刺刀对准他。

“干、干什么?”他睡眼惺忪，一下子明白不过来。

“把他捆起来!”陈队长恶狠狠地命令。

早准备好绳子的民兵把不可能反抗的杨之洋五花大绑起来。

陈队长一挥手，民兵押着杨之洋到了有一座小供台的空场中间。那里，刚刚举行完“早请示”，全队二百来男女老少还没散去。

“吊起来!”陈队长又一声令下。

杨之洋被从木制篮球架上吊上了半空。

一九六六年“红八月”时，杨之洋也这样吊过别人，那是一个居然想放火烧房并自杀的老地主，家里有两个老婆。

杨之洋把那个狗地主吊在二楼窗子上，让来往过路的行人每人往他身上吐一口唾沫，折腾了一天一夜才了事。不过，后来他听说那狗地主还是自杀了。

今天，他受到了和狗地主同样的待遇，陈队长用了半个小时的时间批判他不热爱伟大领袖毛主席、破坏“早请示”运动的滔天罪行，让他低头认罪。

杨之洋最不会的就是低头，他永远高昂着他那张相貌丑陋的脸，哪怕去死。

不见他低头，陈队长也不善罢甘休，并让丁文革代表知青批判他。

杨之洋一口浓痰吐到了丁文革脸上，骂道：“你他妈算什么东西，以前拍校长马屁当上团委书记，现在又来拍队长马屁，你以为你从丁苏联改成叫丁文革就说明你革命啦？你他妈只配当狗腿子！”

丁文革脸上红一阵白一阵，他最怕人家揭他原来叫丁苏联的底儿，那是他爸爸留学苏联时给他取的名字，“文革”一开始，他忙到派出所改了最革命的名儿。

王支书一直沉着脸，到了这一刻才走出来，在陈队长耳边小声说了几句什么。

陈队长犹豫了一下，摆摆手：“好吧，批判从严，处理从宽，大家都要接受这个教训！”

杨之洋被放了下来。

三天以后，据说周总理有个批示：不要搞形式主义。“早请示，晚汇报”如同后来的打鸡血和甩手疗法一样是昙花一现，消失在华夏大地上。

但是，杨之洋和陈队长结下了仇，和丁文革也种下了恨。

插队半年之后，最令北京知识青年兴奋的消息传来了：整个云南农垦系统改编为中国人民解放军建制，名为中国人民解放军云南生产建设兵团。

当时的青年人最渴望和最觉荣耀的就是穿上一身军装，戴上红领章红帽徽，其向往程度绝不亚于八十年代末九十年代初弄一张护照出国去。

别人不说，杨之洋就兴奋得三个晚上没睡好觉，他的夙愿终于要实现了，一个勇敢的男人若没有当兵的经历那才叫耻辱呢！

队里的那些湖南老职工们也有不小的兴趣，到处打听着改为部队建制后会增加什么待遇，有没有边疆补助费，每个月是不是发两斤黄豆和半斤油。

自从“文化大革命”以后，农场便不再允许私人养猪，所以几年来，对于老职工们最迫切需要的是油和肉。一个月吃一次肉的滋味确实不好受，大人还好说，孩子们可难过了。

不过，并不是所有的人都希望加入到中国人民解放军的系列中去，比如一些当地人就产生了抵触情绪。

一分场有一个队全部由当地人组成，他们祖祖辈辈就是山民，刀耕火种，广种薄收，平时上山打猎，喝酒吃肉，很是自在，收编为农场职工后，生活习性也没多大改变。

但是，一听当兵他们怕了，倒不是他们信奉“好男不当兵，好铁不打钉”的老话，他们只是怕一当兵就会约束他们。由于他们队不远处就是一座营房，当兵的生活他们了解得十分清楚，那种日子他们可受不了。

于是，一夜之间，他们倾家而走，全部到了南溪河另一侧的越南，那里有他们的亲戚，可以保证他们不改变原来的生活面貌和方式。

这件事没敢被宣扬，也没对接收他们的越南提出抗议，当时两国之间叫得震天响的“同志加兄弟”的口号淹没了不少微妙的东西。

然而，不到十年，这些为逃避编入兵团的人们被越南当局率先赶回中国领土，那些收留他们的亲戚，也难逃这一下场。

还有一批人不很高兴，这便是农场的各级干部。

他们并不是反对成立建设兵团，而是反对派大批现役军队干部来，因为这些军队干部的到来影响了他们的既得利益。

当时不知谁下的指示，凡是现役干部，到建设兵团一律当正职：司令、政委、参谋长、师长、团长、营长、连长、教导员、指导员，而地方干部再有本事都只能当副职，而且大部分军队干部来兵团都官升一级。

地方干部心中不服，即使论资排辈，不少生产队级的干部都参加过解放战争，转业时就是连长、营长，干了十多年，反倒要听一个小排长的领导了，当然怨气十足。

更为关键的是派性！

派性是“文化大革命”的产物之一，和当今中东那些派别差不多，都说自己是最最革命的，别人都是假革命或反革命。但到底谁是正宗，一般由当时的中央文革说了算。

云南有两大派，一派称为“八”，一派称为“炮”，仔细考证，这两个字都没什么深刻内涵，一个符号而已。

一九六九年，全国武斗基本结束，大局趋于稳定之后，由中央文革划线，“炮”派站错了队，一下子垮台，而“八”派的人全省上下全面掌权，部队也是一样。

而偏偏派到建设兵团来的军队干部绝大部分都是部队划线站队清理下来的“炮”派人员，他们到建设兵团掌了大权，岂不是会向“八”派反攻倒算，整个农垦系统不就成了云南的独立王国吗了？

不过，上级似乎并没有考虑这个问题，还是按预定计划宣布兵团成立时间，并派出被部队清理出来的现役干部。

从此以后，云南生产建设兵团内部一片混乱，最终导致全国大部分生产建设兵团因云南率先被解散而相继瓦解。

这是几年之后的事情，在刚宣布成立时绝无人敢下这种断言。

河口农场被编为云南生产建设兵团第××团，成立大会在金秋之时召开。

其实，河口没有明显的春夏秋冬，只以雨季、旱季来区分季节。每年四月底至十月底为雨季，也就是橡胶树返青可以割胶的日子，这时候三天两头下雨；而其他一些月份，则为旱季，橡胶树开始落叶，天气转凉，停止割胶。

因而，××团成立大会是在即将停割时召开的。

大会主会场设在河口县露天的万人大会场上，按各分场——此时已改为各营的远近指定参加人数。

由于一营离河口县城最近，所以一千八百余众倾巢而出。全部参加大会，以壮军威。

还由于要显示已经成为军人，对参加大会人员要求很严格，每人打一个方方正正的背包背在身后，还要用树枝扎一顶伪装帽戴在头上。

更由于已经明确知道云南生产建设兵团除现役干部外，不发军装，更不发领章帽徽，杨之洋顿时失去兴奋，泄了气。

他一直嘟嘟哝哝抱怨着："土八路，假洋鬼子，不是正牌的，有什么意思!"

王支书还是阴沉着脸，少言寡语，而陈队长由于当不上正职，也满腹牢骚，还打了一次老婆，追得她满院子跑。

不过，大会还是要参加，何况能去河口城玩一趟呢。

杨之洋有一个塑料气枕头，把它吹起来，用绿塑料布一包，拿行李绳打了个三横两竖，肩上一背，没任何人发现其中的奥妙。

在大会会场，他根本没正经站几分钟，就钻到其他营的队伍中，想去拍个"婆子"，他觉得他应该有个女朋友了，否则太寂寞。

忽然，他看见刚来河口那天帮顺子和得福打架时见的那个女孩子。半年多时间，她似乎长高了，也丰满了些，脸上的野气消失了不少，显出少女的风韵。

他凑过去："喂，还认得我吗?"

那女孩子看了他一眼，冷冷地说："海淀类人猿。"

"你叫什么？在哪个营?"

"孟丽，咱们是一个营的，十三连。"

"十三连不是加工厂吗?"

孟丽点点头。

"这种会有什么开头，走，到街上逛去。"

"街又有什么逛头？东边摔个跟头，爬起来就到了西边。"孟丽还是那么尖刻。

"顺子、得福呢?"

"他们在四营，难得来一趟河口，只找过我一次。"

"咱们、咱们俩交个朋友吧。"杨之洋有点结巴了。

"行。"孟丽居然爽快地点点头。

在类人猿的经历中，这是他最后一次拍的"婆子"，这女人后来差点为他生下一个小类人猿，也为他献出了生命!

第四章

从火车上抱下来的四川知青还是一群毛孩子——偷越边境参加抗美援越只见到一群劳军女郎——抢东西吃是一件很愉快的事——关押在团部无意中发现一桩风流韵事

一九七〇年初，第一批四川知识青年抵达河口县城。

准确地说，他们是重庆市的中学生，浑身还蒙着武斗的战火硝烟，又踏上了“屯垦戍边”的艰难历程。

重庆市有十家以上大型兵工厂，抗日战争时期，就为抵抗侵略者造枪造炮，“文化大革命”中，这些工厂的枪炮被拉出来供“捍卫”毛主席的革命路线使用，从而使四川武斗的规模位居全国之首。

进入八十年代，毁刀成犁，什么嘉陵牌摩托车、将军牌电冰箱又从这些兵工厂走出来，质量依然为全国第一。

那些来云南插队的四川知青当时不但目睹过枪弹横飞，炮弹呼啸，有相当一部分还亲自上过阵。

这种经历使今后云南生产建设兵团的知青大械斗的质量也在全国各生产建设兵团中执了牛耳。

由于北京知识青年刚到河口县城时给人们留下了深刻教训，所以团领导经过紧急磋商后，决定按部队接兵方式接待四川知青。

这批知青还在重庆时便已经被分配到了各营各连，他们一抵达河口，便由有接收任务的各连领导点名集合，以拉练的形式急行军走回各连驻地。

为了以防万一，各连领导可以带一个班的基干民兵携枪随行。

黄昏时分，从开远驶来的火车还未到达，河口火车站便已经戒备森严，几十名营连领导和几百名民兵聚在站台上，拉出一条长长的警戒线。

不知内情的河口县居民以为是生产建设兵团的司令官要来视察了。

杨之洋已经成为基干民兵，并且是一名机枪手。

建设兵团成立后，虽没发领章帽徽和军装，但却发下来一大批武器，每个连都有一个执勤排，也就是带枪的排。

班长和排长使用五零式铁把冲锋枪，战士使用五六式半自动步枪，每个班还配有一挺五六式轻机枪。原来的三八大盖和“汉阳造”被收了回去，据说后来卖给山民当猎枪用了。

其实执勤排并无仗可打，甚至几乎连训练都没有，枪倒是发给个人保管，而子弹则放在连长的床底下。因而，这些武器就被放在了门后，与长把砍刀、锄头混在一起。

当然，等四川知青到来之后，这些枪派上了用场，因为从武斗之乡来的年轻人搞到子弹易如反掌，在他们探了一次亲回来时，在林中便可以经常听到枪声了。

再往后，便是一九七九年中越边境反击战，还没回城的知青们一人一条枪，一百发子弹，两颗手榴弹，一把短把破刀，随突击部队进入了老街市，名义上是协助肃清残敌，实际上是破坏越方设施，并把战利品抢运回农场。

当然，这次接四川知青是不会发子弹的，几百人扛的全是空枪，按战时的说法，都是烧火棍，按河口的做饭方式，应该叫吹火筒。

山腰火车站打来电话，说火车已经通过该站，一切正常。

那么，山腰火车站离河口火车站六公里半，以小火车的速度，十分钟后火车将抵达终点，人们紧张起来。

然而，半个小时以后，火车才出现在视野之中，后来才知道一个女知青跳下车去，为此耽搁了些时间。跳下车的理由很简单，她戴的一顶军帽被风吹下车，她去捡。

有人问她："你不怕摔死吗？"

这女孩子一愣："开这么慢的火车能摔死人吗？在重庆，我扒过坦克车。"

所有人为之瞠目结舌。

火车停稳之后，各营连领导按名单大叫着，召集自己的新部下。

这时，人们才发现火车拉来了一千多满脸稚气的孩子。

四川人本来个子就矮小，而这批知青的年龄又很整齐，全部为十六岁，离成熟还有一段距离，所以看上去像是一群小学高年级的学生来旅行。

由于河口火车站没有站台，也由于并非所有人都像捡军帽的女孩子那么胆大，所以不少知青是营连长们从车门口抱下来的。

不过，这些被抱下来的知青在生活中并不含糊，一年以后就开始为建设兵团养育出小兵团战士来。

当处理私生子的团部妇女干事讲起从车门口抱四川知青下车时的情景，真有点哭笑不得。

但是，论起走路来，这些生长于山城的孩子同样让人吃惊，各个营连第二天打电话到团部汇报时，没有一个四川知青掉队的例子。

去一营八连的一个四川男知青，对杨之洋的机关枪格外有兴趣，主动要帮他扛，结果，十里地走下来，这个四川小崽连汗都没出一颗。

一切可以令杨之洋新奇的事情都没有了，一直潜藏于他心底的那个念头开始强烈地翻腾起来。

他的基本性格是不安分和需要不断刺激，这样才能使他活得有滋有味。

他并不需要什么辉煌的结果，而只需要令他冲动的过程。

他准备直接投身到抗美援越的战火中，这对于他来说，是最最强烈的刺激。

也就是这种天性，导致了他后来成为一个整日处于极度风险之中的毒贩子。

到越南去打仗，并不是杨之洋的创造。严格地说，他不是一个具有创造性思维的人，更多的时候，他是为了赶一种时髦。

去和美国人真刀真枪地干，在六十年代末七十年代初确实是一种时髦，虽然不少当时有这种强烈念头的人十年之后又想尽办法要成为一个美利坚的公民，去当美国人的干儿子。

杨之洋从来不想当谁的干儿子，他只为自己活着。

他找新来的现役军人王连长请了探亲假，然后收拾了一下简单的行装，到河口火车站上了火车。

这里的知青们每年都和国家职工一样享有十二天的探亲假，来回路费报销。不过，几乎没有一个知青在家里呆了十二天就返回的，每个人都有充分理由泡上一个月至半年。

杨之洋的第一次探亲假并不是为了回北京探望亲人，他甚至根本就没买火车票，故意让列车员把他当作无票乘车从山腰火车站赶了下去。

下车后，他涉水渡过南溪河，就踏上了越南的领土。

根据他所了解的情况，要打仗绝不能去找出国部队，那样只会被送回来。在北京时，他有一个同学曾从广西出境，摸到河内去参加打仗，结果被送到中国大使馆，最后还是被遣送回来。

他必须直接到越南南方去，参加那里的游击队，在丛林中与美国鬼子作战。他相信，到了那里是不可能再被送回来的。

于是，他尽量避开大路，只在山间小路行走，近一年的插队生活，早已使他适应了亚热带气候，也对亚热带山林有了充分的了解，强壮的身体更让他不在乎露宿。

他身上的全部装备是几件衣服，十公斤散装饼干，一个军用水壶和一个指北针，还有那把跳刀。

他初步计算，有半个月时间便可以到达越南南方了。

一路上，除了一些小村寨外，他几乎再没有遇上什么人烟，只是偶然有一次碰上了一群由青年妇女组成的越南劳军队。

这支劳军队正在一个深山峡谷间的炮兵部队进行慰问。

杨之洋绝没有想到在一片密密的山林中会有这么庞大的一个军事

基地，一个又一个隐蔽得很好的山洞内露出一门门山炮的粗黑炮口，令他惊奇的是这些炮口都指向北方。

几年以后，这个山炮阵地的作用充分显示了出来，若杨之洋能参加那次反击战的话，中国进攻部队也许会避免不小的损失。

杨之洋本来是想到山谷间那条小溪边去睡觉的，但一阵女人的嬉笑声使他止住了脚步，透过竹丛向外望去。

只见20多个穿着各色长旗袍的越南姑娘夹着些乐器正从一辆汽车上下来，那汽车是从一条完全被大树遮掩起来的道路中开来的，杨之洋从没发现过这么一条路。

几个军官模样的越南人像从地缝中冒出来一样，笑嘻嘻地走到越南姑娘面前，不知说了些什么，每个人便带走了一个女人。

后来，又依次出来三批军官，将越南姑娘分了个一干二净。

杨之洋想起了小说中对日本鬼子、美国鬼子战时生活的介绍，他们为了解决生理问题，除了强奸被侵占国的妇女外，还从本国招来一些年轻妇女进行战场服务。日本人叫随军慰安妇，美国人叫劳军女郎。

这些越南人叫什么呢？

杨之洋感到有点恶心，像吞食了一只苍蝇，到月上中天，看到那些女人一个个跳进小溪中，赤条条地洗着身子，一会儿又被另一批军官领走之时，他突然不想往南走了。

他说不明白为什么做出了这个异乎寻常的决定，只是不想帮这些家伙打仗了。

杨之洋的饼干被猴子抢去，这对他可真是天大的耻辱。

长到十九岁，没有任何一个人能从他身上抢去哪怕一丝布条，可一群他一拳就能砸死一只的猴子却把他赖以生存的食物抢了个一干二净，毫不留情。

当时，他正坐在一棵大榕树下吃着饼干，根据计算，还要五天才能走回南溪河畔，包里的饼干省着点吃，是能维持这么长时间的。

一个人影晃了一下，引起他的警觉，他顺手拔出了跳刀。

定下眼来，才看清七八米外站着一只金黄色的猴子，正两眼可怜巴巴地望着他手中的饼干。

猴子像能引起任何人的兴趣一样，也理所当然地引起了杨之洋的兴趣，他把手中的半块饼干扔了过去。

猴子一个轻跃，接住了饼干，大口吃了起来。

杨之洋萌发了捉住这只猴子的念头，他想像着当自己的肩头蹲着一只猴子，得意扬扬地走在河口街上时，该会惹来多少羡慕的目光，该会出多大风头。

他从包中掏出几块饼干，用手捧着，如同逗孩子般向猴子走去。

就是在这一瞬间，他听到背后一阵轻微的声响，回头一看，只见装饼干的包和军用水壶被两只猴子抓走，再抬头一看，大榕树上蹲着大大小小十几只猴子，它们一直默不做声，等待机会。

杨之洋向前一扑，准备抓那只离他只有一米远的猴子。

可那猴子只一跳，抓住一根垂下的藤条，荡秋千一样飞上大榕树的枝杈。

十几个猴子分享着杨之洋的饼干，还学他的样子，轮流喝着军用水壶中的水。

杨之洋挥舞着手中的刀，那些猴子便挥舞着爪子中的饼干，气得杨之洋一刀甩出去，那些猴子一哄而散。

捡回刀子和军用水壶，饼干却夺不回来了，杨之洋将陷入饥饿状态。

不过，他知道在亚热带丛林中是饿不死人的，野芭蕉、木奶果到处都是，嫩竹笋、野蘑菇也满山遍野，何况还有木薯地里的木薯、苞谷地里的苞谷随时可以供他饱餐一顿。

他继续向北走去。

杨之洋抢东西吃纯粹是出于一种好玩的心理，也是一种冒险本性的复发。

何况，吃了三天生冷的野食之后，他很想恢复一下人的生活习性，即使是真类人猿，大概也知道煮熟的食物好吃些。

他本来有两盒火柴可以用来点火烧木薯和苞谷，但在饼干被抢之前已经全部用于抽烟了，现在连点烟的火都没有，还谈什么烧食吃呢。

实事求是地说，他本来没有抢东西吃的念头，可在一个山包上他正蹲下身子挖木薯时，一支竹箭不由分说就从他脖子边擦过，吓得他出了一身冷汗。

他趴在地上，四下张望了一下，根本见不到人影，于是又去挖那已经露出大半截的木薯。马上，又一支箭头射穿了他的衣袖，差一点钉在胳膊上。

他逃进了竹丛，可也升腾出一股怒火，决心要报复一下这个不仗义的家伙。

他一动不动地坐在竹林边，忍受着蚊子的袭咬，终于看到了是一个老太婆扛着弩箭走出木薯地，进了山脚下一幢独立的茅草屋中。

“妈的，不让吃生的，就去抢熟的!”杨之洋小声嘟哝了一句。

大自然的荒蛮必然会激发人的野性。

杨之洋知道离这里最近的村落也在三里地以外，便放心大胆地摸下了山坡，一下子冲进了茅草房。

房间内光线昏暗，但依然可以看清只有老太婆一个人，她正蹲在灶台边煮着木薯稀饭，里面一定放了猪油和盐，一股扑鼻的肉香充满了房内。

老太婆听见门响，说了句越南话。

杨之洋听不懂任何一句外国话，只是吼了声："喂！"

老太婆转过身，惊讶地望着这个手握短刀的不速之客。

杨之洋不再理睬她，从灶台上拿起个大碗，直接从锅中盛了大半碗，不顾烫嘴，一边吹气，一边吃着。

确实太香了，有木薯、旱米、苞谷、猪油和盐混在一起煮的稀饭是他这辈子吃过的最好吃的稀饭。后来他有机会大嚼山珍海味之时，也没体验过这种愉快。

他用眼角瞄着老太婆，一连吃下五大碗，只剩下一个锅底才罢休，然后，抓起挂在墙上的弩箭，跑出了房门。他怕老太婆会赶来射上他一箭。

第二天，他又照此办理，找到一间独立的茅草房，突袭进去，饱餐一顿之后，迅速地溜之大吉。

这段短暂的经历和所取得的生存经验在今后打入"金三角"派上了不小的用场。

第三天黄昏，南溪河远远在望了，他决定在越南吃一顿最后的晚餐，便钻进了又一间茅草房中。

这间房中做饭的是一个少女，被杨之洋吓得尖叫一声。

就是这声尖叫，使杨之洋遭到了彻底的失败，他背上顶上了显然是枪口的东西。

他只好扔下刀，慢慢回过头来，看见一个白发老头正端着一支AK47自动步枪对着他，嘴中用越南话吼着些什么。

杨之洋听不懂老头说的什么，自然也无法回答，只能结结巴巴地哼着："我，我，我不是来……"

那少女一下子笑起来，用中国话说："你是中国知青吧？"

杨之洋连忙点点头："对，对，我肚子饿了，想抢点东西吃。"

"为什么要抢呢？你又不是美国鬼子和村长。"少女抱怨着。

杨之洋一愣：怎么把村长和美国鬼子划为一类呢？

少女没解释什么，顺手递给他一个破开了的竹筒，竹筒中是白米饭。

老头也收起枪，递给他一竹筒米酒，改用河口当地人的普通话说："我们是成立兵团时过来的。村长的儿子总打我孙女的主意，所以我不得不防。"

杨之洋点点头，他明白了一个朴素的真理：什么地方都有好人，什么地方也他妈都有恶人。也就是说，在多险恶的环境中你都有被救的希望，在多好的一群朋友间也有被暗算的可能。

酒足饭饱之后，他告辞了这家善良的人。

多少年以后，这家人被越南当局赶回了中国，而这女孩子在被赶前一夜终于被村长和他的儿子轮奸了。在他们孤苦伶仃、无依无靠之时，收到了一笔一万元人民币的巨款，这便是类人猿寄来的。

杨之洋回到八连只住了一个晚上，便被团部派来的两个警卫连战士抓走，关押到团部后面一间由配电房改造成的临时监狱。

有人出卖了他。

那个人看见他从南溪河对岸游了过来，因而他背上了叛国的嫌疑。

杨之洋不明白，去越南打美国鬼子也算是叛国吗？叛国和投敌是联系着的，难道越南人是敌吗？十几万出国部队在那边帮着打仗又算什么呢？

不过，外表虽粗犷的杨之洋在这件事上聪明了一下，他坚决不承认去了越南，他相信团部也不可能到越南去外调。

但那个满脸麻子、已经调到保卫科的张干事非要杨之洋按日子写清楚这十几天都到了什么地方，干了什么事。

杨之洋说："我记性不好，脑子笨，所以上学时总得二分。"

张干事吼了声："记得多少写多少。"

没法子，最不喜欢动笔的杨之洋只好比挨打还难受地接过张干事递进来的纸和笔。

大半天时间，杨之洋没写出一个字，只是在纸上画了一些飞机大炮，后来又叠了几个纸镖，从铁栅栏中扔了出去。

天黑以后，他故意把电灯泡的灯丝搞断，以造成写不了材料的客观条件，他便可以躺在床上睡大觉了。

十点多钟时，他被一泡尿憋醒，爬了起来，在屋子角落一个有孔通向外面的便池内撒了一泡尿，然后放水冲干净。

正要再躺下睡，忽然听到一阵细微的女人哭泣声，他非常好奇，凑到了后窗边，向外张望，声音是从那里传来的。

××团团部设在一个山包上，一面临公路，一面是河口县的露天大会场，另外两面是橡胶树林，团部机关是一幢二层楼，另外有一排带套间的平房供干部住，还有一排平房是电话班和警卫连的人住。

电话班都是年轻姑娘，基本上囊括了农场时期全农场最漂亮的姑娘，知青们来了之后，一个半专业性的毛泽东思想宣传队又成了漂亮女知青的汇集站。

至于为什么要找漂亮姑娘，这是大家都心照不宣的事。几年后打击奸污、迫害知青的坏分子时，自然大白于天下。

而所谓警卫连，其实只有三十多人，按部队惯例，有一半是打篮球的好手，另一半才是真正负有保卫团首长使命的人。

临时监狱就设在电话班和警卫连宿舍的后下角，已经贴近了橡胶林。

团部作息制度非常严格，十点钟一律熄灯睡觉，更不准谈恋爱和半夜不归。

那么，是谁跑到这个地方来哭呢？

幸好月色明朗，仔细看了一下，杨之洋就发现了不仅仅有一个女人，还有一个男人，正相拥在一起。

那女人抽泣了一会儿，离开男人的怀抱，顿时，杨之洋看清楚了，原来是四营的北京女知青！

他之所以认识这个女知青是因为听过她关于“立志广阔天地，扎根贫下中农”的报告。那是在他去越南的前几天。

这个名叫马继红的高一女学生被分配到连队猪场养猪，不知被哪位领导发现，成了全营学习毛主席著作积极分子。她口才极佳，谈体会时一口气能讲四个钟头，什么和小猪一块睡觉，跳进粪坑去捞老母猪，母亲病危也不回北京，发誓三十岁前不谈恋爱等等，颇感动了不少人，因此一下子成为全师的知青典型，参加了云南省首届学习毛主席著作积极分子代表大会，听说还要去北京出席全国先进代表的会议。

她从省里回来后，便到各营巡回做报告，按当时的名词叫“讲用”报告会。每个营的知青都必须参加。

杨之洋听完她的讲用后，偶然发现她在两个营部妇女陪同下，蹲到营部后面的菜地边呕吐不止，当时他还有点敬佩之情，认为这女人带着病还做长篇报告，确实不简单。

可她走了之后，又听到那两个妇女在议论：

“这妹子怕怀孕了。”

“有点意思哕，我看她走路时屁股出弯了。”

“奶子也胀了。”

杨之洋觉得这纯粹是下流之谈，没有在意，后来便忘了个一干二净。

现在，居然看见她和一个男人搂在一起哭哭啼啼，实在不像个学习毛主席著作的积极分子和知青模范。

按知青运动初期的观念，知青中的先进分子无论男女，都绝不应该谈恋爱，否则无论如何也成不了模范。

杨之洋从来就没有过当先进的想法，所以才会去拍“婆子”。

“妈的，这娘们骗人！”杨之洋骂了一句。

胶林边，那一对男女根本想不到会有人注视他们，马继红拉着那男人的手问：“怎么办呀，都快四个月了！做人流吧？”

“回北京去生下来！”说话的也是个北京人。

杨之洋再蠢，也听出来他们谈的是怀孕和打胎的事。他很惊异营部两个妇女对女人生理变化的观察之敏锐。

杨之洋知道，他偷听到的是一则具有爆炸性的新闻，全师首先推出的一个知青典型居然未婚先孕了！

这只能说明领导们瞎了眼！

还能说明什么呢？杨之洋不知道了。

他想起田萍给他讲过的一部小说，那小说名字叫《勇敢》，是描写三十年代苏联青年到条件艰苦的西伯利亚建设共青城的故事。

他对里面一个女主角印象很深，那个女主角非常革命，经常批判别人只知道谈恋爱，而浪费了精力，但恰恰是她生下了共青城的第一个孩子，孩子的父亲却做了可耻的逃兵，结果被冻死在冰雪之中。

田萍讲这篇小说的意思是让杨之洋要对一个女人负责，她绝没有谴责马继红的意思，她也不可能预见到马继红的行为。

然而，小说中的故事竟然和现实的故事如此吻合，那么，那个男知青会做逃兵吗？

“千万不能被人发现。”马继红苦苦哀求着男知青，“还是打掉吧。”

“不，生下来。孩子有生下来的权利，我们也有做父母的权利。一顶知青典型的帽子就应该取消这些权利吗？”男知青有些悲壮。

杨之洋对这个男知青顿生敬意，他知道，这是个汉子，比《勇敢》里那个男主角强一百倍。

马继红似乎很听这个男知青的话，这一定是由于爱情。她沉默了一会儿，点点头：“好吧，但这一段时间千万不能让人知道。”

“放心，没有人会知道。”

男知青重又搂住马继红，两个人慢慢躺到了胶树林的阴影中，那里有一层厚厚的落叶，被白天的太阳晒得暖洋洋的。

杨之洋想，若是自己和女朋友发生了这样的事，他也要像这个男知青一样摆出一副汉子劲头来。

后来，马继红的事情还是暴露了，她的所有桂冠一下子消失干净，河口县城少了一个知青模范，却多了一个生命和一个母亲。

对人类来说，更需要什么呢？前者还是后者？

不言而喻！

有一点需要指明：走漏消息的绝非杨之洋，在这个世界上，他最痛恨的就是出卖！他从不会出卖自己，也不会出卖别人！

在团部临时监狱关了三天之后，杨之洋被放回了一营八连，他在三页纸上写了四十五个字，记下了他十几天的经历：

昆明玩三天，桂林玩五天，昆明又玩三天，没钱买火车票，蹭车，没钱住旅馆，睡火车站，被小偷偷了一次，丢一包饼干。

这确实是一个没法查的案子，而且案犯不是老老实实回连队了吗？

张干事看着那四十五个大大的字，愁眉苦脸地问："你就不能再多写几个字了吗？"

杨之洋反问："写得还不够清楚吗？连饼干丢了都写上去了嘛！"

张干事无可奈何地摇摇头，打开了铁门上的锁，放杨之洋出去了。

回到八连，杨之洋第一件事就是找到丁文革。

丁文革正在跟两个四川女知青谈怎样写入团申请书的事，似乎他已经成了团支部的组织委员，专管发展团员的事。

杨之洋把丁文革叫到一边，小声问："是不是你告的密？"

"不，不是……"

“像点男子汉嘛，敢做为什么不敢说呢?”杨之洋嘲弄着。

“是又怎么样?”

“不怎么样，那是你眼花看错了，我来治治你的眼。”

话音未落，杨之洋一拳上去，击中丁文革的右眼眶，那里顿时青肿起来。

两个四川女知青吓坏了，不知所措，一下子捂住自己的脸，不敢再看。

然而，杨之洋已经几步跳到篮球架下，和保管员陈忠和打起篮球，还欢快地大声叫着：“丁文革，丁文革，来打球呀!”

这次，丁文革没敢再告状，至于他眼睛的青肿，被解释为不小心摔倒，撞到床棱上引起的。

那两个现场目睹了的四川女知青，始终也没搞清楚这是怎么一回事。

但杨之洋忽然发现，四川男知青们对他亲热起来，对他一口一个大哥地叫着，还把从家中寄来的四川腊肉给他吃。

第五章

第一个死去的知青尸体共有七百零六块——类人猿喝醉了，与当地流氓头子大打出手——躺在女朋友怀抱中头一次领略了男人是怎么回事——为回北京，和肝炎病人共用一副碗筷

杨之洋跪下了。

没有任何人强迫，他完全是自觉自愿跪下的，为了表示他的哀伤和悲壮之情，也为了表示他的哥们儿义气。

那是在一个北京知青死亡的时候。

每年一度的开荒大会战在一营和六营交界处的五十八号山脚下。

五十八号山是一座原始森林，面积近万亩，细长形的，绵延一公里多。

大会战的第一个任务自然是将原始森林全部砍伐干净。

关于毁林种胶，中国专家一直存在两种截然不同的意见，以至于到后来发展到成为政治纠纷。

不过，中国的学术问题到争执不下时，必然都是借助于政治力量，一句话便可以轻而易举地打倒对方。

有专家认为中国不适宜种橡胶，其中有几个重要因素：首先是中国离赤道线较远，橡胶树不能常绿，一年只能割半年胶，因而产量太低；二是中国的珍贵树种和珍奇动物大都生长于要种橡胶的地方，毁林开荒势必会使这些珍贵树种和珍奇动物迅速灭绝，遗害子孙万代；其三是人类分布于全球，必然有个国际分工问题，各国和各民族都应该扬长避短。

而这三个观点都被对方所批判，理由只有一个，橡胶是战略物资，若自己不能生产，将会被帝国主义卡住脖子。

结果，从广东到广西、到云南几千公里的狭长地带，也就是珍贵树种和珍奇动物最多的地方，全面开始了大规模毁林开荒种植橡胶树。

近万亩的原始森林中，有二十多种珍贵树种，甚至包括被称为植物活化石的银杉，不到半个月时间，全部砍倒。

至于金丝猴之类的动物，能跑的跑，跑不掉的全成了兵团战士的盘中餐。

经过两个月的晒荒，在一个晴空万里的月夜，从山脚处二十个地方同时点火烧山。

刹时间，如同火山爆发一样，整个山被烧得通红，空心植物爆裂了，发出如同一场浩大战役般“噼噼啪啪”的炸响，声音传至十公里以外，砍伐时残存的蛇、兔、鼠之类的小动物东窜西跳，最终还是化为焦炭。

夜色退去了，天空如同被烧成两半，一股股浓烟升腾着，遮住了星星和月亮。

这场大火整整烧了三天三夜，后来据专家推算，拉下山去的一些做门窗和家具的木材不算，被留在山上烧成焦炭的大树就值上千万元人民币，等于这座山全部种上橡胶树八年成熟以后十年产量的价值。

但是，当时人们算的只是政治账，也就是现在所讲的社会效益。即使搞经济工作的人也从不算经济账。

大火熄灭以后，又用三天时间等地表冷却下来，大规模开挖梯田的工作开始了。

没有推土机，没有铲土车，甚至连手推车都没有，一切都是靠一把锄头和一副撮箕。一个人一天的土方量起码在二十立方以上，也就是几十吨的土被用手工挖出来，又挪到一边。

为了解决连成片的竹根和大树桩难挖的问题，开荒会战指挥部专门成立了一个爆破组，用黄色炸药去炸。

爆破组由各连出一个人组成，一营八连的便是杨之洋。

这是他主动要求的，凡是具有冒险性的活动他都喜欢参加，而且可以免去挖山之苦。

“顺子!”

一到山脚下的爆破组报到，杨之洋就见到了几个月未会面的顺子。

“大哥，你也来干这玩命的事?”顺子还那么油腔滑调。

“他妈的，咱们哥们儿不就喜欢干这买卖吗?”杨之洋笑笑。

看得出，三十多个参加爆破组的知青都是没把命当一回事的家伙。

人一到齐，原来在部队当工兵排长的一个团部干事马上用半天时间讲授了炸药的使用方法和操作规程，并让大家实习了一次，随后规定每天下午五点半到六点钟之间为爆破时间，这段时间，全体开荒人员都到另一条山谷间休息、避炮。

当天下午，爆破组的每个知青都打了三个炮洞，各填上了两管黄色炸药。五点半钟，会战指挥部的高音喇叭响了起来，通知放炮时间到了。

爆破组长又检查了一遍炸药情况，然后吹响了可以点炮的哨子。

三十几个知青早已抽着香烟在等着了，香烟是爆破组发的，八分钱一盒的春耕牌，每人每天一盒，这种劣质香烟若不紧着抽，便会自然熄灭。不过，能有这种烟抽对于不少知青来说已是幸事，杨之洋常在月尾发工资前，将上半个月存留下来的烟头撕开，把烟丝卷成自制烟卷抽。

听到哨响，近百根导火索点燃了，点炮者不能跑远，虽然一米长的导火索可以燃烧整整五分钟，足够点炮人跑出一公里以外，但他们只能躲避在百十米、甚至几十米远的爆炸死角处，观察自己的炮点是否全炸了，否则便要去排除哑炮。

这件工作中最危险之点便在这里了，因而拖家带口的老职工们很少有愿意参加爆破组的，他们宁愿多流点汗，也不想碰上个万一。

五分钟后，“隆隆”的爆炸声接连而起，有的是十几炮同时炸响，难分彼此。

竹根、树桩随着土星、浓烟被冲上半空，又沉重地落入谷底，大地似乎都颤动了。

杨之洋清楚地看到自己埋放的三个炮点全部爆炸了，便兴冲冲地站起来，兴奋地手舞足蹈，狂呼乱叫。

其他点炮的知青也一个个欢呼雀跃，庆祝自己第一次爆破就成功了。

爆破组长可不那么轻松，他认真清点了一下，直到数够了爆炸点才长长出了一口气，挥了下手："下山，吃饭去。"

开荒会战都是吃住在会战地点，亚热带丛林中住非常方便，满山遍野的竹子，砍下来用藤子一绑，就搭起了屋架，上面遮盖上野芭蕉叶，遮雨挡风，屋里面钉上一排木桩，把编好的竹排一铺，就是一张大床，每张大床上少则睡十几人，多则睡三十多人。

男人和妇女是分开住的，可有时候有些年轻的丈夫耐不住生理的煎熬，也悄悄把老婆招到自己蚊帐中去，先是小心翼翼，到忘乎所以时，搞得竹排一阵乱颤，便有人提出抗议：

"留着劲白天用吵。"

那对心满意足了的男女也只是一笑了之。

对这种现象，各级领导都不闻不问，睁一只眼闭一只眼，只要不影响第二天开荒就行。

不过，对知识青年中若有男女借着人员混杂之时钻到一个蚊帐中睡觉可绝不允许。

顺子就被当场抓住。

杨之洋一到会战工地，就知道顺子和一个四川女知青睡到一起了。这是顺子主动告诉他的，还把那叫阿雪的女孩子带给杨之洋过目了一次。

那是个典型的四川姑娘，小小巧巧，白白胖胖，留着短发，稚气未褪，走起路来蹦蹦跳跳的，据说在重庆时跳过芭蕾舞，演革命现代舞剧《红色娘子军》中的小战士。

"妈的，你就把人家给糟踏啦?"杨之洋捶了顺子一拳。

顺子辩解着："这是爱情，爱到一定程度必然会睡到一起，她也愿意呢。"

杨之洋不知道自己的女朋友孟丽会不会愿意，由于她在加工厂，没有开荒任务，所以没来参加会战。

他确实也很想和她睡在一起，他清楚有不少知青都在这么干了。

顺子问他："田萍走了，你没再找个妞?"

杨之洋回答："找了孟丽。"

"孟丽?"

"就是刚来河口那天你和得福拍的那'婆子'呀。"

顺子摇摇头："嗐，离开河口后，只找过她一次，蹭了顿饭吃，其实当时她看中的就是你，我们哪在她眼里，她眼高得很。"

杨之洋心中涌出一种舒服的感觉，如果现在孟丽在，他肯定会抱住她，亲一下。

顺子提出来去炸鱼，使沉浸在遐想中的杨之洋转入另一个兴奋点。

爆破组白天打炮眼，下午放炸药点炮，晚上无事可做。爆破组长让大家自学毛主席著作，可只坚持了一天，便再也见不到人影。

顺子想出炸鱼的方式消磨时光，当然正中杨之洋下怀。

南溪河离这里只有三里路，十几分钟就能走到，两个人带着雷管、炸药、导火索来到了南溪河边。

顺子显然是个炸鱼的老手，他找到一个水面平静的河湾，将半筒炸药用油纸扎好，插进雷管和导火索，点燃，估计还有十秒钟爆炸，便将炸药往水中一丢。

只抽了一口烟的工夫，一声闷响，水柱冲起三丈多高，水花四溅，淋了两个人满头满脸满衣服。

待水面平静下来后，杨之洋非常失望，因为除了几片树叶在打转外，什么也没有，依然如故。

“我再来炸一炮吧。”杨之洋跃跃欲试。

“别急，等一下，把烟抽完。”顺子又递给杨之洋一根春耕牌香烟。

结果，这根烟还没抽完，十几条巴掌大的鱼便漂了上来。

杨之洋兴奋地脱去外衣，一个猛子扎进水中，把被震昏的鱼扔上岸来。

他发现，大鱼都在后面。

只用了不到半个小时，收获了十七条巴掌大的鲫鱼，三条半斤左右的鲤鱼，还有两条一尺多长的黑鱼。

“妈的，以后每天来炸一炮，不就可以改善伙食了吗？”杨之洋一边往河里撒尿，一边喜气洋洋地说。

结果，第二天他们就没有来成，因为这个晚上顺子和阿雪便双双被堵在蚊帐中。

也许是喝多了酒，也许是两个人折腾得过分而累了，几只手电光柱透过蚊帐罩住紧紧搂在一起的他们时，他们还没有醒来。

爆破组长和警卫连几个战士足足观赏了半分钟才发出吼叫声。

顺子和阿雪被惊起，胡乱穿上了衣服，垂头丧气地钻出了蚊帐。

顺子冲组长一拱手：“组长大人，请您高抬贵手，放小人一马吧。”

爆破组长一瞪眼：“别来这套流氓作风，马上召开现场批判会，爆破组全体人员参加，并请各连派一至两名代表，对，最好是一男一女两个知青。”

顺子突然一横脖子：“这是我一个人的事，阿雪是我拉来的，与她无关。”

爆破组长冷笑着问阿雪：“是这么回事吗？真这样，你就是受害者。”

“不，我愿意！”阿雪紧紧依偎在顺子怀中，像面对着一群野兽。

杨之洋光着半截身子走过来，拍了爆破组长肩膀一下：“咱们是男人，有威风别冲女孩子耍，你跟你老婆不一个床睡觉吗？”

“他们没结婚证！”

“明天去领一张不就行了，反正他们是两口子了。”杨之洋也带着流氓腔。

“不行，批判会一定要开！”爆破组长绝不愿以现役军人的身份在一群知青面前丢了面子。

“别说得这么肯定，小心有人在你床底下塞两筒炸药。古人云，得饶人处且饶人。”杨之洋替哥们打抱不平时从不会主动退缩。

爆破组长打了个冷战。他在部队十来年，几乎每年都会听到因入党、专业、提干等一系列个人问题而向连长、指导员开枪的事，甚至有引爆一箱子手榴弹和用重机枪乱扫的恶性事件发生。

他嘴软了：“那、那女的可以从宽，男的还要接受批判，这对他个人也有好处嘛，正确处理恋爱观。”

结果几十个睡眼惺忪的知青开了一个现场批判会，顺子当众做了检查，批判自己的资产阶级恋爱方式。

令杨之洋感动的是，阿雪始终没有离开顺子一步，四川姑娘的倔强和对爱情的坚贞使她含着泪，昂着头，不断重复着三个字：“我爱他……”

轮到杨之洋批判发言时，他只说了几句话：“无产阶级男人必须像和尚，女人必须像尼姑，只有战斗友谊，除去七情六欲，否则就是资产阶级腐朽生活方式。打倒顺子！把他彻底批倒批臭，踏上一万只脚，让他永世不得翻身！”

有人哄笑了，可杨之洋一本正经，绝无半点开玩笑的神情。

第二天，整个爆破组都有点闷闷不乐。由于人们的忧郁，天也变得阴沉沉的。

下午五点半点炮后，竟然一下子出现了七处哑炮，搞得大家人心惶惶。

按规定，二十分钟后才能靠近哑炮点，进行排除，可每天的开荒进度是定死了的，十五天拿下万亩荒山的新闻报道稿已经提前送到昆明的云南日报社和云南人民广播电台，所以必须争分夺秒地干。

因而，爆炸停息十分钟后，爆破组长就率先进入危险地区排除哑炮了，他不愧是军人出身，在这种时刻并没有逃避。

杨之洋的几个埋药点都炸响了，并没有出现哑炮，但他也没坐在山脚下吸烟，而是和爆破组长一同冒险排除哑炮。

看着他那股不要命的劲头，爆破组长半是夸赞，半是批评地说：“你呀，按我们部队的话说，是个嘎兵，平时讨厌你，打硬仗又少不了你，真是……”

“轰”的一声巨响从山弯处传来，浓烟裹着树桩、石块、土星飞向半空。

爆破组长脸一下子惨白了，甚至跌坐在地上，因为根据经验，他知道有人丧命于这一声巨响之中。

“顺子！”杨之洋马上就发现那是顺子的工作地点。他大叫一声，不顾还在纷纷落下的零碎物体，向爆炸发生点冲了过去。

只有一个大大的土坑，根本看不见顺子的人影了。

突然，杨之洋的眼光定定地停在二十多米远的地方一块血肉模糊的东西上。

那是半条人腿！

杨之洋不相信似的走过去，慢慢蹲下来，伸出手轻轻触摸了一下之后，马上撕心裂肺地惨叫一声：“顺子——！”

这叫声划破了山谷的瞬时宁静，也刺疼了愣在不远处的知青们的心。

当人们拥过来时，杨之洋已经一声不吭了，只是在一点一点地寻找，收集着顺子被炸得粉碎的尸骨，他已经找到了三块。

六点钟一到，还不知消息的大队人马从另一个山谷中转了过来，遍布山坡，又要开始挖土造梯田了。

而杨之洋在这之前已经冲到了广播站，一把推开正要播送战斗口号的女播音员，抢过麦克风，嗓音嘶哑地说：“谁也不准动一下锄头，必须先找齐顺子的尸骨，否则……”

他没有说下去，因为他没想好是引爆炸药库，还是宰了团长。

这时山上已经知道炸死人的事，几百名知青不约而同放下锄头，开始在山坡上寻找。这是插队以来死去的第一个知青，不能让他的碎尸散于荒野。

团长也发现事关重大，赶到了广播站，通过高音喇叭下达了寻找碎尸的命令，但又补充上一句：“我们要化悲痛为力量，一定要在半个月内拿下万亩荒山!”

在天黑之前，人们一共寻找到七百零六块大大小小的碎肉断骨，堆在一块塑料布上，根本凑不出人形。

阿雪痛哭着，声音凄惨。几十个女知青陪着落泪。

杨之洋“扑通”一声跪了下去，最后嚎叫了一声：“顺子——!”

从此以后，他再也没有下过跪，即使是女朋友为他死去时，即使在“金三角”地区一些杀人不眨眼的毒枭面前，他都是冷冷地站立着，两腿像是钢柱。

半个月时间，万亩荒山如期开出来了，一条条梯田如同红色的彩带环绕山坡。

顺子的坟在山顶之上，每年都有人去锄草培土，直到一九七九年知青大溃退。

现在，那里早已找不出坟迹，在成熟了的橡胶树环绕中，是几十棵香蕉树和一百多株菠萝。

承包那块地的一个十八岁的小伙子只是奇怪，地中心的几棵香蕉树结出的果实又粗又大，异常芳香。

杨之洋喝醉了。

万亩荒山大会战结束之后他就一直闷闷不乐，尽管在会战英雄榜中有他的名字，并奖给他一个大茶缸子，可依然使他难以出现笑容。

他不理解死亡为什么这样轻易，而且这样近在眼前。

以往，他之所以不在乎死，是因为他认为死亡是很遥远的事，与青春未谢的他无缘。可顺子之死，彻底改变了他的这种认识。

一个生龙活虎般的小伙子，头一天晚上还在炸鱼，还在和女朋友不知疲劳地亲热，却在一声巨响中变为一堆碎块。

太严酷了！

从此他就应该珍惜生命了吗？

可珍惜生命干什么呢？为了再去开荒，再去点炸药，再去为人或被人收尸吗？

杨之洋简单的大脑根本解释不了哲学家研究了几千年的人生这一命题。他只是凭直觉感到：死亡并不那么神圣庄严。

他是一个重感情的人，也是一个重义气的人，他刚领了二十六元钱工资便请女朋友孟丽和顺子的女朋友阿雪到河口城里最大的饭馆吃了一顿，为了安慰阿雪，也为了祭奠顺子。

“第一杯酒是顺子的。”杨之洋买了八元钱的炒菜，一共有八盘。那菜按八十年代的水平是猪食，按当时的水平是美味佳肴。

一瓶散装白酒倒满了四个杯子，杨之洋将其中的一杯泼洒在地。

阿雪又哭起来，结果一口酒也没喝，一口菜也没吃。

孟丽同样没喝酒，但吃了几口菜。

杨之洋一个人吃了七盘菜，喝下八两白酒，头一下子变得昏昏沉沉，但悲伤确实少了一些。

“走吧，到红河边上去坐一会儿。”孟丽扶起阿雪，对杨之洋说。

这是橡胶树开割前的一个星期天，人们还有空闲逛街，一旦开割，胶工每天都要割胶，加工厂每天都要烤胶，上街的机会就少了。

一男两女三个人并排走在河口街不宽的马路上，各自想着心事，以至于背后响起自行车铃声也没听见，或者说没在意。

一个骑自行车的毛孩子摇摇晃晃扶着车把，撞了孟丽一下，嘴里还用当地话骂了一句。

已经能听懂十几句当地骂人话的杨之洋虽然大脑迷糊，但动作并不迟钝，他反应出那骂人话是“烂婊子”的意思时，右脚也踹了出去。

骑自行车的毛孩子一下连人带车扑倒在地，摔了个嘴啃泥。

那孩子爬起来，看了杨之洋一眼，没敢再吭声，又骑上车，走出了十多米才回头用普通话喊了声：“你等着，让我哥来教训你！”

杨之洋根本没把这话往心里去，见过杨之洋力战群雄的孟丽也一笑了之，阿雪倒是有点担忧，她知道河口县城中有一伙小流氓，常常拦截女知青进行调戏，也打过几次男知青，使得单身知青不敢来河口城。

快到县革委会大礼堂前有一条岔道，这条穿行于竹丛和夹竹桃树的小路便通到红河边。几个月没看到那鲜血一样奔流的红水，三个人还都有点怀念之情。也许是想用这种怀念取代对死去的顺子的怀念吧。

一阵杂乱的脚步声由远而近，直逼杨之洋身后，他感到一股风声骤起，忙搂住两个姑娘向边上一闪。

一根竹扁担打空了。

杨之洋回过身，护住两个姑娘，看清楚是那个骑车撞人的毛孩子带着三个气势汹汹的男青年，手持扁担和吹火筒报仇来了。

三个男青年个子都不高，尖嘴猴腮，皮肤黑，一副典型的本地男人形象，不像本地女人由于小小巧巧而惹人喜爱。

男人若不高大，必然猥琐，令人讨厌。

持吹火筒的汉子趁杨之洋立足未稳，一下子给了他脑袋一下，额头顿时红肿了一块。

不过，这一下也把杨之洋的酒打醒了一半，他飞起一脚，踢飞了那家伙手中的吹火筒，又一脚，踢中了他两腿间。

如此迅速的两脚使持扁担的两个家伙愣了一下，但马上又不要命似的挥舞着扁担往杨之洋身上打来。

好汉难敌双拳，何况是两根扁担。尽管杨之洋东躲西闪，但还是挨了七八下，直打得他怒火烧心，掏出了跳刀。

他瞄准了那个出手最狠、专往要害处打的家伙，不顾一切地扑上去，忍着又被打中两扁担的剧痛，一刀扎中那家伙小腹，接着又捅了两刀。

那家伙丢下扁担，捂住伤口，看见露出一寸多长的肠子，神经一定受不了，慢慢摇晃了几下，摔倒在地。

剩下的一个人嚎叫起来："杀人啦！"扔下扁担，撒腿便跑。

而那个一直捂着裆处蹦跳的汉子，也忍痛逃离了现场，只有毛孩子大叫一声："哥！"扑到受伤人身上。

杨之洋把刀刃在鞋底上蹭了几下，冲那受伤的青年说："记住，以后别找知青的麻烦！"

而那人咬着牙说了句："一个月后见！"便昏了过去。

后来杨之洋听说那家伙是个强奸犯，强奸了十二岁的小女孩，被判了三年徒刑，刚放回来不久，无所事事，专门调戏女知青。又听说那家伙被送进医院后，需要输血，河口县广播站号召市民去献血，却没有一个人报名，只好请求山上高炮营派来一个排的解放军战士，而且没告诉他们这是个流氓。

杨之洋觉得让解放军战士为一个流氓献血简直对解放军是个莫大耻辱，当时他若知道，一定会横加阻拦！

河口县派出所没有追查这一斗殴案，因为被伤的是一个刚刚劳改释放的强奸犯，替他追查凶手有阶级立场不清之嫌，何况据目击者报告，又是他先袭击别人的。

不过，派出所的警察也没重视那家伙不断重复的誓言：一个月后算账！

杨之洋和孟丽把阿雪送上了一辆驶往四营的四轮大拖拉机。

按当时兵团的习惯，只要是顺路车有人招手，一律要停下来载客，不论马车、拖拉机、大卡车，都是如此，甚至团领导的北京吉普若有空位，也要搭客。

这大概是物质生活水平低下，生产力落后时的一种特定的现象吧，这种现象使不少人颇为留恋，尤其是八十年代物价疯长，人人都只图私利的时候。

看着阿雪坐的拖拉机开远了，杨之洋和孟丽拐到去一营的土路。

他们没有拦车，虽然先后有两辆手扶拖拉机和一架马车从身边驶过，但他们宁愿步行。

从河口城到一营加工厂并不远，只有五里地，所以走着也不会累。而且两个人都明白，就是走五十里也不会累。

他们不懂得怎样谈恋爱，那时也没有教人谈恋爱的书，他们只是觉得在一起很愉快，很愿意经常见面。

其实所谓经常，也不过是一个星期一次罢了。

杨之洋不是擅谈的人，在女孩子面前他更多的是沉默，有时还会脸红，他说不清喜欢孟丽什么，当时是拍“婆子”好玩，可现在没有好玩的念头了，而是常常会想她。

男人大概更容易随便爱上任何一个女人吧，只要她别太丑了。

而孟丽知道自己喜欢杨之洋什么，他的高大魁伟，他的待人热忱，他的男人自尊，他的哥们儿义气，他的武功拳脚，他的毫不虚伪，这一切组成了一个无法从她心灵中抹去的美好形象。

是的，他相貌有些丑陋，但男人不需要长那么漂亮，长漂亮了的男人一般都不会是好男人。

“你今年割胶吗？”沉默得太久了，孟丽先开了口。

“今年还割，王副指导员让我再试试。”杨之洋有点不好意思。

割胶是个细致活，操刀时稍不小心便会伤了外皮与木质部之间的一层水皮，不仅会降低胶乳产量，而且会形成木瘤，影响今后的割胶。

去年杨之洋的伤口率为全连之冠，本来陈队长、也就是现在的陈副连长不准他再当胶工，让他去猪场养猪，后来王支书、也就是现在的王副指导员替他说了情，才让他再试一年。

在割胶连队中，胶工的劳动量最小，劳动时间也短，早晨六点钟出去割胶，一个半小时割完，坐在山上磨磨刀，太阳露出山头后便收胶了，半个小时就能收完。下午“天天读”一个小时，然后到各自的林段锄个把小时杂草，又可以收工回家了。

所以，大部分人都愿意去当胶工。

其实杨之洋干什么都无所谓，只是王副指导员不知出于什么目的，总有点护着他，这个谜到最后也无人知晓。

说了几句和爱情无关的话，便到了孟丽所在的十三连，也就是胶片加工厂。

所谓加工厂，无非是一根十几米的烟囱和不到一千平方米的细长厂房，另外还有几排宿舍。

孟丽和另一个北京女知青同睡一间房子，杨之洋在房后给她们搭了一间竹木结构的小伙房，又能做饭，又能洗澡。

孟丽把家中寄来的香肠炒了几根，去食堂打了点饭，和香肠拌在一起，杨之洋吃得非常香甜可口。

饭后，还是谈些连队里的事情，一直到天色黑了下来。

“我该走了，明天一早就做割胶准备。”杨之洋站起来。

孟丽把早准备好的一条大重九香烟塞给他：“我送你。”

出了十三连，有一条穿越橡胶林的小路，翻过一座山岗便可以看到八连前一块几十亩的平整水田，也能看到八连背后起伏的山林。

两个人走的便是这条小路。

爬到山岗顶端时，月亮正好升出来，银盘似的被八连背后山岗上的雷击木托起，那雷击木如受难者横着膀臂，坚毅地站立着，沐浴既光洁又有些惨淡的月光。

山下水田中飞舞着不少萤火虫，闪闪烁烁，给人以无数联想。

“在这儿坐一会儿吧，看月亮多圆，多亮。”孟丽说。

女人总是温情的，这种温情比男人表现的强烈一百倍，无论是对人，还是对大自然。

杨之洋也很想和孟丽在铺着厚厚落叶的橡胶林中久久地坐着，他虽不会用语言表达爱情，但体验女人的温柔的想法他近来很强烈。

他们离开小路，走到每片橡胶林地最高处都会留下的一个空场间。

叶子已经由红转绿的橡胶树把不大的空场围得像一座城堡，密密实实，似乎不透风雨，唯有头顶上露出一片晴夜。

杨之洋抱来一大堆枯叶，铺得厚厚的，又脱下外衣垫上，和孟丽一同坐了下去。

由于紧紧靠在一起，杨之洋的手不知怎样就搂住了孟丽，而孟丽也自然而然依偎在他的怀抱中。

其他的动作，似乎都是人类性爱的本能，毫无经验的接吻，忙乱紧张的抚摸，从嗓子眼中传出的半是喘息半是呻吟的声响。

杨之洋想起了刚到八连第一个晚上听到隔壁新婚夫妻所发出的撩人神经的声响，想起了关在团部临时监狱时无意中看到的知青模范马继红和她男朋友的一幕，想起了手电筒光柱罩住蚊帐中的顺子和阿雪的影像，他感到了一阵再也不能抑制的需要。

他的手从孟丽的怀中往下摸索着，牙齿上下磕碰，艰难万分地说："孟丽……我、我想、想和你……发生……"

他说不下去了。

孟丽按住他已经接近女人隐秘部位的手，颤抖地问："你以后会娶我吗？"

"会。"

"我是个走资派的女儿。"

"我是要你，又不是要你爸爸。"

孟丽长长地吐出一口气，然后闭上眼睛，自己将衣服一件一件脱下来。

由于天气的炎热，杨之洋见到过一些女人半裸的身子，甚至在越南还见过那些劳军女郎一丝不挂的身躯，但那除了引起他感官上的某些刺激外，一概与他无关。

然而，眼前这个把光洁如玉的躯体展示给他的少女，却是今后将把命运与他系在一起的人了。

他能承受这个责任和义务吗？

他没有时间和忍耐力考虑这些了，孟丽已经发着高烧般搂紧了他，嘴中含混不清地嘟哝着什么。

以后的一切，他再也记忆不清，只觉得世界在消失，山林在隐退，一声痛苦而轻微的呻吟，一阵狂暴而生硬的动作……

他终于知道男人为什么是男人了！

并不是所有知青都在插队时体验到了这人生中重要的一点。

事后，孟丽欢欣地哭了，一直哭到他又一次冲动。

杨之洋和肝炎病人共用一副碗筷的事发生在他和孟丽有了性关系之后的几天，关于这件事，他承认纯粹是胡闹。

插队知青返城的事几乎伴随着上山下乡运动一同到来，至于一九七九年云南知青大绝食、大请愿，而导致全国知青返城高潮的出现其实只不过是整个一台历史剧的尾声而已。

从一九六八年毛主席发出了“知识青年到农村去，接受贫下中农的再教育”的最高指示那天起，下乡，返城，又下乡，又返城便成了一条规律。

其实，五十年代、六十年代初下乡的知识青年就在遵循这条规律办事，下乡时，气壮山河，而后一有机会就要回城。

比较典型的是一九六六年的回城闹革命，狠批当时国家主席、又是中国第一号“走资本主义道路当权派”刘少奇的“下乡镀金论”。

据说刘少奇曾对知识青年先进代表说过：好好干几年，以后可以到县上、省里，还可以到中央去嘛。

其实他是从革命接班人的角度考虑的，但却被批判成谬论。

然而，令人奇怪的是，后来确实有不少知青到了县上、省里，也有人到了中央，实践了刘少奇的理论，而提出这种理论的人却在死时连真名都不能使用。

至于知青们为什么愿意回城，这是用不着解释的问题，就跟现在人们为什么愿意出国一样，无需多说，越说反而越乱套。

回城的方式和目前出国一样，多种多样，嫁人只是一小类，更多的是办“病退”、“困退”和“走后门”当兵、招干、进厂矿。

“病退”是有无法适应农村生活的疾病的知青回城的简称，“困退”是知青父母身边无子女而调回一个子女的简称，而“走后门”是一个历史、现实和未来都会存在的字眼，读者自然明白。

为了病退回城，知青们把自己说成是各种病人，当时没有艾滋病，否则也一定会使用上这种病名。

什么肝炎、胃病、肺结核、关节炎、心脏病、肾炎，以至于月经不调、沙眼、脚气都成为知青们选择的病名。

若这些都是真实的，那中国肯定又恢复到“东亚病夫”时代。

幸好不是真实。

北京一家重型机器厂的劳资科长在招收了一批病退回北京的知青后，曾认真地说：“若病人都是这样的话，我今后招工专门要这一类病人。”

河口县城××团的知青在两年的时间内以病为理由退回去二百多人，据说听诊器吃香便是从这个时代开始的。

还有一批北京来的高干子弟在父母恢复工作以后，也陆续走了一批，这些“走后门”是明目张胆的，一个电话，一封信，有时是首长秘书亲临河口县城，便使这批人抛弃了知青生活。

因而，当时有句顺口溜：北京人靠父母，昆明人靠丈夫，四川人靠大夫，上海人靠政府。

这是专指各地知青的境遇。

一直表现极为革命的丁文革也走了，他母亲将他弄到广州军区去当了一个机关兵。

杨之洋破口大骂："妈的，这种人当什么兵，只会当内奸，当叛徒！"

杨之洋不明白的是：苏联小说《勇敢》中对一个逃兵那样残酷地谴责，而中国当逃兵却受到上下一致的羡慕。哪个人走得早，哪个人就成了英雄，真他妈不可思议。

他也要走！

可是，他父亲是个蹬三轮车的，底下还有弟妹，他没有病，也不认识医生，怎么个走法呢？

他需要找点病。

找病也是知青的一大发明，曾有一个北京知青故意尿床，每天夜里十二点，准时一泡尿撒在床上，白天也不晒褥子，搞得屋内臊气熏天，一直坚持了半年之久，连长先受不了了，带着他找医生开了个肾炎的证明，回到了北京。

然而，由于半年的习惯，刚一回北京，他夜里十二点依然一泡尿撒在床上，以至他母亲不得不像带婴儿时那样每夜十二点之前叫他起床，以免尿湿被褥。

杨之洋也想找个病，他先在凉水池子中泡了一夜，准备弄个关节炎，可天亮时却连喷嚏都不打一个。

正巧，一个四川知青得了急性黄疸型肝炎，因医院没有传染病房，让他在连队休养。

杨之洋立时凑到这个没人敢理的四川知青身边，和他亲亲热热地共用一个碗打菜盛饭，一同吃喝，全连都以为杨之洋疯了。

孟丽闻讯赶来，冲杨之洋大哭，一边捶打他，一边喊叫着：“你不想活啦，你忘了还有我呢，回北京有什么了不起，我们就在这过一辈子怎么啦？大家能活，我们也能活！”

杨之洋一下子清醒过来，他必须学会对一个已经委身于他的女人负责了，否则他还叫什么男人！

他赶快逃离了那个肝炎病人，令人惊异的是他并没有染上肝炎，可见体质优秀对于一个人是多么重要。

他就是以这副强健超人的体质在多少年以后的“金三角”恶劣条件中生存下来。

第六章

一场突然袭击使七个知青头破血流——全国最大规模的知青械斗使河口县成为一座空城——国际纠纷不了了之，知识青年扬眉吐气——乐极生悲，女朋友打掉类人猿的第一个儿子

杨之洋赶着连里的马车去接探亲回来的四川知识青年。每个知青探亲回来，都会受到最隆重的欢迎，只要他或她拍个电报，说哪一天到达河口，即使离河口城近百里的五营和十一营的知青，也会提前到达河口火车站迎候。

与其说知青们接的是人，倒不如说是接的提包中的食品!

兵团生活太艰苦了。许多连队几个月吃不上一次肉。每天都是大锅煮菜，根本见不到油花，更甚者有的连队只能用盐水泡饭吃。

谁也不知道为什么猪一到了公家的圈里就只会越来越瘦，小猪难以成活，而私人又绝对不允许养猪。

因而，知青们回家探亲都大批量购买猪油和腊制食

品，好在回到兵团时能改善几次生活。

到火车站去接人的知青就是为了能吃到这些东西。

一旦一个知青走下火车，接人的知青便会蜂拥而上，抢先把马上能吃的东西瓜分光，然后才会开路。

有些熟食不够吃，抓起一根生香肠就咬，那种样子和刚下山的土匪绝无两样。

物质条件绝对可以改变人的精神面貌！

八十年代一些毫无文化的暴发户不是一个个西装革履，戴上金丝眼镜，附庸起风雅来也颇显出教授风度吗？

当生存发生问题时，人们便无暇顾及面子问题了。

这一天杨之洋去接的是一对从重庆回来的男女，不知为什么，他和四川人混得比和北京人关系要融洽得多。

他觉得他那些同乡一个个装腔作势，过于虚伪，而四川人大多表里如一，虽然好斗，可讲哥们儿义气，更容易成为朋友。

连里规定，接人不能用手扶拖拉机，而知青中只有杨之洋一个人会赶马车，所以从感情到义务他都要去接每一个探亲回来的知青。

火车正点到达，那对早已经要上朋友了的四川知青提着八个大提包，艰难地下了车。

同去接人的四个四川人跑过去，帮他们把提包提出站来，放到马车上。

那个满脸疲惫相的四川男知青打开一个提包，拿出三只烧鸡，递给来接他的人。

不到两分钟，三只烧鸡几乎连骨头都被吞了下去，于是，女知青又一人发了一大包四川牛肉干。

“走吧。”杨之洋跳上了车。

而这时四川知青们碰上了几个没接到人的一营其他连队的老乡，因马车坐不下十几个人，便一同步行，准备穿过河口城分手后再上车。

六点半钟的河口城商店都已经关门，夜幕尚未降临，三三两两的市民无聊地闲逛着。

马车穿过了大半条街道，还有几十米就要出城了，十几个谈得热火朝天的知青都没注意一个一直坐在一堆石子边的老太太为什么突然站立起来，做了个手势。

一刹那间，从屋内和窄巷里一下子拥出一百余众，手持木棍和扁担，向知青们冲来。

当看见被自己刺过三刀的河口流氓时，杨之洋突然急剧闪过了一个念头：今天刚好距上一次斗殴三十天。

“快跑！”杨之洋跳下车，将女知青拦腰一抱，扔上车去。

然而，已经很难逃出包围圈了，不到一分钟，就有三个知青倒在血泊之中，只有马受了惊吓，拉着女知青跑到危险区外。

杨之洋抬手护着脑袋，奋勇抢过一把锄头来，一通乱抡，使人无法近身，然后招呼着其他知青：“靠拢，靠拢，围成一个圈，以免腹背受敌！”

在围拢过来的过程中，又有两名知青脑袋开了花。剩下的几个人无论如何敌不过上百个要置知青于死地的人。杨之洋冲那个刚探亲回来的知青喊道：“快，我掩护你，去团部报信，叫警卫连来！”

说罢，杨之洋大吼一声，一锄头砸趴下靠得最近的一个小伙子，其余人向后闪了一下，那个得令的四川知青捂头就往外窜。

然而，一铁棍打过来，只见他胳膊没有了支撑般耷拉下来，人也随之倒在地上。

“妈的，老子不活了！”杨之洋热血直冲头顶，身子旋转起来。手中的锄头也转得像一个风车，没有一个人敢于靠近一步。

“民兵来了！”围打的人中传出喊声。

人们愣了一下，开始散去。

杨之洋也站住脚，抬头一望，果然有三十多人提着枪跑来，一定是坐马车冲出去的女知青报了信。

他扔下锄头，蹲下去察看受伤的人。就是在这一刻，一根棍子敲在他头上，他只来得及回头看了凶手一眼，便昏过去了。

杨之洋醒来时已经躺在团部医院急救室中了，和他一同躺在这里的还有六名四川知青，伤势似乎都比他重，还无一人清醒。

门口，挤着几十个邻近连队闻讯赶来的四川知青，不停向医生询问着什么。

令人奇怪的是，团部保卫科并无人在场，似乎他们并不想了解知青被打的经过，也许是他们认为受伤知青还不会这么快苏醒。

这时天刚刚黑暗下来，距离刚才的流血事件仅仅一个半小时。

杨之洋摸摸脑袋，已经被包上了厚厚一层纱布，可能打了止疼针和防破伤风针，并不觉得有什么过分不适。

他从急救床上跳下来，不顾护士阻拦，冲到门外，把之所以会发生这件事的原因讲述了一遍。

“噢，是那个坏家伙，人们都称他为河口金环蛇，常在早晨割胶时跑到胶林去调戏女知青。”一个四川姑娘恨恨地说。

“应该切下他一只胳膊！”一个男知青大声吼着。

“妈的，我们知青单身去河口常被那些地痞流氓欺负，这次居然光天化日之下聚众毒打我们，这口气一定要出！”

“打他狗日的！”

“砸了河口城！”

“知青也是人！”

各种各样的议论纷纷扬扬地充斥在医院昏暗的楼道中。

杨之洋确实觉得这次是他有生以来蒙受的最大耻辱之一，他当然不能善罢甘休，这些知青们的态度使他剧烈冲动起来。

他一下子跳到候诊椅上，像一个悲壮的勇士一样撕开衣襟，大声说：“是汉子的，三天以后到团部医院门口集合，不报这个仇咱们的姓全倒着写！知青也是人，不能被欺负！”

他的这几句话受到在场知青的一致欢迎，并爆发出了一阵叫好声。

此时，团部依然无人到场。

两天来，团部电话班的女接线员们忙得连喝口水的时间都没有，因为电话一个接着一个，铃声不断，此起彼伏。

不遵守纪律的女接线员偷听了几个，内容几乎一致，全部是知青在进行串联，准备血洗河口城，为知青报仇。

女接线员觉得事关重大，忙向团领导做了汇报，团领导这才紧张起来。

实事求是地说，团部并不是不想处理此事，而且已经向河口县革委会通报了案情，可河口县迟迟没有任何答复。

带领警卫连赶赴现场的一个副团长看到七个知青满身鲜血，昏迷不醒，非常心疼，也很恼火，这终究是他的部下呀！尤其听报案的女知青说是无缘无故被打，更是又气又怨，但怎么处理此事他确实也拿不定主意，只能等河口县方面先提出动议。

不料，在等待之时，传来知青要聚众闹事的消息，这当然是不能允许的。

于是，命令一级一级传达下去，要各连队一定说服知青，要相信组织，一定能妥善处理好知青被打的事件。

然而，晚了，何况只有命令，却并无具体措施，而且基层干部和老职工在感情上站在知青一边，以往与河口县的一些矛盾也使大家在心理上希望给河口县点颜色看看，所以不少连队只是说说而已，并不认真阻拦知青的行动。

由于社会普遍歧视而积郁一股怨气很久了的知识青年们到了非发泄一下不可的时候了，别说没认真阻拦，就是以处分相威胁，也不可能挡住他们了。

只见各个连队的知青都在准备武器，从长把砍刀、锄头柄、竹扁担到胶刀、匕首、尖头铁叉，每个准备参与行动的知青都人手一件。

一些砍草都不磨刀的知青这次把长把砍刀磨得能吹毛过刃，亮得照得出人影。

女知青们也纷纷买酒买罐头为男知青们壮行，这其中有的是情人关系，有的纯粹是一种说不出来的东西使大家的心一下贴近了。

此种情况只有在一九七九年云南知青为争取大返城而绝食和上北京请愿时才再次发生，其情景悲壮凄凉，催人泪下。

知青被打的第三天黎明，铁路沿线连队和公路沿线连队的知青步行出发了。

团部经过彻夜研究，还是不希望事情闹大，所以又发出一道紧急命令：让铁路沿线各营派出执勤民兵，守住火车站，不准一个知青登上开往河口的火车，而公路沿线各营所有车辆停驶，以免知青搭车。

但这拦不住发誓要大闹一场的知青，他们用两条腿走到河口来了。

上午十时左右，近千名知青终于会集于河口县城边缘的××团医院门口。

杨之洋和另外六个受伤的知青被搀扶着走到医院门口的台阶上，只见七个人头上或胳膊上扎着绷带，打着石膏，拄着拐杖，像一群刚从战场归来的士兵。

“为受伤者捐献！”不知谁喊了一声。

只见一双双手把一毛、两毛、一块、两块的人民币或传递，或直接扔了过去，很快就有五百多元了。

五百多元在七十年代初期是一笔巨款，当时有人为了一百元而杀人，为了十元而出卖处女的贞操。

这五百多元钱足可以使受伤的全体知青吃上半个月的上好营养品了。

七个受伤知青面对千人，深深地鞠了一躬，表示谢意。

杨之洋突然从最前面的一个知青手中夺过一把长刀，一只手高高举起，刀刃在阴沉沉的乌云下闪着惨淡的寒光。

“以知青的名义，宣誓！”他壮怀激烈，慷慨低吼。

“以知青的名义，宣誓！”近千个声音一同嘶叫着，形成一股悲怆的声涛，如滚雷般在山谷间回荡。

一千只手举起了长刀、扁担、木棍、胶刀、匕首，像一片刀枪的丛林。

"以血还血，以牙还牙，以命抵命，报仇雪恨！"杨之洋一个字一个字地喷发出来。

知青们像经过严格训练一样，吐音清晰，节奏整齐地同声重复："以血还血，以牙还牙，以命抵命，报仇雪恨！"

"出发！"杨之洋一挥手，跳下了石阶。

他的头一阵昏眩，差点一个跟头跌倒在地，但他咬住牙，挺住了。

他的伤其实并不轻，头皮破裂，缝了七针，由于麻药和止疼针效力已过，一阵阵疼痛使他脑袋如同要炸开一样，眼前总飘浮着一片片金星，他担心自己会坚持不住，失去一次表现男人气概的机会。然而，他还是爬了起来，还是有力气挥动一把砍刀。

他知道，这是被一种信念支撑着，被一种精神鼓舞着。当几年以后，他看一部法国人拍的纪录片《火山境地》，解说员评判那些冒着生命危险去探察翻腾岩浆的火山口的科学家时说："是什么使他们对死亡毫不恐惧，是大自然无与伦比的美。"使他更加彻底地明白了并非只有毛泽东思想教育出来的人才不怕死。

他和六个伤员互相鼓励着，走在了一千名知青队伍的前列。

××团团部大会议室中正在召开全团连以上干部会议，布置生产任务。十点多钟，刚好休息，团长让各级干部去劝说一下正在向河口县城挺进的知青们。

营连长们走到公路间，饶有兴致地看着自己的部下们竟然会如此有秩序，在没有人命令的情况下，排成八列纵队，黑鸦鸦一片地整齐前进。

已经到这种时刻，没有强有力的手段，光靠劝说是不可能奏效了，而团领导似乎也明白这点，休息时间一到，便吹哨继续开会，显然是随事态发展，将河口县方面一军。

营连长们刚一离去，一辆手扶拖拉机迎着知青队伍飞速开来。

由于团部命令不准车辆到河口县来，所以这辆车肯定是河口县城的。

一瞬间，杨之洋看清了开车司机那张脸，正是他昏迷前最后一秒钟在他眼前闪动了一下的那个面容。

尖瘦、蜡黄、凹眼、塌鼻，嘴有点歪，牙发黑，一棍子砸中他脑袋。

“小子，还敢逞狂！”杨之洋咬紧牙关，挥起长刀，吼道：“站住！”

然而，手扶拖拉机速度更快，不知是想冲散知青队伍，还是想逃命。据后来分析，前一种可能性大些，否则他完全有机会掉头溜走。

知青们开始本能地向路边散去。

而杨之洋却一动不动站立于路中间，待手扶拖拉机离他还有五公尺远，一刀甩出去，刚好砍在那开车的家伙的脑壳上。

手扶拖拉机骤然一转向，撞到路边的土坡上，一下子熄了火。而司机趴在水箱上，昏了过去，鲜血和涌出的油一同滴到地上。

世界就是这样奇怪，一报还一报，那家伙被送到医院，不多不少也被缝了七针。

开战的胜利使知青们斗志更加昂扬，加快了步伐，进入河口县城。

早已听说消息的河口县城街道上空空荡荡，没有一个人影，商店、饭馆及一些服务设施都关上了大门，临街的住户也门窗紧闭，毫无生气。

本来希望碰到抵抗的知青们一下子失去了发泄的目标，一直穿过整个河口城，到了火车站也没看见哪怕一张表示不满的脸。在这种情况下，向知青们翻个白眼都可能会危及到生命安全。

河口火车站的工人们乐呵呵地看着热闹，而不远处中越大铁桥边防检查站的官兵则严阵以待，防止知青们失去理智，冲击铁桥。

其实，这毫无实际意义，若一千名知青真的冲击铁桥，也没有人敢下命令开枪。

一九七三年，由于听信了缅甸方面传过来要发生强烈地震的消息，云南生产建设兵团一师的三百多名四川知青为回老家躲地震，强行通过中缅公路上设立了检查站的红旗桥，一个连的部队和几百民兵阻拦，最后还是无可奈何，眼睁睁看着三百多名知青紧握景颇长刀，玩命似的拥过桥头。

知识青年这个概念当时已经成了有人伤心、有人发愁、有人痛苦、有人厌恶的一个社会性灾难。

是否和八十年代涌进北京、上海、广州的盲流一样呢?

河口县城内的一千名知青没有给边防检查站惹什么麻烦，他们又调回头去，走到三天前知青挨打的地方。因为有个人说了句：“跑得了和尚跑不了庙!”

经过认真回忆，有人想起了第一个冲出人来的是路边一间竹木结构的小房，更有人模糊想起是一个老太婆坐在这门前挥了下手。

杨之洋一声令下，砸开了已经上着锁的木头门，冲进屋去。

屋内顿时遭到了一场浩劫，收音机被砸烂，锅碗瓢盆被摔碎，木器家具被劈得七零八落，蚊帐衣服被撕成布条，一辆自行车被敲成麻花状，不知谁还一砍刀劈下去，将大梁砍出半寸深的口子，足见兵团制造的砍刀钢料之好。

紧接着，还没撒够气的知青又将房子砍得歪歪斜斜，摇摇欲坠。有个人掏出汽油打火机，想点了这房子。

杨之洋一下子按住了那个知青的手："不准放火。"

幸亏他这一句话，否则以竹木建筑为主的河口县城肯定将付之一炬。河口人民多少应该感谢杨之洋。

其实，倒不是他具有领袖风度，懂得掌握政策，他只是觉得冤有头，债有主，一把火烧了不相干的人家，于良心上过不去。

出了这间被彻底摧毁了的小屋，知青们又有点茫然不知所措了，对于他们来讲，没有对手是最难受不过的事。

"去河口县革委会，让他们交出凶手！"又有人提议道。

一呼百应，知青队伍浩浩荡荡涌向河口县革命委员会。

河口县革委会同样没有人，只是在大礼堂顶上支了两挺轻机枪。后来被解释为在进行防空演习，虽然枪口对准的是知识青年，而并非天空。

这时有人醒悟过来，对杨之洋说："他们故意不留一个人，让我们动手，然后就会说我们砸了革命权力机关，将此事化成政治事件，在四川时，我哥哥就上了一次当，结果被抓起来，判了十年刑。"

看来社会经历确实会使人深思熟虑。杨之洋听从了这个人的劝告，下令收兵。

如同知青被打一样，对于这次中国当时最大的一次知青械斗，××团和河口县方面都装聋作哑，谁也不提此事。

一切似乎都平息了，河口县城又恢复了往日的繁荣，受伤知青也陆续出了医院。

但是，三辆小汽车沿公路线驶到了××团部，坐车人住进了团部招待所后，这场大械斗又被重新提起。

坐车来的人包括中华人民共和国外交部礼宾司的官员和云南生产建设兵团政治部和第四师的领导。

原来越南驻昆明领事馆的领事向中华人民共和国外交部提出了照会，抗议中国人把越南侨民赶过南溪河。

这件事非同小可，所以外交部派人会同兵团方面一同来到河口县进行调查。

河口县城不大，人口更少，只有区区三千人而已，其中近一半是越南侨民或和越南有直系亲属关系的，当传说中国知青要血洗河口县城时，这部分人一夜之间以侨民身份越过中越大铁桥，到越南避难去了。因而，导致了一场小小的国际纠纷。

杨之洋理所当然成了调查组重点调查的对象，他头上还缠着纱布，被用北京吉普直接从一营八连接到了团部。

这是他有生以来第一次坐小汽车，好奇之中颇为得意。不知内情的八连人还以为他也有什么大官父辈，把他救出了苦海呢。

到了团部，自然是一番询问，他如实地讲述了从第一次打架到这次械斗的经过。

“签个字吧。”负责记录的人把记录纸递给他。

他看也没看，便签上自己的名字。

不过，他没有被马上送回去，而是被安排住在招待所里，随时接受调查。

一连三天，他睡着单间房，吃着顿顿有肉的饭菜，过着神仙般的日子，而且还近水楼台先得月地知道了这件事的处理结果。

首先是河口县方面认为责任在××团，因为××团制止知青不力。

而××团领导立即严肃指出："据目击者的准确汇报，当时围打知青时有一名河口县革委会成员在场，袖手旁观。"

调查组立即召来此人，此人不得不承认是事实。

而最初的挑衅者又是河口县的流氓，责任显然不在兵团方面，可这次受到委屈的却是河口县，受到损害的也是河口县。

调查组难以决断。

根据××团各营连汇报上来的反映，也是人心所向，一致维护知识青年。

结果，调查组表示回去研究研究，这是中国很长一段时间不了了之的代名词。

知青们终于以行动证实了自己的力量，这为一九七九年的大返城运动奠定了一个良好的基础。

杨之洋是走着离开团部的，北京吉普不再送他，而是拉着团长回家探亲去了。

这并不使他委屈，因为从来没有车坐的人从不会因步行而感到耻辱，就像从来没有衣服穿的人并不会因穿了一下裤子又被扒下来而不好意思一样。

他走得很快，想尽早见到熟人好吹嘘一下他在团部这几天的舒服日子。

然而，一路都没碰见一个熟人，想想好几天没见女朋友孟丽了，应该去看望她一下。

在他被打伤的第二天，孟丽闻讯赶去，整整守护了他一天，还给他买了一袋奶粉和一瓶红烧鸡罐头。

后来，他被叫到团部接受调查之前，孟丽到八连去找过他一次，还提心吊胆地在他那儿过了一夜。

八连的知青早已经搬到砖瓦房里去住了，那是八连自己烧砖烧瓦烧石灰，用了整整一年时间盖出来的，在茅草房的后面。

房子是前后套间，每一间房内住两个人，一套房内住四个人。两头的房间由于建筑结构的问题，前边一间小些，后面一间大些，所以前面住一个人，后面住三个人。

杨之洋选择了小间，一个人住，这样和孟丽约会起来方便些。他又将两间房相通的门堵死掉，便名副其实地成了单间。

和孟丽有了第一次性关系后，他们每次见面都要再重复那种心灵和肉体相结合的欢乐，有时躲到打谷场上，有时在香蕉园里，有时在橡胶林地中，留在杨之洋房间内过夜还是第一次。

“不用怕，大不了像顺子一样被开个批斗会。”杨之洋搂住孟丽，宽慰着她。

其实孟丽怕的不是这个，当时已有一些知青明目张胆地同居起来，同吃、同睡、同劳动，生活和生产上都是帮手，没有哪个领导再把这种事当事了。

她怕的是怀孕！

他们没有任何避孕措施，既无经验，也没有工具，而杨之洋强壮的体魄，饱满的精力又使他每次见面都要几个回合才能满足。

她不能拒绝他，一是她自己也需要，二是她不忍心让情人因过分抑制而身心不快。

但是，她又恐惧怀孕。在这个问题上，她远比一个男人考虑的要多得多。

因而，她才会提心吊胆，既希望和杨之洋陷入人生最大的欢娱高潮中，又想躲避这种高潮的到来。

杨之洋像个真正的傻小子，根本揣摩不出孟丽的复杂心理，说实话，他也不会去对一个女人进行分析。

他来到十三连驻地，径直走到孟丽宿舍门前，敲响了门。

“进来。”孟丽不像以往那样听到他沉重有力的脚步声就兴冲冲来开门，而只是传出一声有气无力的招呼。

杨之洋推门进了屋，看见孟丽穿着睡衣躺在床上，屋内昏暗而闷热，不但门窗紧闭，而且挂着窗帘，一丝风也透不进来。

“这是干什么？你病了？”杨之洋坐到床边，看到孟丽脸色苍白，像是失血过多的样子。

孟丽拉住他的手，放到自己胸脯上：“你摸，连心脏都没力气跳了，我真怕一个人会死在这间屋子里。魏宁宁又回去探亲了。一个人好孤独，好难受。”

“到底怎么啦？”

以往，杨之洋很愿意抚摸她胸脯，那对尖尖的、结实而充满弹性，又像小兔子般有着旺盛活力的乳房给了他很多乐趣，两颗鸽子眼睛一样鲜红的乳头像含苞的花蕾，他常常爱怜地含着它们。

但今天他没有兴致，因为他发现她没有兴致，他从不会强迫女人干她不愿意干的事，即使是他后来腰缠百万时也是如此。

“我、我怀孕了。”孟丽说这话时没有一点幸福感。

杨之洋一下子想起关在团部临时监狱时偷听到的一对男女知青的

对话，他应该像那个男知青一样勇敢地承担起一个父亲的责任。

“上次怎么没说?”杨之洋俯下身去，亲了孟丽一下。

“上次已经有反应，但还不敢肯定。”

“几个月了?”他装出内行的样子，其实他和孟丽有性关系才两个月时间，而孟丽委身于他时是个百分之百的处女。

“不到两个月吧。”

“好，把他生下来，我们要把他养大。”杨之洋认定自己的孩子全是儿子。

孟丽愣了一下，一翻身趴到他腿上哭泣起来，泪水一下就浸湿了他的裤子。

“为什么哭?”

“我、我把孩子打掉啦……”

“为什么打掉?我不怕，我可以养他!”杨之洋一下子恼怒起来，他觉得他一个男人的自尊受到了伤害，因为这个女人竟不相信他有当好一个父亲的能力。

他忘记了女人也有选择做不做母亲的那种权利!

孟丽只是哭，不愿回答。

她多少已经预感到杨之洋会不高兴，可她实在没有勇气在十九岁的年龄，在还没有成为妻子的时候生出一个孩子来。

更为关键的是，她对今后生活的前途又有了新的想法，在北京某局当处长的爸爸已经宣布平反，恢复了工作，她不再是“走资派”子女，又开始恢复招生的大学对她产生了异乎寻常的魅力，她父亲平反的消息给了她有可能上大学的机会。

她也许用不着和杨之洋一同在这块贫困落后愚昧的土地上厮守一

辈子了。

然而，这一切想法能在此时此刻告诉杨之洋吗？按他的脾气，马上会扇她两个大耳光。

她是找了一个湖南人用中草药土法打的胎。当时到医院去做人工流产还需要营部卫生所和保卫股联合开的证明，她当然不愿意到那里去丢人现眼。

这个湖南老太太据说用的是祖传土方，几十种烂草叶、干树根和藤条煮在一起，连吃三次大多见效，不少女知青怀了孕都去找她，她使不少姑娘保全了面子。

令人奇怪的是她并不收费，只要女知青把打下来的这成形的胎儿送来给她就行。

后来有人发现，她把那从拇指大小到拳头大小的胎儿洗一洗，全给生吃了，据说是十全大补。

可能也有一定道理，女知青们都很年轻，又大多头一次怀孕，供应到胎儿身上的营养必定丰富，所以会有点强身作用，不足为怪。

一营卫生所的一个尖瘦医生就把所有到营部生孩子的妇女产出来的胞衣炒炒下酒吃了。他胖不起来的原因是有吗啡瘾，几乎供应给一营卫生所的全部吗啡和杜冷丁都让他注射到了自己身上。

孟丽喝了老太婆配的中草药后，也很顺利地打下了胎儿，她按规定把那一小块肉送给了老太婆。

老太婆居然马上就判定是个男孩，非常高兴，似乎男孩比女孩补劲更足。

孟丽觉得心理上轻松了许多，但由于失血过多，生理上感到异常虚弱，已经躺了整整三天了，对外就说月经不调，不能坚持上班。

好在连队卫生员是个男知青，对女人的事从不过问。

有一点是孟丽和所有女知青都不知道的，就是老太婆的中草药不仅仅能打胎，而且还能绝育，凡是吃过她的药的女人终生将不会再怀孕！

后来孟丽和杨之洋同居一段时间，没有再怀孕，孟丽还以为是因为使用安全期避孕法的结果。

等到她明白真相时，已经无可后悔了。

这就是真正的青春无悔！

面对女人的哭，杨之洋毫无办法可想，他只能一走了之。

走到半路，又觉得不对，跑到营部商店，掏出仅有的十元钱，买了些饼干、白糖和罐头，抱到孟丽的宿舍，一股脑丢在她床头，又气冲冲而去。

三个月以后，两人才再次见面。

第七章

北京市革委会知青慰问团和狼一块来了——夜风要往北刮，类人猿就死在了山火之中——万人搜山为找一个傻乎乎的女孩子——吃了狗熊肉又想去吃兽中之王的骨

谁也不知道北京市革委会知青慰问团是干什么来了。起码是没有什么人受到了慰问，被慰问的反而是慰问团的人。

杨之洋在他们走后曾骂过："这帮家伙，纯粹跑到云南来玩了一趟!"

说实在的，这话是冤枉了那些慰问团的男女，他们绝不想来玩这一趟，不少人是被命令和动员来的。

如果说只到昆明游游滇池，爬爬龙门，观赏一下石林风光，朝拜一下金殿和筇竹寺，那会有人抢着出这趟差。然而，是要长途跋涉到云南边境地区去。

一听说坐五天汽车，就能把北京那些当久了官的人吓一跳，更别说还伴随着满山的旱蚂蟥，到处飞舞的蚊子，咬人的红蚂蚁，往屋里钻的毒蛇，还有可怕的

瘴气。

参加慰问团的人大概都是认真学习了三天毛主席“下定决心，不怕牺牲，排除万难，去争取胜利”和“一不怕苦，二不怕死”的语录之后才有勇气上路的。

其实，八连王副指导员的话最一针见血：“这些人没有子女在这里啊！”

不知是王副指导员这句话传了出去，成为普遍舆论，还是人文地理的不同，四川省革命委员会再派出知青慰问团时，有一大半成员都是知青的父母。

正是由于以知青父母为主要成员的四川省革委会知青慰问团抵达云南后，才导致了此后一项全国性的运动，使知识青年的待遇多少有了点好转。

而北京市革委会知青慰问团留给知青的只是一片遗憾，带走的却是一片臭骂。

杨之洋得知有慰问团来是从猪场收工回来，王副指导员让他换身衣服，去营部参加全营知青大会。

“你们家乡来人慰问啦!”王副指导员想的是一九四九年南下时和一九五四年从越南归来时被慰问的情景。

“我还没吃饭呢。”杨之洋并不兴奋。

他终于割不成胶而被调到猪场养猪后，总是比别人晚收工半个小时，因为猪必须在那时候喂，也不知是谁定下的规矩。所以他总是在别人放下饭碗时才拿起饭碗。

食堂的老师傅心地很好，每次都给他留一份饭菜，有时实在没菜了，便给他往饭中倒半勺猪油、半勺酱油，香得他能吃下一斤饭。

据说今天又没菜了，杨之洋立刻又想到了让他流口水的猪油拌饭。可王副指导员说：“回来再吃吧，大家都准备好了，等你呢。”

显然带队的是王副指导员，按部队连队干部分工，副指导员管青年工作，尽管王副指导员已经五十挂零，还是当着八连团支部书记，所以知青的活动当然由他带队。

杨之洋不愿使一直关照他的王副指导员难堪，只好先不吃饭了，但一身猪粪味的衣服也没有换。

连里那辆手扶拖拉机拉着八连还剩下的十个北京知青和王副指导员，沿土路驶向了营部。到营部五里半路，手扶拖拉机不用十分钟就开到了，大会时间是六点半钟，现在是差三分六点。

王副指导员是想提前些来，到营部的水泥灯光篮球场打一会儿篮球，只有在打篮球时他才会有欢乐。

然而，杨之洋的饥饿使他一跳下手扶拖拉机就闻到了酒香和肉香。

循味找去，原来是营部小食堂里传出来的。他不管三七二十一，大步走了进去。只见营部七八个领导陪着二十多个慰问团的人围成三桌，正吃到高潮。桌上有鸡、鸭、鱼、肉、蛋、竹笋、蘑菇，还有蛇和穿山甲，屋角堆着香蕉、菠萝。

这么丰盛的酒席杨之洋还从没吃过，只是看见过。那是外交部派人来调查知青械斗一事临走时，团部在招待所食堂举办的告别酒席，杨之洋当然不能上桌。

“妈妈的，谁慰问谁！”杨之洋当即就脱口说了一句。大概没有人听清，因而也无人理睬他。

他不再说什么，而是拖过一个方凳，往人中间一挤，坐了下来。

“来，一块吃。”他身边的人也不知他是干什么的，顺手递过一双筷子。

杨之洋不顾邻桌营长恶狠狠的暗示，立刻狼吞虎咽起来。

正在这时，六连的北京知青冲来了，这是全营有名的要吃不要命的一群家伙，曾在春节时，一个晚上把六连要上缴给营部的一百斤猪肉吃了个精光。

“快，关上门。”营长招呼着其他几个营领导，把两扇木门关上，插上了插销。

但是，那二十几个知青从门缝中见到杨之洋正在大吃，立即撞起门来，还高声哄叫着：“伟大领袖毛主席教导我们说：闲时吃稀，忙时吃干！”

门板摇摇欲坠，七八个营领导忙一同上前去靠住门。

然而，由于内外同时用力，门板以物理原理向上移动，门轴脱离了轴碗，随着外面又一加力，门板倒扣在营领导身上，二十几个知青一拥而进。

知青慰问团的人一下子不知所措，纷纷站立起来。有的去扶营领导，有的尴尬地笑着请家乡的子弟们坐。

没有一个北京知青坐下，他们半弯身子，见什么抓什么，抓什么就往嘴里填什么，据慰问团中还清醒的人统计，扫荡干净桌上的全部酒菜及屋角的香蕉，一共用了四分零三十九秒，只剩下一堆不削皮去刺就不能吃的菠萝。

有人惊呼：“狼来了！”

以后人们在分析这个现象时，始终无法做出一个判断：狼是来了，但到底是谁？是北京市革委会知青慰问团呢，还是北京知青？

北京市革委会知青慰问团走了，所到之处大吃大喝，慰问给知识青年的是一个红皮笔记本和一块毛巾，走时每人带了一筐香蕉和一筐菠萝。

杨之洋那天正好上马街车站去买猪饲料，和知青慰问团同一辆火车，他下车时冲慰问团的人骂一句："我×你妈！"

慰问团的人一愣，以为碰上了精神病人。

"你们才是精神病！"杨之洋又补上了一句。

那场山火是在批判《五七一工程纪要》时着起来的。

据上级领导传达："五七一"是武装起义的谐音。而这个工程纪要是林彪的儿子林立果组织人起草的。

工程这个词汇让杨之洋感到颇值得回味，也很有意思，又不是修水库、盖房子，为什么叫工程呢？但是，他渐渐明白了改造一个国家、一个政权、一种面貌也的的确确是个工程，而且是比修水库、盖房子更复杂、更庞大的工程。

因而，在进入金三角地区后，他也制定了一项《黑色走廊工程纪要》，颇为得意，并认真而具体地进行了实施。

一九七一年的年底，当云南生产建设兵团××团一营八连发下厚厚一堆批判林彪反革命集团的材料时，大部分人已经知道一直被祝身体健康、永远健康的法定接班人、中国共产党的副主席、中国人民解放军的缔造者和指挥者之一的林彪摔死在蒙古的一片沙漠中。

人们震惊了！即使是一些从不关心政治的人也被这事实所困扰了。

"他不是肯定要接班了吗？为么子还要反对毛主席哟？"

"看他那倒八字眉，就知道不得好死哩，倒楣相哟。"

“他就再等不得几年了吗？”

没有人解释得了这些简单而又无法解释的问题。即使八十年代末期纪实文学大风行，出了一大堆什么《毛家湾和它的主人》、《叶群秘史》、《林彪传》之类的所谓内幕书籍，也无一能令人信服地回答出一九七一年人们所提出的这些疑惑之点。

在王副指导员宣读以中共中央红头文件形式发下来的那些材料时，人们以从没有过的组织性和纪律性聚精会神地聆听，直听得人们一阵阵发冷，起着鸡皮疙瘩。

宣读完材料，便是重点批判《五七一工程纪要》。

杨之洋和所有知青一样，认真阅读了一遍据说由林彪之子、空军作战部部长林立果组织的“小舰队”所起草的这份反动纲领的复印件。

有一些内容他确实觉得非常恶毒，但有一些他恍惚觉得没什么错，例如“国富民穷”，例如“五七干校等于变相失业”，例如“上山下乡等于变相劳改”等等。

这些论断不都是当时人民群众中一种普遍的情绪吗？

不过，几年的插队生活使他多少已经学会了点掩饰自己。这种掩饰其实也就是一种自我保护，他没有必要去撞根本撞不动的墙。

杨之洋总结不出什么哲理警句，他对待生活的一切态度都是出于性格，出于本能，出于感觉。到《跟着感觉走》这首歌出炉时，杨之洋已经跟着感觉走完了全部人生之途，一身轻地进了地狱，也许是天堂。

在整个批判《五七一工程纪要》的过程中，杨之洋一直没有发言，因为他确实不知说什么好。好在他是个从不爱好发言的人，也没有什么人指责他有抵触情绪。

在批判进入高潮的那个晚上，全营的高音喇叭突然响了起来：

“通知，紧急通知，八连至六连之间的十三号山橡胶林起火。请全营指战员马上赶赴火场投入灭火战斗。通知，紧急通知……”

高音喇叭中一遍又一遍地重复着火灾警报和战斗令。

杨之洋第一个跳了起来，救火对于他来说，比批判《五七一工程纪要》刺激得多。

其实，对于靠橡胶林吃饭的全体一营男女老少来说，救火也确实比开批判会重要得多，紧急得多。

此时此刻，谁要站出来说“先抓革命，后去救火，政治第一，物质第二”，除了会遭一顿痛打之外，别无其他结果。

每年旱季一到，漫山遍野的橡胶树便会将叶子全部脱光，使本来终年常绿的亚热带地区出现北方山林的那种萧瑟和凄凉，胶树上结的核桃一样的胶果纷纷炸裂，掉到地上，不论白天晚上都会发出“噼噼啪啪”的声响。

厚厚的一层枯叶极易燃烧，胶籽壳和胶籽含有大量油性物质，也是易燃品，至于橡胶树中的大量胶乳，更是引火的好材料，一旦失火，便会充分燃烧，整个胶林成为一片火海。

幸好每个连队最远的胶林也不出十里远，发生火情，都能及时赶到，还从没有过毁灭性火灾出现。

不过这次全营出动，恐怕火势不小。

果然，刚出连队大门，杨之洋便发现西南方向的天边有红光闪烁，并伴随着滚滚浓烟，如同烧荒时的景象。

十三号山应属六连管辖地段，离八连有十二里山路，平时步行要走一个半小时。杨之洋曾去那里一个鱼塘炸过鱼，所以路途很熟。

他抓着一把砍刀，以长跑运动员的姿态，向那里冲去。八连的其他人远远地落在后面。

只用了半个小时，杨之洋就看见一座高约百米的山林正冒着冲天大火，有一些人影正在砍树，清除火道，造成隔离带。

杨之洋顺坡爬去，向着火势最猛烈的地方冲击。

这就是他的性格和本能，哪里最危险，哪里对他就最富于刺激，就可以使他所有的神经末梢都兴奋起来。

然而，他缺乏救火常识。

火苗跳跃着，从厚厚的枯叶卷向橡胶树茎，继而爬上树梢。已被高热烤干的枝杈立刻也燃烧起来，皮层中的胶乳助燃着，使一根枝杈燃烧的时间超过其他树种的树杈三倍以上。

橡胶是一种很耐烧的东西，没有电筒时，杨之洋用一块拳头大的橡胶块儿插在竹竿上当火把，整整从八连走到十三连孟丽宿舍门口才熄灭。

连里的食堂和老职工们都用落地胶和胶线当成引火物。

橡胶籽被烧得爆裂了，发出股股清香。

这种东西可以食用，炒熟了像花生一样好吃，不过吃多了便会中毒，所以一般都用它榨油去做肥皂，不到万不得已时不会用它来炒菜。猪也很喜欢吃，吃了长肉很快，只是长的都是些肥肉。

杨之洋突然很想捡一颗烧熟了的胶籽吃一吃，这时他才感到口干舌燥，浑身大汗。

有人在山脚下跳跃着叫喊什么，但在剧烈的燃烧声中根本听不见。后来杨之洋才知道是人们呼喊他下来，像他那样只能送死。

而他根本没想死不死的事，他离大火最近本身就让他心满意足，当他感到灼热之时，开始抡刀去扑打火苗了。

然而，一股火苗突然袭来，他想张嘴呼吸却感不到有一丝氧气。于是，他就这样张大了嘴，一个跟头扑倒在地上，立刻就什么都不知道了。

他再醒来时大火已经熄灭，王副指导员、孟丽和一些知青围在他身边。

“这……这是怎么回事?”他以为在做梦。

“傻小子，若不是风向突然改了，你现在早烧成焦炭了。”王副指导员又气又爱地骂了他一句。

孟丽则流露出怨恨的目光。

杨之洋想起，这是孟丽打胎之后几个月来他们第一次见面。

他冲她笑了笑，然后挣扎着爬了起来，下意识地摸了摸头发。头顶上几乎光秃秃的了，别说头发，连眉毛和胡子都不见了，衣服也成了焦糊状，他一动，就一片片脱落下来。

“妈的!”他只能这样骂一句。

孟丽陪杨之洋回到八连，为他擦洗了身子，然后用万金油抹在他脊背上几处灼伤的地方。

那轻柔细微的动作使杨之洋一阵心猿意马，感到血流加速，猛然转身搂住了孟丽。孟丽不太有力地挣扎了几下，瘫倒在他怀中，幽幽地说了句:“你呀，心真狠，几个月不来看我……”她的话被狂吻堵了回去。两人之间似乎和解了，双双倒在杨之洋充满男人汗味的床上。

一个青春洋溢和销魂蚀魄的夜晚……

多少知青也在和他们一样享受着青春年华，又空耗着青春年华。

八连的一个四川女知青失踪了，若不是现役军人王连长坚持，是不会有人去寻找的。

陈副连长满不在乎地说："嗨，准是跑到哪个男知青那里过日子去了吵。"

陈副连长倒不是不负责任地乱说，进入到一九七二年后，知青们耍朋友、谈恋爱、同居、生孩子已经是很普遍的现象了。无论是男知青还是女知青，请假离开连队几天都是很平常的事，没什么可大惊小怪。

但王连长以一个军人的警觉预感到不是陈副连长所说的那么一回事。

王连长其实在连里不管什么事，也不想管什么事，他最大的爱好是上山打猎和打篮球、下象棋。他用汽车方向盘的连动杆做了一支单筒土猎枪，常常星期六晚上出去，星期一早晨才回来。尽管大半时间空手而归，但仍然兴致不减，照去不误。

至于打不着猎物倒不是他枪法不准或笨蛋一个，主要是大规模开拓使动物都逃离了这一地区，剩下不多的动物则异常警觉，难以被猎手发现。

后来，王连长不去打猎了，原因是六营一个猎手有一次发现一只大猴子在树上摘野果，被他一枪干下来，冲过去一看，是一个在采草药的老头。

王连长听说此事，摇摇头，叹口气，他虽不相信自己眼睛瞎到那种程度，可确实不愿碰到万一伤人的情况，就此休猎了，这足以证明王连长的善良。

他喜欢打篮球的爱好与王副指导员不谋而合，这给八连的年轻人带来不少好处。他不但常常批准年轻人利用上班时间出去赛球，还花了二百元钱在空场上装了四盏碘钨灯，又组织义务劳动用三合土拍出一个不怕雨淋的篮球场，最终还说服营部给浇铸了一对水泥篮球架。

当然，有球将就不愁球兵，八连接连几年都是全营篮球联赛的冠军，与当地一个团级兵站球队比赛，也是赢多输少。

王连长这种不管事的做法使他最终得到好处，在不少连队现役干部和地方干部关系紧张到白热化程度时，他依然能和王副指导员和陈副连长说说笑笑。

更关键的是他不近女色，对女知青从不染指，据后来回忆，几年间，从没有任何一个女知青进过他的宿舍和办公室。这在后来打击迫害知青坏分子运动中，使他没有受到任何怀疑和触动，而他的不少现役军人同事被撕去领章帽徽，锒铛入狱。

他相信那个四川女知青失踪不是到男朋友那里瞎混是有他的理由的，因为这个女知青根本就没有男朋友！这个女知青长得单单薄薄，清清瘦瘦，若不是梳两根细细的辫子，准以为她是个才十一二岁的男孩子，再加上她耳朵有点聋，不大声说话她就听不清，所以没有男知青喜欢和她在一起。谈恋爱是要悄声细语的，谁能喊着谈恋爱呢。

而且四川知青来云南是按女六男四的比例招收的，当时的目的是为解决兵团男职工多而找不到老婆的问题。不过实践证明，女知青找老职工的例子不是没有，但微乎其微，大多是知青间互谈朋友。因而即使男知青全部谈了朋友，也还会剩出一批女知青孤身度日。这个叫俞英的四川女知青就属于一直没有男朋友的。

没有男朋友她会上哪去呢？而且三天没有回连。

王连长经过仔细询问，有一个到鱼塘偷鱼的男知青承认三天前的黄昏看见她往山里面去了。

三天前正是星期天，全连放假，她一定是跑到山里去玩，迷失了方向。

王连长马上让全连紧急出动，上山去寻找俞英。因为虽然王连长不管事，但本连知青真是出了意外，他这个一连之长还是要负全责的。

一直找到深夜，不少人喊破了嗓子也不见女知青的踪影，只好回连休息。

王连长赶忙电话通知营部，营部又向团部汇报，团长命令大规模出动，一定寻找到四川女知青！

按后来云南一家大报报道，这次寻找一个阶级姐妹共出动了一万人，其实主要是一营和与一营接壤的二营和六营共出动了不到两千人参加寻找。但这也相当可观了。

入夜，手电筒、火把星星点点，遍布方圆几十里，好像在举行一次什么盛大的活动。有幸参加过彝族火把节的人一定会产生什么联想。

杨之洋就是在寻找四川女知青时碰上那只狗熊的。

当人们都越走越远地去寻找时，他却在人们已经寻找过了的地方寻找。

他不是懒，他觉得一个女孩子根本不可能跑那么远，她可能由于耳聋，听不到呼喊，也可能已经受到什么侵袭，葬身在附近什么地方了。

在距八连十多里地的一片山林中心处，他听到了“哗啦哗啦”

的声响，这时正是黎明时分。

“俞英!”他大叫一声，扑了过去。

没有回声，而“哗啦哗啦”的声响却更加剧烈，听这声音，绝非一个瘦弱女子所能发出来的。

杨之洋脚步放慢了，手中的长把砍刀提起了些，小心翼翼地靠拢过去。

有可能是水牛，每到晚稻收割完毕后，连里几条犁田用的水牛便被放到山上去，到来年早稻犁田时再去找回来。

可水牛并不吃竹子，为什么会把竹子搞得“哗哗”作响?

杨之洋凑上前去，屏住呼吸透过竹叶缝隙一看，顿时吓了他一大跳。

原来是一只个子不大、肥肥胖胖的狗熊正在那里发着脾气，两只前掌拍打着周围的竹子，一掌拍断一根，几十根胳膊粗的竹子倒在它身边，埋住它下半截身子。

杨之洋听过不少关于狗熊的传说，知道凭自己的力量可能斗不过它。但他又绝不愿逃跑，也不愿把这么一个好机会丢失了。

他犹豫了一下，决定偷袭，狗熊正在不知为什么而发怒，打得竹子“哗哗”响，不会注意身后的情况。

杨之洋弯下身子，狗一样转到熊的背后，突然跃身而起，抡刀劈了下去。

不料，狗熊发现了背后的动静，一点都不笨拙地转过头来，结果刀锋只砍到狗熊的肩膀处，并没伤及要害。

狗熊惨烈地嘶吼一声，并不扑来，只是用掌乱抡，却够不着杨之洋的身体。

杨之洋趁机又抡几刀，全部砍中狗熊的面门。

只见熊脑飞溅出来，狗熊颓然倒地，浑身抽搐，发出临死前的“呼呼”倒气声。

杨之洋又砍了几刀，将狗熊三分之一的脑盖骨掀去，直到狗熊一动不动了，他才发现自己也已经大汗淋漓，有冷汗，也有热汗。

休息了一会儿，杨之洋砍了根藤子，将死熊的两个前掌绑在一起，准备把熊拖下山去。虽然他没找到四川女知青，可只身单刀打死一只熊，也会轰动全团。

他拖了一下，熊尸往前进了一尺便再也拖不动了。看上去，这只熊有一百多斤，不至于拖不动。杨之洋挑化肥上山，最多挑过二百三十多斤，拖几百斤重的木料下山也毫无问题。

他咬了一下牙，运足力气，又拉了一下，熊尸还是一动不动。

他觉得有点问题了，便用长刀挑开断竹，察看是否哪里被卡住了。

一看，他自己先笑起来，继而生出一阵后怕。原来熊的一条后腿被一个猎人下在这里的巨型兽夹给夹住了，怪不得它一直站在原地发怒呢。若没有这只兽夹，杨之洋肯定活不过这个黎明了！

杨之洋打开兽夹，轻松地把狗熊拖回到连队，当全连美滋滋地饱餐了一顿熊肉之后，六营一个下兽夹的猎人才赶来，要求分一半。结果，杨之洋慷慨地将熊皮和熊掌都给了那个猎人，猎人连连感谢，以一只匕首作为回赠。

至于叫俞英的四川知青，根本就没到山林深处去，而是躲在鱼塘边一个被废弃的人字形小草棚中。

由于见女伴们都有了男朋友，她因孤独、寂寞而伤心难过，想去自杀，在鱼塘边呆了四天四夜，始终没有勇气跳下去，结果自己又走了回来，搞得王连长气也不是，骂也不是，哭也不是，笑也不是。

不过，全团人出动寻找一个女知青这件事本身还是值得赞颂的，所以先后有十几家大小报社前来采访。

杨之洋倒很感谢俞英，若不是去寻找她，怎么会打到那只熊呢？

在当时中国，打死人的机会到处都是，但打死熊的机会百万人中也只怕难有一个碰到！

刚刚吃了熊肉，杨之洋又有泡虎骨酒的念头了。云南潮湿，几年下来，不少知青关节都有了点问题，喝虎骨酒能对关节炎有非常好的疗效。

他萌发这个念头是因为他所在的猪场丢了一只三十多斤重的小猪。

一开始，有人认为是知识青年偷的，但又没有任何证据，而猪场那个瘦高个老头子则认为可能是被野兽吃了。

能吃三十斤重小猪的野兽绝不是个小家伙，王连长和杨之洋都兴奋无比。

这倒不是盲目推断，半年前营部猪场曾发现一条一百多斤重的巨蟒吞食了一只二十来斤重的小猪，后因爬不动，横在路中间，被猪场的人用步枪打死。

这次八连的小猪当然也有可能是失于野兽之口，而且猪场老头还发现了兽迹，那脚印有碗口粗细，不过谁也不认识是什么动物。

“可能是老虎。”老头说。

这个地区自一九五八年以来就再也没发现过老虎了，兽中之王的名字着实让全连队的人慌乱了一阵，有孩子的人家都千叮咛万嘱咐，不让孩子跑出太远。

三天之后，猪场又丢了一只二十多斤重的小猪，连里几个领导耐不住性子了，全连吃肉就靠猪场这几十只猪了，若再这么丢下去，全连人只好改当和尚，吃斋饭了。

杨之洋也很恼火，倒不仅仅因为他是猪场成员，而是他拿长刀在猪场守了三个夜晚，只是第三个晚上实在太困，睡了两个钟头，就失去了又一次大显身手的机会。

王连长向营部请示，组成一个猎虎队，带枪上山，围猎猛兽。营部同意了。

王连长挑了杨之洋等十个平时被认为胆量大的小伙子，从床底下取出子弹箱，每人发了二十发子弹，把半自动步枪擦干净，分三路进了山。

野兽不会躲在橡胶林中，因为橡胶林是梯田，杂草全被砍光，无处可躲，根据脚印纷繁来往推断，也不可能走远，最大可能就是躲在八连为保护水源而留下没砍的背后那座山林之中。

由于生存的需要，每个连都有一座水源山，既能有一条清清的溪水供全连饮用，又可以有竹子供日常需要。

八连这座水源山有一千多亩，小路很多，但主要有三条，所以猎兽队分成三组搜索着，向上爬去。

快到山顶那棵雷击木时，不知是谁先发现了目标，惊呼一声："老虎!"

杨之洋胆子再大，这一声嚎叫也吓得他跳了起来，当他镇静一下，回头看时，跟他一起的两个年轻人已经不见了踪影。

他也往回跑了几步，但又觉不妥，连老虎什么样都没见到就逃掉，岂不是荒唐吗？他止住脚步，转回身，趴在地上，打开枪机，一点一点往上爬。

爬了十几步以后，果然看见了一只毛皮灿烂的兽中之王威武地站在那里，边上还有吃剩下一半的小猪的尸骨。

老虎一定还没发现他，他有机会给上它几枪。于是，他托起枪，三点成一线地进行瞄准，五十多米的距离，打一个庞然大物不应出现失误。

“啪！”的一声枪响，一撮虎毛飞溅起来。

这不是杨之洋开的枪，一定是另一组也发现了目标。

杨之洋屏住气，一口气扣动了六次扳机，六发子弹起码有五发打在老虎身上。

另一侧的子弹也不停射中，枪声如炒豆般响个不停。

可老虎毫无反应，纹丝不动，依然威风凛凛地站着，如同刀枪不入的神灵。

二十发子弹打光了，杨之洋拉开了三棱刺刀，他决定冲上去与老虎肉搏一下，中了这么多枪弹的老虎想必不会还有多大力量。

他爬起来，喊了声：“别开枪了，我上来啦！”话音未落，他以百米冲刺的速度，几秒钟便到了老虎身边，用尽全身力气将刺刀全部捅入老虎腹内。

老虎僵硬地倒下了。

原来是只死虎！

王连长孤身一人从另一侧冲上来，他带的人同样都溜之大吉。

一只死虎吓跑了八个壮小伙子！

“幸亏不是打仗。”王连长苦笑了一声。

当老虎被抬回八连，又说是只死虎时，猪场老头乐了：“真正打虎的是我吵！”

人们不解地看着他。

他解释说：“我把五十包耗子药全部涂在猪场最靠边那间里的两只小猪身上，老虎是吃了老鼠药中毒死的！”

人们一愣，全哄笑起来。

不过，老虎肉没人吃，老虎骨也不敢泡酒了，因为没有人敢吃耗子药。至于老虎皮，身上中了三十八颗子弹，所以有七十六个枪眼，也毫无价值了。至于出现七十六个枪眼很简单，距离太近，又是半自动步枪，每颗子弹都穿透了老虎身体。

这次猎虎，使王连长和杨之洋成了好朋友，英雄惜英雄嘛。后来，兵团解散，王连长回到部队，逐步升成一个汽车团的副团长，杨之洋还找他帮过忙，他每求必应。而杨之洋在经济上也给过他不小的回报，但这和贩毒无关。在贩毒问题上，杨之洋总是单枪匹马，从不愿牵连任何人！

说起来，知青生活之所以被一代人所留恋，除了有最宝贵的青春期在农村度过外，还因为不仅仅有痛苦、煎熬，也有欢乐、爱情和许许多多第一次尝试而带来的人生经验。

第八章

为上大学，女朋友忍辱和指导员睡了觉——类人猿被扒光衣服绑在马棚中喂了一夜蚊子——和副连长吵架发出毒咒——生了八个女儿的副连长死掉了唯一的儿子

杨之洋并没有看见女朋友和十三连的指导员睡觉，他是听与孟丽同宿舍的北京知青魏宁宁告诉他的。

孟丽不想、当然也不能让杨之洋知道这件事。确切地说，她不想、也不能让任何一个人知道这件事。这是一个女人的耻辱！

即便在社会全面开放的八十年代和九十年代初期，以肉体为代价换取用正当方式得不到的利益也是一种丑恶行为，也同样会遭到社会舆论的谴责，甚至会受到道德法庭的审判！

当然，八十年代和九十年代初，这一类事情多了起来，可能不足为怪了。但是，被议论、被嘲弄、被蔑视的情况仍然如旧。女歌星为了评上某种青年歌手大奖赛的什么杯，和评委睡一觉，就能内定为三等奖；女演员

为了在一部电影中演主角，和导演睡一觉，就能如愿以偿；女研究生为了出国“深造”，和洋鬼子睡上一觉，就能在国外弄个经济担保；女公关人员为了捞到一桩使自己赚大钱的买卖，和总经理睡上一觉，合同书上就盖上红印；还有，还有……

这是一种交换，一般是和权力进行交换。和金钱进行交换的被称之为妓女、娼妇，而和权力进行交换还没创造出一个合适的、能被所有人接受的名词。

在七十年代初期大学又恢复招生以后，许多人为了能有读书的机会，或为了能从农村这个“大有作为的广阔天地”脱身出去当“臭老九”的接班人，使用了不少不正当方式。从请客送礼、批条子、打电话到陪人上床。

据说，当时为了上大学还发生过另两种情况，一种是怀中揣着两把菜刀，进到管招生的人家中，把菜刀往桌上一剁，表示要上不了大学就把这人全家砍成肉酱；另一种是带根上吊绳到管招生的人家中，表示要上不了大学便吊死在那人家门框上。

这两种情况的结局都很圆满，没有人被剁成肉酱，也没有人上吊。

然而，孟丽既走不了后门，送不起礼，也不具备抡菜刀、上吊的性格，她似乎只能按正常渠道，先被贫下中农推荐，再由连队党支部审查报批上去。

她确实太想上大学了！

本来去年十三连分配了一个名额，可以去读北京大学西语系，全连九十八个人投票推荐，她得了七十三票，按道理将她报批上去应该是没问题的。

然而，连队领导讨论的结果是报上去一个四川女知青，据说是指导员全力推荐，而指导员又是全连说话最算数的，当然别人不能有什么非议，何况这里面本来就没有领导们之间的利益纠纷。

到那个姿色出众的四川女知青上大学走了之后，人们才悄悄传说，指导员和那个女知青睡过觉。

有人亲眼看见那个女知青深更半夜从指导员的宿舍中溜出来，还有人亲眼看到在胶片仓库中指导员和那个四川女知青搂作一团。

再后来，北京传回消息，说那个四川女知青开学不到三个月便跑到医院做了一次人工流产，被校方知道后，给了一个记大过处分。

不过，这一年根据孟丽认真观察，指导员没有再和什么女知青有过亲密关系，因为指导员在农村的老婆来到他身边守了大半年。

孟丽认为，这次推荐后她被报批是十拿九稳的事了。

开了一次全连大会，以举手方式推荐上大学的人选，结果是九十一人到场，八十二人同意由孟丽享有这个中山医学院的入学指标。

当天晚上，老婆刚刚走了三天的指导员将孟丽找到自己宿舍，关上了房门，表示要和孟丽再谈谈，让她汇报一下上大学的动机。

孟丽将当时最革命的词汇组织在一起，从批判资产阶级教育路线到反修防修，从中国革命到全世界共产主义的美好明天，一口气谈了半个多小时。这对于她并不困难，对于任何一个常常写革命大批判文章的人都不困难。可是，慢慢地她说话有点困难了，变得结结巴巴，前言不搭后语，因为她发现指导员正一点一点凑过来，最终挨到她身旁，一只手从她的秀发开始摸起，一点一点滑下，落到她的大腿上。

她终于停止了汇报，站了起来，半羞半恼地瞪着指导员。

指导员很镇静，什么都没说，也不显尴尬，只是从抽屉中拿出那张铅印的大学招生表格，往桌上一放，然后又收了起来。

孟丽"哼"了一声，开门出去，回到自己的宿舍。

她绝没有痴呆到不理解指导员的意图，也不是断然拒绝了指导员的要求，而是想静下心来好好考虑一下。

任何买卖都需要考虑付出和收益之间的关系，简单说，是得到的多还是失去的多。

孟丽回北京探家时曾听一个来北京开会的安徽姨妈讲，安徽某县在一次大学招生时进行体检，三十二个被录取的女知青中没有一个是处女。

当然，体检表上没有是否处女那一栏，只不过是在进行妇科检查时的一项副产品而已。

孟丽已经不是处女，她若和指导员睡觉生理上并没有什么损失，只是心理上会感到一种伤害。

但这种代价是将彻底改变今后的生活，彻底改变卑微的命运。

她对不起的只是杨之洋。

然而，当她成为医生以后，可以轻而易举地把他调到自己身边，这将使她的心理恢复平衡。

得大于失！其实这是所有以此为代价上了大学的女知青的一致结论。

她怀着一种悲壮的心情重新走回了指导员的宿舍。

指导员还在那里充满自信地等待着。

没有关灯，依然像在谈话，却只有喘息声和床在"咔吱咔吱"有节奏地响……

一个小时以后，孟丽拿着那张铅印表格半带激动半含屈辱地走出了指导员的房间。

第二天，指导员到孟丽宿舍来找她，给她填好的表盖章，盖章之前，又把她按倒在床上，剥去衣服。

这时候有事突然回房的魏宁宁不动声色地从门缝中看完了全部交易的过程，直到指导员把一个血红的印章盖到招生表连队意见那一栏为止。

“孟丽就那样呆呆地坐着，似乎忘记了穿衣服，然后一把抓过那张盖了章的表格，贴在胸口上。”魏宁宁平静地告诉杨之洋。

杨之洋是来找孟丽玩的，想和她商量一块请探亲假回北京。孟丽不在，去团部医院进行招生体检去了，魏宁宁把她了解的情况原封不动地讲述给了杨之洋。

“为什么告诉我？”杨之洋问。

“不愿意你被欺骗。”魏宁宁的话有一半是真的，还有一半没说出来，是因为嫉妒！

“孟丽是自愿的吗？”杨之洋的眼睛开始发红，出现了吓人的血丝。

“她没有拒绝，但应该是被权势所迫，她若不同意，就不可能拿到盖了章的表格。”魏宁宁也许是慑于杨之洋的凶狠目光，说出了比较客观的推测。

“你能不能把指导员请来，我和他谈一谈。”杨之洋请求。

魏宁宁预感到将要发生什么事，摇摇头：“你自己去找他吧，他一般都在宿舍里。”

杨之洋问明了指导员的宿舍在哪一间，使劲吸了一口气，大步而去。

使用武力，这是杨之洋一般情况下解决问题的第一方式，自己的女朋友被别的男人睡了，他当然更要进行报复。此时作为一个血气方刚的男人，他觉得将要面对的不是什么现役军人指导员，而是一个可恶的淫棍！

几乎所有的男人都有保护自己的女人不受别的男人侵犯的本能，连雄性动物都不例外，甚至为此不惜拼个你死我活。

欧洲中世纪风行一时的决斗也大多是由女人引起的。

杨之洋到了指导员宿舍，没有敲门，而是用脚一踹，发出一声轰响。

门开了，也几乎脱落。

正在写什么东西的指导员惊得一下子跳了起来，瞪大眼睛看着冲进来的不速之客。

他隐约觉得在哪见过杨之洋，但一下又想不起来。

杨之洋每次来十三连，都是一头扎进孟丽的宿舍，很少在连队里走来走去，只是有一次帮十三连和外连打过一次篮球，可能指导员就是那次见过他。

“干什么?”指导员愤怒地问。

杨之洋一把揪住他的脖领，咬着牙说：“干什么？你心里明白!”

指导员一点都不明白，因为他不知道来人是孟丽的情人。

“你、你到底要干什么?”指导员是侦察兵出身，右手一翻，左手一推，化解了杨之洋抓脖领的动作。

其实杨之洋并没想使劲抓住他，否则他两只手一同用劲也不可能掰开杨之洋的胳膊。杨之洋手缩回来之后，又猛然一击。

指导员觉得下巴一麻，一股又腥又咸的东西出现在嘴中。

“你、你怎么打人?”

“打的就是你这个淫棍!”杨之洋骂着，又一拳打在指导员的肝部。

指导员跌坐在床上。

但是，杨之洋的一脚没有得逞。指导员不愧为侦察兵出身，一个顺手牵羊，抓住杨之洋的脚一拉，杨之洋单足不稳，摔倒在地，脑袋磕在了一张竹躺椅上，肯定起了个包。

杨之洋没有丝毫犹豫，一个鲤鱼打挺，跃身而起，凌空扑下来，将指导员砸在身下，一只手掐住指导员脖子，另一只手握成拳头，捣蒜一样一口气十几下捶下去。

指导员眼睛肿了，鼻梁塌了，牙齿松了，血流满面。

“来人呀！来——人!”指导员一面奋力挣扎，一面扯开嗓子大叫。

有脚步声传来。

杨之洋回头张望了一下，指导员趁机缩起双腿，猛地一蹬，将杨之洋踹出三米多远，摔到门外。

当杨之洋重新爬起之时，身后聚了七八个十三连的老职工，而指导员手中也抓起了一支五零式铁把冲锋枪。

杨之洋冷冷笑了一声：“来呀，朝这儿打，你那是空枪，吓唬孩子的。”杨之洋拍着自己的胸口。

“砰”，一声震耳欲聋的枪声，子弹从杨之洋头上飞过，打在屋檐上，一块瓦碎成了几片，摔到地上。

人们都吓了一跳。原来指导员的枪中装有子弹!

“光天化日之下袭击现役军人，这是反革命行为，把他捆起来!”

指导员抓起一根行李带，扔给了闻声赶来的人们。

那些人七手八脚按住杨之洋，像缠粽子一样把他从上到下捆了个结实。

杨之洋破口大骂着：“你算什么现役军人，给解放军丢脸，借大学招生搞女知青，我要告你！”

“这纯粹是诬蔑、造谣，往解放军脸上抹黑！”指导员一阵紧张，脸色红一阵，白一阵，最后转青。

“这是事实，不信去问魏宁宁，去问孟丽！”杨之洋进入半疯狂状态，失去了理智，他根本不知道维护一个女人的声誉了。

指导员气急败坏地叫来了魏宁宁：“魏宁宁，你跟这个家伙讲了什么？”

在无数双急切地想听到爆炸性新闻的人们的目光注视下，魏宁宁冷静地摇摇头：“我什么也没跟他说。”

指导员上去就是两脚。

杨之洋不明白魏宁宁为什么会否认她讲给他听的事，一下子也不知骂什么好了。

正在这时，参加完体检的孟丽回来了，她远远地就听见人们的议论和杨之洋与指导员的对骂，她明白出了什么事情。

当人们怀着一种鄙视和嘲弄的神情给她让开一条路时，她走到杨之洋身边，看了看他，低声说：“别信别人胡说八道，我是清白的。”

指导员一下子趾高气扬起来：“革命的同志们，大家都听到了吧。这个家伙对解放军有着刻骨仇恨，进行阶级报复已经到了丧心病狂的程度，一定要严加处理才行。来人，先把他关到马棚里去！”

杨之洋是被扒光了衣服，甚至连短裤都没留一条而被绑在马棚的木柱上的。

由于马的腥臊，马粪的恶臭，填圈稻草的腐烂，蚊子和马蝇比任何地方都多。面对一个血流充足、一动不能动的赤身裸体的人，这些蚊虫像赴宴一样饱饱地吸着血，来了一群又一群，最多时像给杨之洋穿上了一层厚厚的衣服。

一开始，杨之洋还破口大骂，声音在夜空中传得很远，后来慢慢衰弱下去，到后半夜，他终于没有力气嘶喊了，处于一种半虚脱状态，头垂着，一动不动，任凭血液被成千的蚊虫吸食。

而就在这时候，已经体检通过，只等发录取通知书的孟丽自杀了。

她是在听到指导员和团里领导打了电话后决定去死的。

指导员以恶人先告状的形式直接打电话给某副团长，要求严肃处理杨之洋，否则他无法再工作下去。

某副团长听后非常恼火，因为近来纷纷有人告状，说一些连队现役军人干部利用职权奸污女知识青年，一直怀有成见和抵触情绪的地方干部借机掀起攻势，屡屡要派工作组下去调查，现在居然发展到殴打现役干部了，当然不能容忍。

某副团长立即指示：让两个女知青写出证明材料，明天将杨之洋押送团部，组织批斗，绝不能让一些坏人任意诬蔑解放军，然后送交地方，最少关他三年！

在指导员整个打电话的过程中，孟丽一直站在门外。

她本来是找指导员给杨之洋求情的，她终究爱他，终究将处女之身自愿献给了他，终究和他有过不少欢乐，终究他是她所认识的知青中最像男子汉的人，她甚至想过，再牺牲一次自己的肉体，让指导员开恩。

但她听到事情并不这么简单时，她没敲响指导员的门，而是回到自己宿舍，在一种难以形容的心情驱使下，写出了事情的全部过程，并认真地签上自己的名字。

她本质上是一个极其正直的人，她可以为了上大学而使个人受到侮辱和损害，但绝不能让别人也因此被伤害，她听出了指导员和副团长通话的意思，不仅仅要严惩杨之洋，而且要趁机对其他一些人发难！

其实，即使是只对杨之洋一个人给予不公正待遇，孟丽就可以做出自杀的决定了！

她在第一次委身于杨之洋时说过："为了爱，为了你，我可以去死！"她将实践这个誓言。

她把指导员对她及对去年上大学的那个四川女知青的所作所为的材料抄写了三份，一份贴在连队大批判栏上，一份寄给团部，一份寄回家去。然后，来到了马棚，给杨之洋解开了绳索。

杨之洋浑身肿胀，双眼睁大也只是一条细缝，他看到孟丽，无力地推开她。

孟丽说："之洋，别恨我，别埋怨我，这不是我一个人的悲剧，也不是你一个人的悲剧，记住我，记住一个女孩子爱过你，她永远都爱着你！"

"花言巧语，狐狸精！"杨之洋用父亲骂母亲的话回答了孟丽。

这句话，坚定了孟丽以死来证明自己心灵清白的信念。

她深深吻了杨之洋麻木的嘴唇一下，走进浓郁的夜色中，吊死在她献出处女之身的那片橡胶林中。

由于孟丽的死，事情的结局有了根本性的变化。杨之洋被无罪释放，而十三连指导员被隔离审查。

但是，除了杨之洋，再没有人会记住孟丽，一个还没成熟的女人没有向世界证明自己一丝一毫的价值，便化为一具白骨。

只有杨之洋明白，其实任何一个女人都比男人坚强一百倍！

以后的生涯中，他可以欺骗一切，但从不欺骗女人！

“张铁生算什么东西！”

杨之洋不知为什么，竟然为一个叫张铁生的家伙和陈副连长吵起架来。

张铁生本来就是一个在当时也颇有争议的知识青年。他出名的原因是他在一九七三年全国大学招生第一次恢复考试时交了一张白卷，被判为零分。

其实，说他交白卷确实委屈了他，他在卷子上写了一封很长很长的信。

他在信中抱怨说他一心接受贫下中农再教育，又当生产队长，一天忙到晚，根本不可能有时间复习功课，因此，答不上考卷是正常的，而能答上考卷的人恰恰是那些不好好参加生产劳动的人。

任何一个尊重历史和承认客观现实的人都不能说张铁生写的信没有一定道理，因为当时的党中央从来也没号召过知识青年要好好温习功课，迎接高考。

至于张铁生出名以后的所作所为应该属于另一范畴的话题。

杨之洋也并不是觉得张铁生办的那件事自己就一定不会办，他只是觉得那小子出了名就到处张扬，四方炫耀，有点令人讨厌。

关键在于，团部宣传队有一个人在这次考试中也交了白卷，也写了一封信。

这个人一副女人相，走到哪儿似乎都高人一头，专演什么李玉和、洪常青、郭指导员，好像在台下他也是个革命先烈。

所以，杨之洋把张铁生和这家伙等同起来看待，当然不会说张铁生什么好话了。

而陈副连长说张铁生好完全是因为中央文件上说张铁生有“反潮流”精神，其实他真不太同意“反潮流”，若上上下下都“反潮流”，他这个副连长恐怕只能指挥自己了。

两个心里对张铁生都有一定看法的人用与之相反的观点对吵了起来。

这是在王副指导员宣讲完关于“反潮流”的中央文件之后，让各班讨论时发生的事。

陈副连长参加后勤班的讨论，猪场的人就编在后勤班。

杨之洋对张铁生的贬词一出口，陈副连长就进行了驳斥。

杨之洋毫不口软，把张铁生和说张铁生好的人都贬成天下第一号大傻瓜，自然将陈副连长也包括在内。

陈副连长大怒，一下子跳起来，指着杨之洋便大骂起来：“你生下来就是个反革命坯子，凡是党提倡的事你没有不反对的。”

杨之洋眯着眼，喷出一口烟说：“那也比说假话强，比连个美国人什么模样都没见就自充为残废军人强！”

这句话刺疼了陈副连长，但现在他已经没有权力随便让人捆绑吊打知青了，他上面还有个正连长。

于是，他也揭了杨之洋老底：“别得意吵，你不就是个黑崽子吗？别以为没有人知道你老子是胡风反革命集团的黑干将，自绝于党和人民了！一辈子你都是个黑崽子！”

杨之洋大吃一惊，他真的以为没有人知道他的家世呢。

其实，他也是在一次探亲时，病重的母亲把他叫到床头，给他讲述了他亲生父亲的事。以往，他确实只认为蹬三轮车的那个酒鬼粗汉是他真正的父亲。后来，他母亲又转危为安，挺了过来，便有些后悔告诉他真相，叮嘱他一定不要向任何人说出此事。没想到陈副连长居然知道了。

这是外调人员的功劳。王副指导员在杨之洋奋勇救山火差点丧命之后，准备吸收杨之洋加入共青团，给了他张表，报到营部。按当时的规矩，派出了外调人员，去调查杨之洋的家庭出身。

那是一个善于搞清楚被调查人员祖宗三代和七大姑八大姨的优秀政工干部，结果发现了杨之洋还有一个生父，是个大坏蛋，老反革命分子。

冲那份外调材料，杨之洋入团的事一直被拖了下来。

不过，王副指导员叮嘱过王连长和陈副连长，为了保护杨之洋的自尊和积极性，不能将外调情况扩散。

和杨之洋一直格格不入的陈副连长在被激怒的情况下，把这件隐私给端了出来。

听到陈副连长话的人把目光齐刷刷地盯到杨之洋身上，似乎反革命分子不是他父亲，而就是他。杨之洋恨不得找个地缝钻进去，也恨不得一刀剁死陈副连长。

但是，他把全部愤慨凝聚为最为恶毒的、传统的中国人最恐惧的几个字：“姓陈的，你要断子绝孙，不得好死！”

诅咒有时候灵验得叫人难以置信。

在和杨之洋吵完架后的第三天，陈副连长唯一的小儿子生病了，发烧四十度。

陈副连长从结婚以后，一个接一个地得到的都是女儿，为了生一个儿子，他和他老婆吃了不少偏方土药，采取了不少措施，只差去借个种了。但是，总是女儿。

一直生到第八个，终于养出了一个儿子。为了庆祝这一伟大辉煌的胜利，陈副连长大摆酒席，请了上百个亲朋好友。

酒席上，一个人为图吉利，给他的儿子取名为三五，还有一个人说陈副连长转运了，再生还会是男孩。

结果，刚生完孩子一个半月的陈副连长的老婆，又奇迹般地怀了孕。

这时，毛主席和美国记者斯诺有关农民生育问题的谈话已经传达。

作为共产党员的陈副连长也确实觉得不能再生了，便带头做了结扎绝育手术。按中国的医疗手段，结扎了的输精管很难再接通了，因而陈副连长可以说再没有生育能力。

当他刚满三个月的儿子三五生病以后，他立刻将他送到营部卫生所。

假如他要直接将儿子送到团部医院不知后果是否会是另一样？

但由于经济问题他没有送。

当时职工子女若每人每月交了五角钱，便可参加统筹医疗，也就是在全兵团内看病免费，而陈副连长居然不舍得一个月拿出四元钱来为八个子女参加这一福利组织。

也难怪，他和老婆两个人的全部工资加在一起，才刚刚六十元钱，十个人吃饭都会发生问题，当然没有多余的钱去交统筹医疗费了。

幸好七个女儿都很争气，几乎从不生病，谁想到宝贝儿子却闹起病来。

连队的卫生员知道这婴儿是陈副连长的命根子，一试表，四十度，忙让他往医院送。

营部卫生所对全营男女老少一律免费，陈副连长把孩子送到了这里，他认为可能就是一般的感冒。

一天之后，营部卫生所发现以其设备和医术治疗不了这个婴儿，忙让陈副连长送婴儿到团部医院。

结果到了团部医院的当天晚上，这个可怜的小生命便夭折了。

陈副连长悲痛欲绝，在掩埋他儿子的那个山坡上哭得死去活来，有半亩地左右的青草都被他抓断扯烂。

一连十几天，他干起活来无精打采，人也如同大病一场，整整瘦了一圈。

他把一切希望都寄托在老婆肚子中那属于他的最后一个胎儿身上了。

怀胎十月，一朝分娩。

为了预防万一，他亲自送老婆到团部医院去接生。

生产非常顺利，当助产士把婴儿抱到母亲面前，告诉她是一个女孩时，那产妇“哇”地一下子大哭起来。

而在产房外听到不是儿子的消息的陈副连长，则跌坐在地，目瞪口呆，半晌说不出一句话来。

杨之洋的第一个诅咒应验了，陈副连长确实断了子，当然也就绝了孙。

杨之洋发现，自从陈副连长的儿子死后，全连的老职工对他都格外客气起来，甚至可以说毕恭毕敬，连大声说话都不敢。

他先是奇怪，后来明白了，是他诅咒灵验而导致的结果。这些从湖南来的贫下中农颇有些迷信，虽然在当时的气氛下无庙去烧香磕头，无佛像供在家中，但溶入他们血液中的那种对因果报应的信服使他们在行为中时时显露出来。

有一次全连正在开大会，一头被猎人追赶的野猪钻进八连，躲进了一家老职工的床下，人们在外面怎么叫喊它也不出来。

杨之洋提起一把木工斧冲进门去，趴到床上，慢慢探头朝床下一看，那只一百多斤重的野猪正瞪着小红眼睛张望。他一斧抡下去，正中野猪眼睛，又一斧砍下去，削掉半张猪嘴，那野猪奄奄一息地被拖了出来。

食堂正在煮开水，准备刮猪毛时，那家老职工放起一串浏阳鞭炮，驱赶邪气。这足见湖南老职工们传统文化中迷信的影响程度。

因而杨之洋成了他们心目中有魔力和邪气的人，不得不小心对待。

在此后插队的日子中，杨之洋在一营八连再没有过与什么人吵架和争斗的事情发生。因为没有人敢于和他发生争执。

几年以后，他的第二个诅咒也应验了。

那时陈副连长已经调到六连，火暴脾气仍无改变。

有一次他又和一个人吵骂起来，那个人没有用嘴还击，而是抄起了一支五六式半自动步枪，在距离陈副连长胸口处一寸远的地方扣动了扳机。

陈副连长当场毙命。还不到四十五岁的年纪，正所谓不得好死。

后来，杨之洋常为他那两句诅咒而后悔，他的本意绝没有想使陈副连长有这样可怜的下场，他只是一时热血冲头而说的气话。

他并不是要普度众生，与人为善，他只是觉得以陈副连长所作所为不该有这么悲惨的报应。不少做了比陈副连长坏得多的事的人，一个个却逍遥自在。

那些人为什么不受到法律的惩罚和苍天的报应呢？

他以后之所以走上贩毒的道路，就是想赚上一大笔钱，然后像基督山伯爵一样回到他生活过的一切地方，扬善惩恶，使帮助过他的人幸福，使恶待过他的人遭殃。

那时他已经坚信这么一个道理：世界上没有什么用钱解决不了的事！

第九章

偷了苏联大兵的东西又救了一个女知青——头戴钢盔，向一群亡命之徒发起猛烈进攻——胜利的结果是每人挨了师政委一鞋底子——纯洁的小姑娘早就从包工头那里挣皮肉钱了

杨之洋无聊到了极点，他居然跑到红河边，游过河去，偷苏联工兵部队的多用铁锹。

知识青年上山下乡初期那激动人心的时期早已过去，社会上不把知青当人，知青自己也不把自己当人的情绪却到处蔓延。

对于本来就没什么长期打算和远大抱负的杨之洋来说，当然会经常感到无事可做。

本来还可以到女朋友孟丽处去聚会，享受一下男欢女爱，发泄发泄积郁多了的精力，使心理和生理都寻找一个松弛点。

然而，孟丽死了，连坟都没有一座。她的尸体被火化了，是她父母专程赶来将尸体运到昆明火化的，骨灰被带回了北京。

他可以再找一个女朋友，连队里几个四川女知青对他表示了好感，可他没有接受她们的一番情意，他一下子还不能忘记孟丽。

每到星期天休息时，他都会苦思苦想找点事做。

这一天到红河边上来是因为听说有一个知青在岸边沙滩上碰到过一只受伤的野猪，结果上去拖，被野猪一嘴咬掉大腿上半斤多肉。

他也想来碰上一只，他相信打过熊、打过虎、也打过野猪的他不会搞得这么狼狈。

整整一个上午，在红河边转来转去，别说野猪，连一只野鸭都没有看见，他沮丧地半躺在了河边。

忽然，对岸一些晃动的人影引起了他的好奇心，那是些个子高大的苏联士兵。

杨之洋知道他们是在为越南人修公路。

本来这条公路是由中国工兵部队修筑，可不知为什么又换成了苏联人，听说是越南人更倾向苏联人，因为苏联老大哥财大气粗。

对帮助越南人打美国人这一点，从小所受的教育使杨之洋认为理所应当，就像当初帮着朝鲜人打联合国军一样。中国人不能总被别人欺负，也得找个碴显显中国人的“份”！

可是，帮着越南人修公路他就想不通。他妈的，中国人自己的公路还坑坑洼洼，雨天到处是泥坑，晴天一走尘土没过脚面，却去给越南修柏油公路。

几年以后，中国政府也想不通了，花了几百亿元人民币援助越南，最终结果却闹得成了最凶恶的敌人，只好再花几十亿元人民币教训他们一下子。

不幸的是，越南人并不接受这教训。

杨之洋当时就骂过：“奶奶的，一分钱也不给这帮越南杂种，帮他们卖命，还他妈挑肥捡瘦！”

大概就是出于这情绪，也出于没找到受伤的野猪，他脱了衣服，折一根细竹管含在嘴中，悄悄游向了对岸。

作为一个校队的游泳运动员，游过一百多米宽的红河易如反掌，他曾在六百米宽的颐和园昆明湖中一口气游十个来回。

由于有竹管换气，他一直潜在水面以下，直到爬上岸去。

岸边是一片荒草，遮住他的视线，也使正在修筑公路的苏联大兵看不见他。

他钻过荒草，就到了路基下面，抬眼望去，只见苏联大兵正围成一圈一圈地在吃午饭，一些越南年轻女人给他们送来香蕉和菠萝。

苏联大兵招呼这些女人一同吃，越南女人欣然同意，挤到苏联大兵中间，任凭苏联大兵的手在她们身上摸来捏去。

杨之洋不想再看这幕丑态，蛇一样爬上路基，顺手抓了一把多功能工兵锹，又抓了一个军用背包，滚下了路基。

没想到，一个苏联大兵发现了偷东西的杨之洋，大喊大叫起来。

杨之洋一个猛子扎进了红河之中。

几个苏联大兵愤怒地骂着什么，用铺路的石渣向杨之洋扔去。

顿时，水花四溅，杨之洋屁股上、脊背上，甚至脑袋上起码挨了十几颗石子，疼得他不小心喝了两口红河水。不过，他始终没放弃手中的东西，以侧泳方式游回了中国一侧。

爬上岸后，他足足喘了十多分钟的气，才算平静下来。

工兵锹，他以前见过，又能当铁锹，又能当锄头，还能当斧子，钢火极好，拇指粗的钢筋能一下剁断，而且绝不会卷刃，以后再开荒，他有得心应手的工具了。

再打开军用书包，里面有两件衬衣，还有一本苏联画报，再就是五个猪肉罐头和几包压缩饼干。猪肉罐头和压缩饼干竟然是中国制造的，把杨之洋气得够呛。

他翻翻苏联画报，发现和中国当时的画报没什么两样，便顺手一甩，扔进红河之中。衬衣试试，还很合身，就留了下来，最后打开一个猪肉罐头，大吃起来，这一趟折腾下来，他确实饥肠辘辘了。

久未吃肉，他接连开了三个罐头，才觉得过了瘾，吃饭之后，钻到一个香蕉园中，撕下两张香蕉叶，一张垫身下，一张盖头上，立刻便呼呼大睡起来。

杨之洋做了许多梦，但没有一个梦记得清楚。到他不再做梦时，也就醒了过来，而睁开眼时，已经是繁星满天了。

他把工兵锹塞进军用背包，单肩一挎，离开了红河边，走上公路。

走了几十米后，他感到口渴。吃了一千八百克猪肉而不口渴的人总是很少的。

他记得河口县露天剧场后面有一条溪水，水质不错，并用水池围住，为了开大会时人们口渴了好饮用。

他摇摇晃晃走过去，蹲在水池边喝了个够，还洗了把脸，清醒清醒大脑。

忽然，他听到水泥舞台上有动静。

水泥舞台上是没有人居住的，幕布平时都收走，两间更衣兼化妆室也是没门没窗，有演出时才会挂上布帘使用，由于不远处就是橡胶林，所以也不会有人在上面大小便。

杨之洋的好奇心又涌了上来，他悄悄跃上舞台，来到发出声音的地方。

那里是更衣兼化妆室，有人影在晃动，还发出声音：

“快点。”

“不！”

“非让老子动手吗？”

杨之洋探过头去，虽然夜色深沉，但还是能朦胧看见有两男两女正在争执什么，再听几句，就明白是两个男的想和两个女的发生肉体关系。

都是四川知青，其中一个女的似乎无可奈何地脱去上衣，解开胸罩，而另一个女的坚决不同意。

看到同伴将成好事，剩下这个男知青扑上去，把态度强硬的女知青按倒在水泥地上，要使用暴力。

但是，这家伙手刚伸向女知青的裤带，脑袋上就挨了一脚，一下子跌出去，正好撞上另一个男知青，两个人一同坐在了屋角。

杨之洋站在门前，伸手扶起差点被强奸的那个女知青。

原来他发现这个女知青是阿雪。

“杨大哥！”阿雪一下子扑到杨之洋宽厚的胸口上。

“你他妈管什么闲事？”两个四川男知青站了起来，居然每人从身后拔出一支自制的火药枪。

“老子天生就爱管闲事！”杨之洋把阿雪挡到身后，以免伤到她。

“那……你也入伙。”其中一个四川男知青把另一个女知青推过来，那女知青用上衣遮挡着半裸的身子。

“去你妈的，老子一辈子不搞女人，也不占这种便宜。”

杨之洋骂着，冷不防双掌劈下，正中两个四川知青的手腕，把他们的火药枪击落在地，然后又用脚尖挑了两下，两支火药枪飞出窗外，落进水池子中。

两个四川男知青心中虽然不服，但嘴上软了下来："你是大哥，你是大哥。"

他们钻出屋去了，跑得不见了踪影。

"走吧，送你们回去。"杨之洋冲阿雪说。他没问她们为什么会遇到这种情况，他知道女孩子会不好意思讲。

到阿雪所在的四营一连，走小路也要两个多小时，等他们进了阿雪的宿舍，已经是十点钟了。

杨之洋把军用背包中还剩的两个猪肉罐头拿出来，丢在阿雪床上，转身就要走。

"上哪儿?"阿雪问。

"回去。"

阿雪一下子拉住他："太晚了，住这吧，明天一早有去河口城的拖拉机。"

杨之洋正在犹豫，就听外面一阵呐喊："宰了这北京杂种!"

阿雪一下子脸色大变，紧张地说："坏了，杨大哥，他们找你报复来了。"

"那两个知青是你们连的?"杨之洋问。

阿雪摇摇头："是二连的。你先别吭声，我去招呼我们连的男知青。"阿雪跑了出去。

杨之洋观察了一下环境，这是一幢刚刚完工的两层建筑，长条形状，约由二十间房组成，现在他正在二楼上。似乎其他房间还没有住进人来，很安静。

杂乱的脚步声越来越近，似乎一群人已经上了楼，而且有火药枪响了一声。

杨之洋到后窗探头看了一下，发现有一堆沙土，他忙叫过剩下的那个女知青，抱住她，攀上窗台，一跃而下，正落在那堆沙土上。此时，那间房子的门也被踢开来了。

杨之洋领着女知青绕过二层楼，刚好看到阿雪带着二十几个男知青从二百多米外的老连队驻地跑来，这些家伙手中提着砍刀、木棍，也有十几支火药枪，将刚刚冲上楼去的十几个知青堵在二楼。

阿雪向本连的那些四川知青介绍着杨之洋："这是我杨大哥，打架最厉害，待人最仗义，跟着他吃不了亏。"

杨之洋被阿雪几句赞扬搞得有点晕晕乎乎了，一挥手领着二十几个知青就往楼上冲，他已经不在乎打这场架有什么意义了。

其实，当他穿着国防绿，脚登大回力，带着一尺半宽的红袖章在北京街头打架时，也是毫无意义的。任何一个时代的年轻人由于精力过剩，都会寻找一种方式进行发泄。古今中外皆是如此！

一堆石子从楼上甩下来，打得进攻者连连后退，可还是有几个人头破血流。

进攻者打响了火药枪，可防守者同样有火药枪，双方频频对射着。一股股火光在夜空间喷发，一片片砂粒下雨般倾泻，一时间，谁也占不了便宜。

一个四川知青跑回连去，拿来了两顶钢盔，自己戴上一顶，给杨之洋戴上一顶。这是这家伙从河口县边上那座山头上的高炮营驻地偷出来的，没别的意思，只为了好玩，现在派上了用场。

阿雪所在连的连长和指导员赶来阻止这场战斗，可毫无效果，因为本连知青理由充足：“是他们打到我们连来的。毛主席教导我们，人不犯我，我不犯人，人若犯我，我必犯人！一定要赶走侵略者!”

一九七九年，这些四川知青有人喊着同样的口号冲进了越南，并立了三等功。

可现在，他们得到的最多只是处分。

连长和指导员无可奈何，而老职工们又绝不愿管知青们之间的事，他们都拖家带口，有一点点小产业，犯不上为此而和那些野性十足的家伙结下冤仇。

连长和指导员只好电话通知来犯的知青所在连队。那个连队的连长和指导员赶来后，收到的同样是毛主席语录：“凡是反动的东西，你不打他就不倒。”

没有办法，两个连的领导只好打电话逐级向上汇报。

没有人干涉了，楼上楼下两拨知青打得更加热闹，直到深夜还不分胜负，于是两边的人都分成两部分，一部分睡觉，一部分继续进攻和防守。

师政委被从梦中惊醒，他晚上多喝了点酒，睡得很香，秘书敲了有十分钟门才听见动静，而且是一句粗话。

师政委是到××团一营来搞批判林彪十大反动观点试点的，今天是批判“天才论”，十几篇发言稿都写得不错，其中一篇当场被报社一个记者拿去，说是要发表。

师政委当然高兴，回到团部招待所和团长一同多喝了几杯，想睡个安稳觉，没想到被人从梦中叫醒。

“什么屁事?”他吼着。

“有两个连的知青在搞大规模武斗，不仅用刀，还用上了枪。”秘书紧张万分地隔着门汇报。

师政委一下睡意全消，他想起了把越侨赶过南溪河的河口武斗事件，若再在他的属地发生这类事件，恐怕他的乌纱帽戴不牢了。

他连忙穿上军装，被子也没叠，就开门出了屋。

只见团里几个领导已经衣冠整齐地站在外面，听候他的指示。

“走，看看去。”师政委一挥手。

“得带上警卫连吧？”团长边问边递上来一支五四式手枪。

这倒不是团长的多虑，知青们红了眼，什么事都干得出来。当然，这也是为了给自己的部下壮胆。

有一次，团部警卫连抓到一个杀了人的逃犯，痛打一顿之后，关进了临时监狱。没想到那个犯人弄开了手铐，拆下一个床腿砸开了门，冲出了临时监狱，想继续逃跑。正巧警卫连一个小伙子出来小便，看到情况不妙，回屋抓起冲锋枪就是一梭子。

枪声一响，附近团部二层楼里一些有枪的人们不是冲出来察看情况，而是接二连三将房门关上，又急又重，发出一声接一声的“砰”响。

还是侦察兵出身的团长率先提着枪冲下楼来，看到那个逃犯双腿已被子弹打断，瘫倒在地，被警卫连的人用枪逼住。

团长气得跳着脚痛骂他那些参谋干事：“要是在战场上，老子统统毙了你们！”

不过，骂归骂，团长知道他这些没打过仗的部下一天两天内不会把胆子养大起来，所以提出带上警卫连去处理知青的大规模武斗。

师政委点点头：“赶快备车，出发！”

五分钟后，三辆北京吉普拉着干部，两辆卡车拉着警卫连的战士，在黎明前的黑暗中向四营驻地进发了。

鱼肚白抹亮东方起伏的山林时，杨之洋正要从楼后面借一根竹竿爬上楼去，他想在四川知青面前显显身手。

不远处，那个头戴钢盔，端着一支长杆火药枪的四川知青突然大声吼叫起来："口令！"

他现在是充当哨兵的角色，专门监视路口方向，以防楼上的知青有援兵到来。

朦朦胧胧之中，他看见小路上出现了一大团黑影，分明是一群人疾步走来，所以便大喝了一声。

对方没有回答，只是前进的速度更快。

他扣动扳机，朝天一枪，算是报警。然后撒腿便跑。

可是，两个年轻人扑了上来，一下子把他摔倒在地，用他的腰带把他捆了起来。

来的人正是师政委和他的部下们。

"他娘的，瞧你这打扮，像个日本鬼子，这好看吗？"师政委骂了一句。

警卫连的几十个小伙子这时候已经端着手枪和冲锋枪把楼给包围起来，进攻和防守的知青无一漏网。

杨之洋非常遗憾，他其实已经爬上了二楼，马上就要扑进屋内，可那些防守的知青们却在师政委的喝斥下，乖乖丢下了手中的武器。

师政委看看几十个狼狈不堪的年轻人，突然从脚上脱下解放鞋，朝每个人的屁股上狠狠地拍了一下，然后大声宣布："全团通报，每个人记大过一次！"

一连的指导员走了过来，在师政委耳边小声说了几句什么。

师政委立刻跟在这个指导员身后，到了还没全部使用的这幢二层楼的一楼一个房间。

指导员一脚踢开了门，只见两张并在一起的竹床上，两男两女四个知青赤条条地睡在一起，由于过度困乏，竟然还没醒来。

女的是阿雪和那个与她一起被欺负的女知青，男的是同连的两个知青头。

“这，这……”师政委一时气得说不出话来。

杨之洋看到这种情况，心脏突然一阵剧烈疼痛。他冲进去，一把抓住阿雪的头发，另一只手左右开弓一连抡了七八个大耳光，打得阿雪顺嘴角往下淌血。

师政委惊异地看着杨之洋，突然一挥手，命令道：“回团部，今天还要在一营开批判大会呢!”

杨之洋走在橡胶林中的小路上时被披头散发的阿雪追了上来，一把抱住了他。

杨之洋“哼”了一声，狠狠地推开这个不要脸的女人。

阿雪一下子跪了下去：“杨大哥，你打我吧，使劲打!”

杨之洋是个吃软不吃硬的汉子，但这次他软的也不吃了，因为他觉得受了欺骗，他本以为是救了一个纯洁的少女，为了她当然也是为了顺子的情谊，还参加了一场不大不小的械斗，没想到她却在他眼皮底下和别的男人鬼混在一起，这使他的自尊心受到了莫大的伤害，产生了受辱之感。

但是，他又有点不明白，在河口县露天剧场的舞台上阿雪曾坚决地拒绝了一个知青对她的肉体要求，而为什么天没亮，她却又变成和一个淫妇一样了呢！不过，他不想知道这些，对女孩子的心他总是觉得无法了解，所以也就不会去想办法了解。关键是，他不是那种看见漂亮女人就想弄到手的色狼！

他绕开跪在他前面的阿雪，继续走他自己的路。

阿雪继续扑上来，抱住他的双腿，痛哭着，嘶嚎着："杨大哥，你一定要听我给你讲，我对不起你，但我对得起顺子！"

听到这句话，杨之洋站住了，他听得出这里面有什么奥秘之处。

"杨大哥，你坐下。"阿雪泪流满面地乞求着。

杨之洋犹豫了一下，坐了下来。

阿雪一下子扑到他怀中，死死地搂住他，像久别的亲人，也像一个垂死的人抓到一根救命草，上气不接下气地哭了整整半个钟头。

杨之洋感到了一个柔弱的女孩子一颗受尽委屈的心在跳，他的愤怒先自消失了。而后，他听到了一个悲凉而又令他感动万分的故事。

顺子的父亲因为有反对林彪的言行，而被判处了无期徒刑，他母亲一急之下，心脏病发作而身亡。因此顺子虽然是个军人的后代却不能走后门当兵。

林彪垮台之后，顺子的父亲依然没有被放出来，而是更换了一个罪名：反对中央军委和中央文革，继续关在监狱之中。

顺子有一个年龄不大的妹妹，他来云南插队时才刚刚十岁，所以每个月都必须寄回家去十五元钱给她当生活费。

顺子死后，阿雪便将这个负担承接过来，依旧按月给顺子的妹妹寄钱。

作为一个月只有二十八元收入的阿雪来说，这是非常艰难的，何况她自己出身于一个普通工人家庭，绝不可能得到家庭接济，渐渐地，她感到力不从心了。

十五元和十三元钱刚刚可以使两个女孩子不饿死，但还要穿衣，还要有一些生活必需品，这点钱显然不够。

本来，阿雪可以写信告诉顺子的妹妹自己的艰难，但对顺子的爱，四川姑娘的善良、坚韧使她采取了另外的方式。

她出卖了自己的肉体。

在当时，一个女知青出卖肉体可以得到党票、团票，可以被招生、招工、招干，可以使自己的命运来个彻底的改变。

然而，阿雪出卖肉体只是为了得到钱，用这个钱去养育死去的情人的妹妹！

××团内有十几支从广西来的建筑队，专门承包兵团的建筑物。

说来奇怪，××团每个营都有一个基建连，可这些基建队的盖房速度令人愕然，一幢十几间的平房要盖一年。而广西来的包工队平均一个半月到两个月就可以盖起来。还有建筑材料的问题，从蒙自砖厂拉来的砖，不但破损率高达百分之二十以上，而且一块砖的成本要一角五分。广西包工队就地取材烧砖一块只卖五分钱。

所以，××团为了尽快解决职工住房问题，长期使用着包工队，即使在清理包工队时，××团也从没有把他们赶走。

广西的包工队一般都是十几二十几个人，大部分是男人，有两三个妇女负责做饭和干些轻活。

了解内情的人则知道，这两三个妇女晚上还挣着一份钱，就是解决这些长期在外的男人们的生理问题。

每个包工队都有个包工头，专门负责联系业务，所赚之钱大部分进了这种人的腰包。

到了八十年代，这些人中不少成了建筑公司的总经理，能承包几十层高的大楼，个别人还成了改革先锋、劳动模范。

阿雪赚钱的对象就是这种人。

她心理上虽然有诸多障碍，但行动时却没费多少功夫，因为腰里有钱的包工头早对建筑队里的村姑厌烦了，有漂亮的四川城市姑娘送上门来，当然求之不得。

阿雪以每次十元的价格出卖着自己的身体，但她坚信自己的灵魂和爱是纯洁的。

她绝不和男知青干这种事，这是她的一个原则。

当然，没有不透风的墙，有些人知道了她的行为，便也找上门来，但凡是知青就会统统被赶走。

这样，她便每个月给顺子的妹妹寄三十元钱，自己也能剩二三十元，过得不那么艰难了。

在河口县露天剧场的舞台上，就是知道她有这种行为的两个知青也想出钱占有她。

她不同意，另一个女知青没有她这么坚强，而且那个女知青已经当过几个男知青的睡觉朋友，所以不再拒绝。

杨之洋救了她们又送她们回连队后，遭到痛打的男知青带人来报复，阿雪怕杨之洋一个人吃亏，便去找本连的知青头相助。

知青头提出了报答的条件，就是要和阿雪睡一觉，当时情况危急，阿雪迫于无奈，答应了下来。

结果，在后半夜轮流休息的时候，两个知青头把阿雪和另一个女知青叫到了房间内。

杨之洋抓起阿雪的手，往自己脸上狠狠地打着。“阿雪，是该由你打我呀!”杨之洋惭愧地叫着。

这时，阿雪已经停止了哭泣，但依然还靠在杨之洋胸膛上，双手紧紧握住他的大手，认真地问:“杨大哥，你还恨我吗?”

“不，不。”杨之洋拼命摇着头。

阿雪露出了一丝欣慰的笑，接着又问:“杨大哥，那你会喜欢我吗?”

杨之洋点点头，他无法不喜欢这个为了爱，为了善良而做出这么大牺牲的女孩子，但这种喜欢纯粹是一个兄长对小妹妹式的，绝不掺杂任何性的成分。

他发现，女性比男性更富于献身精神，田萍、孟丽，直到这个阿雪，都能证明他的这个发现。

阿雪依偎得更紧了，喃喃地说道:“杨大哥，孟丽姐死了，你不孤独吗?”

杨之洋不能不承认这一点，他轻轻“嗯”了一声。

阿雪的声音更低了:“杨大哥，顺子死了，我也很孤单，很需要一个人保护，杨大哥，我相信你，只有你能保护我，让我代替孟丽姐好吗?”

这绝对是出乎杨之洋意料之外的请求，若不是刚才阿雪讲了一段感人的经历，他那“朋友妻不可欺”的观念会让他大骂阿雪一顿!

但现在他骂不出口了。

他松开了一直撑着地的手，摇摇头:“阿雪，做我的小妹妹吧，我，我不能代替顺子呀!”

阿雪悲伤起来，眼泪又成串涌出眼眶，她怨恨地说:“我知道，你是嫌弃我，是看不起我，是把我当成一个坏女人。好吧，你不要我，我就去找所有的男人，当一个真正的坏女人!”

杨之洋不知所措了，他根本不会安慰女人，但他知道女人一旦爱起来有多么强烈，他不能因为自己的自尊而使一个女孩子真的滑入不能自拔的深渊。

他长长地叹了一口气，点点头：“阿雪，我答应你。但我也有一个要求，别去包工头那挣钱了。我写信给我父母，让他们把顺子的妹妹接到我家去。”

“你真好!”阿雪紧紧搂住杨之洋的脖子。

若干年以后，杨之洋花了三万美元，为阿雪和顺子的妹妹买了两张哥伦比亚的护照，又给她们每人一张一万美元的支票和一张经纽约转道南美的飞机票。

他一丝不苟地做到：他绝不欠这个世界任何一点东西，也不许这个世界欠他!

第十章

百年未遇的山洪冲垮类人猿的乌托邦——饥饿的日子满山找蛇抓老鼠吃——偷光老乡的鸡，四个女知青十分钟解剖一头猪——做防蚊药剂试验以住进医院为代价换来十个鸡蛋一包奶粉和一斤肉

红河水变清了，这对于红河两岸的人们并非是好事！

杨之洋偷渡到红河对岸和苏联大兵开那个小小的玩笑时就发现红河水不红了。不过，他并不知道两岸还活着的人从没见过红河水不红。

从生态环境专家的角度看，当然希望红河水能像南溪河一样清澈见底，因为红河之所以红是两岸植被被毁，大量红土壤被冲刷进河床所致。但是，两岸人民却认为红河水变清是不祥之兆。

果然，八月份接连半个月的大雨使红河水暴涨，以至于酿成灾害。

红河两岸的公路和住房都是在有历史记载以来红河最高水位线三米以上修建的，也就是说，有绝对的安全

保险系数。

然而，这场洪水却冲垮了两岸数以千计的住房和几十公里的公路线。

可以说，这是一场历史上从没有过的特大洪水。

南溪河也同样发生水灾，冲垮了几处铁路，将两个车站泡在水中。河口县城对外的交通全部中断！

第一次洪峰刚刚到达时，内陆的连队被紧急动员，到沿红河和南溪河的连队去参加筑坝抢险工作。

杨之洋和全体知青当然率先上阵了。他们去的是南溪河畔的六连，那里离南溪河只有五十米，平时人们都到河边洗澡、洗衣服，而现在河水已经淹到了第一排住房的墙根。

由于这里是坡地，所以从没有筑过坝，杨之洋他们去的任务就是帮着搬家，把公家和私人的东西挪到处在最高点的连队食堂里。

然而，刚到半夜，只听一阵海啸般的声响由远及近，电灯骤然熄灭，第二个洪峰以排山倒海之势扑了过来。

人们都扔下手中的东西，纷纷向山上逃窜，顿时一片孩子哭，大人叫。

朦胧中，只见一排排房子玩具似的在水中跃动了几下，纷纷倒塌了，被认为最安全的食堂，也进了一米多深的水。

“王珊，王珊！”一个北京男知青突然狂喊起来，向洪水中扑去。

“哥们儿，怎么啦？”杨之洋忙拉住他，大声问。

“王珊，我的女朋友，她，她没上来……”这个北京知青急得泪都落了下来。

大雨倾盆，乌云压顶，使人的视线非常模糊，根本发现不了河水中的目标。

两个连的领导都不敢贸然派人下水，怕造成更多的损失。

“有绳子没有？我下水！”杨之洋最不怕的就是玩命，他大声叫着。

带队抢险的王连长咬咬牙，让人递过一条绳子。

杨之洋将绳子一头扎在自己腰中，另一头塞到王连长手中：

“连长，我这条命可在你手中啦。”说罢，杨之洋下了水。

他一个猛子接一个猛子地扎进河水深处，在还没有完全倒塌的房子内搜寻着，最后终于摸到了一个柔软的肉体，使劲拉出来，升上水面，拼命抖着绳子。

王连长感觉到了，命令几个人一同往回收拢绳子，一分钟后，杨之洋抱着一个女知青到了坡地上。

那个女知青已经死了，怀里紧紧抱着一把小提琴，她是在拿这把小提琴时被洪水封在了房屋内。

她若是抱着一个毛主席像，哪怕是一本毛主席语录，就可以使她的死变为比泰山还重，就可以被大张旗鼓地宣传，能够被隆重地开追悼会，还可能受到革命烈士待遇。

然而，她却抱着一把小提琴，而且这把琴还不是公家的。

那个男知青两眼发直，什么话也说不出来，当即精神失常了。

后来，他被送到昆明的一家精神病医院治疗，但中途又跑了出来，坐火车回到河口，来到了六连。当时人们都在出工，他便把所有晾在外面的衣服统统扔进南溪河，嘴里还念念有词：“去吧，灵魂也需要衣服，给她多准备几套衣服……”

杨之洋参加的抢险工作第三天便中止了，不仅因为六连基本被毁灭，已经无险可抢，只剩下自救了，关键是他所在的八连也发生了危急情况。

整整一面山坡垮了下来！

当王连长带领几十个知青赶回八连时，那里的人们也正忙乱成一团。

一块种植着木薯的坡地滑落了下来，按术语叫滑坡。

这块几十亩大的滑坡冲垮了一间厕所和半个猪场，而且有继续下滑的趋势。若继续下滑的话，就将危及包括连部在内的一排宿舍了。

王副指导员和陈副连长正在研究这排宿舍内的人和财产是否撤出的问题。

杨之洋可不想听这些，他一路奔跑到了泥浆过膝的后山坡上，他此时最关心的是他的那个乌托邦。

乌托邦这个词是他学马列著作时听说的，他学马列著作从没有自愿过，都是开大会时听别人宣讲。

有人宣讲马列著作时注释了一下乌托邦这个词，杨之洋觉得有点意思，他就在猪场后面也搞了个小乌托邦。

猪场后面是猪饲料地，一面山坡，有一百多亩，种着木薯、苞谷和蕃薯，专门供猪吃，有时人也尝个新鲜。

杨之洋在休耕的一块约有三亩地的地方搞起了自己一个小天地。

外圈是三排香蕉树，中间是三排菠萝，内圈是三排橘子树，中间用竹子搭了三间草棚，一间养了三十只鸡，一间养了三十只鸭，剩下一间供他休息使用。

在猪场干活儿，每天也有不少空暇，足以有时间有精力使他经营自己这块小天地。阿雪曾来找过他几次，他都是在这里接待她的，还给她烧过鸡和鸭吃。

连里表扬过他的这种做法，因为他表示一切收获都归集体。王副指导员和王连长还想把他推荐为全国劳动模范，记个二等功，不过因他屡次带头参加械斗，早在团部挂了号，又出身反革命家庭，最终未能实现。

半年多时间，香蕉树有的开始结果，菠萝第二年肯定收获，橘子树死了几棵，但大部分长得不错，鸡和鸭都开始下蛋了。

没想到，这个大滑坡使他的一切心血付之东流。

他那三亩小天地的原貌已经看不到了，只见一片泥浆中盖着一层木薯枝叶，一个个胳膊粗的木薯伸出泥土，像不屈的生灵将拳头愤怒地指向天空。

杨之洋第一次感到大自然是这样无情，也第一次感到自己这样渺小，在残酷的大自然面前这样无能为力。

他跌坐在泥水中，仰起脸来，张大嘴，吞食着冰冷的雨水，好像这样才能使自己的失望减轻一些，也好像这样是对大自然的一种微不足道的报复。

以后，当这场灾害过去，杨之洋也没有恢复这个小乌托邦。

他不是缺乏勇气，而是缺乏信心，更准确地说，他开始重新估价自己在这个世界的位置了。

他忽然觉得自己的青春不应仅仅是和猪、鸡、鸭，香蕉、菠萝、橘子、木薯、苞谷打交道。这个世界上，还有多少富于风险和刺激的事情可以干啊！

十五天后，大雨停歇了，一缕似乎已经消失了一个世纪的阳光艰难而倔强地刺穿浓厚的乌云，倾泻到大地上。

对整个地球来说，没发生任何变化，而对红河两岸的人们来说，却如同刚刚逃出地狱之门。

××团团部下达了立即恢复生产的一号命令，指示大灾之年橡胶不仅不能减产，还要夺得高产，相信用毛泽东思想武装起来的兵团战士能战胜一切困难。

然而，反馈回团部的却是一连串请求紧急救援的报告：

×营××连已无口粮，急需调拨口粮一万斤。

×营××连住房全毁，急需调拨油毛毡一百捆。

×营××连已无菜、无粮、无盐三天，妇女儿童急需营养。

×营××连发生大面积瘟疫，初步诊断为疟疾，请立即派出医疗队。

全团近百个连队有八十多个派专人送来了报告，因为全团范围内的电话线已经基本上都被洪水冲断。

团长无可奈何了，继而大声叫骂。

他不能不骂，同样是这一场水灾，越南处于下游，发出告急后，中国政府、苏联政府、朝鲜政府、民主德国政府……甚至联合国都立即拨出紧急救济款，还有专机向灾民空投大量食品、药品、衣物，医疗队也乘坐直升飞机火速抵达灾区。

可××团到现在只接到兵团司令部发来的一份慰问电，据说还免费赠送一车皮咸菜，可铁路线尚未修通，还不知何时才能吃到这一车皮咸菜。

“进行自救！”团部开了一夜会议之后，下达了一个这样的命令。

于是，各连按照各自领会的意思开始了自救运动。

房屋好办，满山都是竹子，砍下来半天就能搭起临时住房，只要不再下大雨，野芭蕉叶当顶也能凑合。

关键的是食品。

还没成熟的玉米、喂猪用的木薯、蕃薯和从泥水中捡出来的菜叶，都成了人们的盘中餐。一些农业连队将稻种已吃了下去。

但是，缺乏肉食，儿童们受不了，不仅仅是营养不良，而且孩子们根本咽不下去那些粗糙无味的东西。

人们开始上山打猎。

其实没有什么大猎物可打，无非是些蛇、鼠、山鸡、穿山甲、野猪之类的东西。

当地人和湖南移民过来的农场老职工本来不吃蛇肉，他们打到蛇，只是剥了皮，将皮晾干，拿到河口县城的供销社去卖，蛇肉就挖个坑一埋。后来有一群广东人跑到这里来收购各种蛇，尤其是毒蛇，人们才知道蛇肉可以大补，便也开始吃起来。

知青们刚来时，还常常可以见到蛇，到一九七九年大溃退时，已经很难见到蛇影了。

至于鼠，并不是让人一看就恶心的老鼠，而是一种肥肥胖胖、专门吃竹子根的竹鼠，肉很细腻香甜。

穿山甲、山鸡、野猪都不太容易打到，但几百人围住一个山头，地毯式寻找，还是常常能捕获的。

人们扛着锄头，带着砍刀，满山遍野地打着能碰到的任何一种有肉的动物。凡是看见洞就掏就挖，后来山上一个一个的坑就是这个时期人们的杰作。

在最饥饿的时候，陷入半疯狂的人们不惜吃死去的病猪病牛，甚至已经被检疫站宣布有传染病的牲口，被深埋地下，也被人们刨了出来，就地架火，烤熟吃了。

令人惊奇的是，这些人吃后居然什么后果也没发生，不知是他们抵抗力强，还是检疫人员的失误。

当地驻军一匹战马不慎从断谷上摔下去，医治无效而亡，部队按照惯例为这匹战马举行了安葬仪式，并立了碑。

当天深夜，这匹马便被挖了出来，不知弄到哪个连队被分吃了，气得饲养员端着一支冲锋枪到处找挖马吃的人，要和他们拼命。

最后有人良心上过不去，将马头和一堆不知是什么的骨头又悄悄埋回了那个坟墓。

曾经有人感叹过："幸好没发现吃人肉的，否则不又成了一九六〇年了吗？"

其实河口属亚热带地区，到处有常青植物，终究不会饿死人，也就不至于发生吃人现象。只不过人们在饿不死的基础上还想吃点肉以补充营养罢了。

知青们偷老乡和老职工的鸡吃绝不是从杨之洋开始的。当然，后来他也加入这支偷鸡大军，并发明了不少偷鸡高招。

河口一带人们养鸡并无鸡笼，而是在住房附近的山坡放养，一般是在橡胶林梯田的坡壁上掏一个洞，里面垫些稻草，洞口钉两根竹桩，插一个竹排当门，便是鸡窝。

这种养鸡法有不少好处，一是可以防止鸡瘟传染蔓延，二是山上杂草间小虫很多，有充足的食物供鸡吃，三是鸡的臭味不会污染住宅区。

每天早晨，将鸡放出，天黑时鸡会各回各窝，主人摸走鸡蛋，关上竹门就行了。

多少年来，从不会发生丢鸡丢蛋之事，只是偶然有蛇吞食小鸡。

然而，知青们来了之后，鸡和蛋开始不断失踪，在这场洪灾之后，更酿成了大规模的偷鸡运动。

在平均一个月只能吃到三两肉的地方，能吃上鸡肉当然是过年一样的好事。

一开始，杨之洋并不愿干这种狗鼠之辈才干的事情，可有一次阿雪不慎怀孕，做了人工流产后，失血过多，确实需要补一下身子。

杨之洋跑遍了河口街，也没买到一只鸡，好不容易有个老太太答应卖给他一只，索价二十元，几乎是他一个月的工资。

一怒之下，他把这老太太的鸡给拧断脖子，塞进苏联大兵的背包内，偷走了，给阿雪熬了一锅鸡汤。

这次洪灾过后，他当然还是惦念阿雪的身体，便又去偷鸡了。

不过，他不偷本连的，专门去偷河口县居民的鸡，似乎河口县居民都是他的仇敌。

本来夜里偷最方便，拉开竹门，伸进手去，抓住鸡脖子，使劲一拧，塞到翅膀下，就完成了一项“杰作”。

然而，后来一些居民到了晚上便用一个竹笼子将鸡收回家去，白天再放出来；有的居民在鸡洞口摆上铁夹子，或挖上陷阱，陷阱内扎满竹签，像越南南方人民对付美国兵一样。

杨之洋便改在白天下手了。

他先采取钓鱼的方式，用一根鱼线上面挂个鱼钩，鱼钩上穿上一个肥大的蚂蚱，当鸡吞食蚂蚱时，他猛一拉鱼线，被钩住嗓子的鸡便拉到了身边。

后来他干脆做了一支弩箭，像打野猪一样去打家鸡。

在整个××团内，偷鸡简直已经成了一种不是不光彩的行为。

据说这种行为在整个云南生产建设兵团，以至于全国有知青存在的各个地方都普遍发生，成为一种广泛的社会现象。

一师有个知青头，心血来潮要为女朋友的生日摆个百鸡宴，一声令下，两个小时以后，二百三十一只大大小小、肥肥瘦瘦的鸡便扔满了他的门前。

××团某连的鸡被全部偷光了，一个老职工的老婆做月子，这个老职工高价买来一只鸡，因要出工，来不及宰杀，便把鸡关进一个箱子，把箱子放进粮食柜，又把厨房门锁上，以为万无一失。

然而，当他收工回来在南溪河边洗锄头时，看见自己那个箱子正在河边打转，他捞过箱子，打开一看，里面是一堆鸡毛和鸡内脏。结果，他只好把鸡内脏给产妇煮了一小碗汤喝。

一时间，几乎没有人再敢养鸡。

偷鸡吃还不过瘾，终于有知青向猪圈里的猪下手了。

当时兵团绝不允许私人养猪，因此猪都是集体的。洪灾过后，百斤以上的猪都已经杀光、吃光，剩下不多的小猪还要做长远打算，否则以后就再也吃不上肉了。

杨之洋所管的猪场也是同样，由于滑坡没有再发展，所以还剩十多间猪舍，里面关着一头种猪，三头母猪，剩下二十多头都是半大的猪崽，起码再养半年才能屠宰。

由于有了知青偷猪事件的发生，所以连里命令他和那个老饲养员轮流住在猪场值班，并破例发给他们十颗子弹，遇到紧急情况可以鸣枪报警。

因为敢来偷猪的绝对不会是一个人。

杨之洋在值夜班的第三天就发现有人摸到了猪场。

他抓起四节电池的手电筒和五六式半自动步枪，几个箭步便冲到了刚翻进猪舍的一团黑影边上。

电筒光一亮，他不禁大吃一惊，竟然是四个女知青，而且从模样和年龄看，必是四川姑娘无疑。

再照一下猪舍的猪，更令杨之洋目瞪口呆，从他发现她们翻进猪舍到他将她们照住为止，也不过半分钟左右时间，一头七八十斤重的猪已经躺在血泊中抽搐了。

显然是一刀正中心脏！

“手够狠的。”这是杨之洋的第一句话。

“大哥，求您高抬贵手了。”那个手里还抓着血淋淋的尖刀的女知青低声说。

“我要是不想高抬贵手呢？”杨之洋当然不愿意被连里人指责一米八零的个子连几只猪都看不住。

“咱们都是知青，亲不亲一家人嘛。”这个女知青还有点油腔滑调，显然早没有了少女的纯真。

“可我身在其位，不得不负点责任。”杨之洋抬了抬枪口。

这个女知青扔下了手中的刀，一个一个解开衣服扣子，又将胸罩向上一推，露出一对雪白丰满的乳房。

“大哥，我不白拿这头猪，行不行？你若看不上我，她们三个你随便挑，我这表妹还是个处女，反正这年头活着都没意思，留着个处女身有什么用。”这个女知青推过一个留短发的胖姑娘。

杨之洋的枪口放低了，他不会应付这种场面。

若是几年后他参加了中越边境反击战，可能会长点经验。

一些越南女兵在抵抗不住中国军队进攻之时，就会脱光衣服，赤条条地爬出战壕或山洞，面向中国士兵做出各种丑态。而当那些从没见过女人裸体的中国小伙子面红耳赤、扭回头去时，她们又马上抓起机关枪一阵猛扫。

以后，中国士兵知道怎么对付她们了，不把武器全部扔出来，就一律击毙！

杨之洋此时此刻也同样是垂下头去，恼怒地斥责着："别他妈说傻话，我杨之洋从不会占女人这种便宜。"

而四个女知青也没有趁机给他一刀，或者逃跑，只是问："那你说怎么办？"

按杨之洋原来的意思是把她们押送到连部，由连领导处理，而现在他却不大想这么干了，可能确实是"知青一家人"那句话打动了他，使他那天生的同情心又萌发出来。

他问："为什么要偷猪？"

"想吃肉，太想吃了。我们连的猪全被大水冲到越南去了，几十个孩子天天哭着要肉吃，还有一个知青生了小孩，没有奶，需要煮猪脚汤下奶。"一直油腔滑调的女知青声音低沉了，顺手又推出一个穿黄军装的女知青。

这个女知青脸色惨白，身躯干瘦，一声不吭，眼中含着泪水。

杨之洋想起阿雪做了人工流产后他不得已去偷鸡的经历。

"你们杀得了猪？"杨之洋问。

"忘了告诉你大名，我叫俞香梅。"那个为首的女知青有点自豪地说。

杨之洋听说过这个名字，她是全团的知青模范，主要事迹就是干了以前女人们从不敢干的事：劁猪和宰猪。

“好吧，你要十分钟之内能把这只猪解剖干净，就把猪拿走。我杨之洋宁肯背个臭名了。”杨之洋其实从内心中已经完全同意四个女知青把猪拿走了。

俞香梅说了声：“看好表。”然后蹲下去，抓起尖刀，解剖起猪来。

十分钟过四十秒，猪皮被剥下，猪头切在一边，排骨、肋骨剔了下来，四只猪腿摆成一排，内脏堆成一堆。

俞香梅满头大汗，扔下尖刀，傲视着杨之洋。

杨之洋长长地出了一口气，挥了一下手。

俞香梅不相信似的问：“真的放我们走？”

“连猪一起拿走。”

“你不留一块？”

“别废话，那么多孩子等着吃呢！”杨之洋转身向堆放猪饲料的屋子走去，那里临时安了一张床，点着一堆稻糠熏蚊子。

四个女知青不约而同冲杨之洋的背影跪了下来。

杨之洋回头又骂了一句：“以后膝盖硬一点，别见人就下跪！”

四个女知青用带来的绳子把猪肉一捆，除了一汪鲜血，一点东西没留，匆匆向自己连队的方向走去。

第二天，杨之洋主动写了一张小字报，贴在连部，说自己阶级斗争警惕性不高，是个大笨蛋，睡觉昏了头，被人偷走了一头猪。

人们私下议论，怀疑是杨之洋勾结外连知青做的案，但没有人敢当面说他，怕被诅咒。

杨之洋把真实情况告诉了王连长和王副指导员。

两个连领导相互看了一眼，不约而同长长地叹了一口气，什么批评的话也说不出来了。

多少年以后，早已经又恢复成农场建制的一分场八队收到一张火车站的领货单，派人去车站一看，原来是一头重达二百五十公斤的纯种美国瘦肉型公猪，发货人是杨之洋。

已经退休的王副指导员知道这件事后，一下子老泪纵横，他仰天长叹着："知青们啊，是我们对不起你们呀！现在有的是鸡，有的是猪，你们不用偷，天天来吃吧。可你们为什么又不来了呢！"

没有一个知青恨自己插过队的地方，可他们也不爱……

以后有一批功成名就的知青作家被邀请回农场参观，他们除了一番感慨之外，没有留下任何痕迹。

他们无非是想炫耀一下自己而已，正如一些显贵们衣锦还乡。

在那场水灾延续的日子中，杨之洋有幸吃到了十个鸡蛋一包奶粉和一斤肉，与之享有同样待遇的还有五个知青和四个老职工。

获得这种待遇的代价是由于试验一种防蚊药剂而头昏、恶心、四肢无力被抬进医院。

据说是为了战备的需要，部队某医药试验所试制出了一种适用于亚热带丛林战争的先进防蚊药剂。

这种药剂装在小瓶中，抹到裸露在外的皮肤上后，八小时内亚热带丛林中常见的蚊虫不会袭咬人体。

其实这种药剂并不仅仅适用于战争，凡在蚊虫较多地方生活的人们都需要，其社会价值显然很大。

这种药剂被拿到云南生产建设兵团××团杨之洋所在的连队进行人体试验。

试验前，一个部队来的科技人员先做了宣讲，说这种药剂是从中草药中提炼出来的，无副作用，在兵团进行试验是对兵团战士莫大的信任等等。

王副指导员不太相信这些话，中草药就无副作用吗？那吃两片叶子就能置人于死地的断肠草不也是中草药吗？至于信任兵团战士更是屁话，部队中的士兵经过严格的政治审查和身体检验不更该被信任吗？

不过，他没把这些怀疑讲出来，自从“文化大革命”开始以后他为自己培养了一个最大的优点，就是学会了沉默。

在变幻无穷的政治环境中，沉默是最好的防护网。

并不是大部分人都产生了王副指导员这些疑点，甚至很多人愿意主动去做这种毫无科学保障和人身保险的试验。

最后，选中了杨之洋等十名身体强壮的年轻人参加为期十天的涂药试验。

刚刚抹了三天药，这十个人就都受不了了，假若仅仅是药效不大，抹药后一个小时蚊虫便又来叮咬人倒还问题不大，关键是十个人都像得了严重的肝炎病一样，头昏、恶心，四肢无力，头冒虚汗，脸色蜡黄，躺在床上一动也不想动。

主管试验的部队人员连忙打电话给附近一个驻军医院，派来一辆救护车，把十个人全部拉进了医院。

住了一个星期院后，十个人逐渐恢复，又被送了回来，部队以热情慰问的形式每人送了十个鸡蛋、一包奶粉和一斤肉。

杨之洋当场就把鸡蛋和肉煮煮吃了，在他记忆中已经两个月没有吃过这种东西，即使住在部队医院也是天天吃素，据说是他们发生的症状不能吃荤。

后来有人怀疑那种药剂并不是防蚊用的，而是有什么别的用途。

不过，杨之洋可不愿意这样怀疑他一直想加入的一支伟大军队，他宁愿相信任何试验都有失败的时候。

那个主管试验的军人宣布试验取得了伟大的成绩，基本上是成功的，有些不足之处再进一步改善，他相信部队很快可以装备上这种药剂，也会为兵团战士们大量供应。

一直到一九九零年，在中国任何一个行业中也没有听说有一种能使蚊子不咬而又不伤身体的药剂使用。

蚊香市场依然庞大，成都一个姓杨的人靠卖蚊帐成了全国有名的百万富翁。

不过，杨之洋还是感谢这次防蚊药剂试验，否则，他怎么能在大部分人还在把咸菜当成主要副食品的时候吃上鸡蛋和肉呢?!

那包奶粉他送给了阿雪，而阿雪也一直留着一块家乡寄来的腊肉在等待他。

在那贫困的日子中，一块没有包装纸的糖都会成为爱情的表示，甚至是信物!

第十一章

师政委忽视了新华分社社长的通天地位——报告送到中共中央政治局——血泪大控诉和悄悄宣布打胎不要证明——十挺机关枪架在了宣判大会的制高点

杨之洋看得出来，四川省革命委员会知青慰问团和北京市革委会知青慰问团有着本质上的不同。

听说慰问团阵容庞大，仅到××团的一个支团便有上百人，而且在河口火车站一下火车，二百多四川知青便扑了上去，和其中一些人抱头痛哭。

随团而来的报社、电台的记者中不少也有亲属在这里插队。

四川知青慰问团只在团部吃了一顿饭，根本不住招待所，立即分赴各营，到各营后，又直接深入到各连，与子女亲属吃一样的饭，睡一样的房子，还和子女一同参加劳动。

他们这是真正的慰问，而且得到了大量知青在兵团遭受苦难的第一手资料。

报纸上关于知青接受贫下中农再教育，战天斗地换新颜的报道他们不是不信，但他们本能地知道还会有另外一面。

到一营八连的几个四川知青慰问团的成员召开了一个只有知青参加的座谈会，请他们谈插队几年来的体会和意见。

杨之洋在十三连被绑在马棚中让蚊子咬了一夜的事使其中一个记者大吃一惊，飞速记录了下来。

十天以后，四川知青慰问团离开了云南生产建设兵团，但一份厚厚的材料被送到了新华社云南分社某社长的写字台上。

这位姓 Y 的社长每天有看不完的材料，但还是先打开了四川知青慰问团中一个随团记者送来的材料，这不仅仅因为那个人是他的老部下，而且那个人告诉他："看完这份材料你会被震动的。"

果然，Y 社长被震动了，而且无法成眠，他一根接一根地抽着红塔山牌香烟，屋内白雾茫茫，烟灰缸内堆满了烟头。

那份关于知青所受待遇问题的汇报远比他以往知道的严重得多，当然是不公正待遇。

某知青因为女朋友被指导员利用批准上大学的权力奸污，此知青得知情况后打了指导员，便被指导员扒光衣服绑在马棚中让蚊虫咬了一夜，全身肿得像发面馒头。

某知青因为身体不舒服，在开荒时多休息了一会儿，就被连长强令在烈日下暴晒，直到中暑休克。

某知青得了肝炎，没有营养品吃，便到连里一个鱼塘偷偷抓了两条鱼，煮都没煮，生吃下去，结果被民兵排长发现，用枪托和木棍打断了他的手臂。

某知青和女友谈情说爱，在拥抱接吻时被连长发现，立刻叫人押回连队，扒光衣服进行批斗。

还有……

还有……

捆绑吊打知识青年在兵团不少连队已成家常便饭，一些干部动不动就用严刑拷打折磨犯了点小错误的知识青年，几乎每个连队都开过知识青年的批斗大会，进行人身侮辱。

还有一些营连干部，每天不参加劳动，只是吃喝玩乐，把集体饲养的为数不多的猪、鸡、鱼视为私有财产，想吃便吃，而知青们大多营养不良。

还有些最危险、最繁重的活儿都派知识青年去干，每年都有因排哑炮、砍大树、救山火而死去知青的事发生。

Y 社长愤怒了，热血冲头。

说心里话，作为一个很早参加革命的老干部，又做过多年新闻工作，他对史无前例的“无产阶级文化大革命”态度并不积极，对上山下乡运动也不很支持，只不过政治上的成熟使他不表现出来罢了。

他无法想像一个民族把成千上万正该学知识、打基础的年轻人弄到农村去进行单纯的体力劳动，今后将会出现什么样的危机。

看完材料后，他更充满了对知识青年的同情和爱护，他眼前似乎浮动着被毒打的知青的痛苦表情和那些打人者的丑恶面目。

他看着桌上的红色电话机，那是直接与中央对话的专用设备，他可以马上拨通北京，将情况反映上去。

但是，当他扔下最后一个烟头时，还是决定自己亲自下到兵团去了解一下情况，也可能那些四川的记者由于听到的都是四川知青的一面之词而有失偏颇呢？

一个新闻工作者的首要素质就是要寻找真实！

Y社长没带任何随行人员，悄悄离开了云南省城昆明，乘坐窄轨火车，向云南生产建设兵团第四师所在地蒙自进发。

他有专车，但没有使用，他这是一次微服出访。

在中国，若想了解真实，都必须微服出访，否则你绝对了解不到真实。

火车在开远县停住了，去蒙自需要换一种铁轨更窄的火车。

驻扎在开远县的中国人民解放军第十四野战军的军长不知怎么得到消息，亲自赶到火车站来迎接。

这不仅仅因为Y社长是行政十级干部，而十四军军长不过十三级，关键的是军长深知新华分社负责人的重要地位。

Y社长不但可以直接参加省委常委会，而且可以把经过自己筛选过的材料直接报到中共中央政治局。

十四军军长不知Y社长此次微服出访的目的何在，当然要亲自迎接，以搞清内情。

Y社长表示和十四军没有关系，并拒绝了军长派专车送的好意，转换火车，抵达了滇南重镇蒙自。

云南生产建设兵团第四师的宣传科长听说新华分社Y社长只身驾到，心中不由一惊，慌忙向师政委报告情况。

可惜这位政委不像十四军军长那样明了新华分社在一个省的重要性，居然随便摆摆手，说："这是你们宣传部门的事，按一般记者接待一下就可以了。"

宣传科长想解释一下，但看到政委有不耐烦的神情，只好退出屋来。他很理解政委的心绪，被"发配"到建设兵团来的现役军人们都有这种莫名其妙的烦躁。

但是，宣传科长可不敢怠慢新华分社负责人，他连忙打电话给十四军驻蒙自的一个师的师领导。这位师领导大概已接到军长的吩咐，立刻让出唯一的一座高干小楼，让Y社长住了进去。

科长想知道Y社长来此地的目的，便询问了一句，而Y社长只淡淡地告诉他：“来核实一些数字，没什么大事。”

宣传科长有点不安地被打发走了。

一个星期以后，Y社长像来时一样，又默默地离去了，没向任何领导解释什么。

北京。

中南海。

政治局的在京委员正在传看新华社云南分社Y社长专人呈送上来的关于云南生产建设兵团知识青年受迫害的情况汇报。

这些同样有儿女的老人们惊愕了，继而愤怒了，他们不相信在自己领导的国度内竟会有这种惨无人道的行为发生，当年抓到俘虏都不准搜腰包呢！

但当他们相信了之后，便下决心惩处那些目无法纪的家伙。

于是，当时的云南省革命委员会主任兼昆明军区政治委员周兴接到了这样一个电话：“这里是中共中央办公厅，责令周兴同志立即组成工作组，深入到云南生产建设兵团第四师第×团处理干部迫害知青的问题，另外，中央工作组随后就到！”

周兴一定如闻雷鸣，震得他惊慌失措，不知自己所管辖的区域内发生了什么事情。

当他稍微安静下来后，马上召见云南生产建设兵团负责人。

这位负责人一直认为兵团“形势大好，不是小好”，有多少知青入了党，多少知青入了团，绝不承认有什么虐待知青的情况。

“父母还管教孩子呢，当营长、连长的能对他们放任自流吗?”他辩解着。

“把这话对中央工作组说吧。”

听到中央要派工作组来，这位负责人才慌了神，连连表示一定要认真追查问题，严肃进行处理。

中央和云南省的工作组浩浩荡荡来到云南生产建设兵团第四师时，四师的领导们才认识到新华分社社长的分量，才知道该用什么方式进行接待。

一切都晚了。

当然，就是用总统一级的待遇迎接，Y社长也不会使一个正直人的良心泯灭，他考虑的是祖国和民族的未来!

杨之洋作为受迫害知青的代表，被暂调到一营营部管理检举箱。

他的任务是每天晚上把设在营部大门口的检举箱打开，取出那些迫害知青的检举材料，逐一登记，并进行分类。

这种文秘机要之类的工作实在不适合由杨之洋来干，他比较适合去抓那些迫害知青的干部，看着那些本来趾高气扬却突然变得脸色灰白的人，杨之洋会涌出无限快感。

不过，营领导就这样下的命令，王副指导员也给他做了工作，他只好干下去。

其实，收集检举材料过程中也不是没有能使杨之洋感兴趣的事。

一开始，由于中央和云南省的工作组刚深入到兵团的各基层单位，号召大家保卫上山下乡的胜利果实，在批判林彪反革命集团的旗帜下大胆揭发捆绑吊打知识青年的坏人，检举信大都是男知青们的血泪控诉。

捆绑吊打知识青年的大多是长期在农垦系统的地方干部，他们处在远离闹市的深山老林中，天高皇帝远，不学政策，不讲政策，一贯一个人说了算，养成些恶霸作风。

但他们打人都是在大庭广众之下，无需揭发，有些人当时就已经主动检讨，向知青赔礼道歉了。现在来的检举信一般都是老账重提，希望加重处理。

但是，随着运动的深入，检举信的内容逐渐改变了，写信人大多是女知青，检举的是某些干部利用职权奸污侮辱她们！

干部很明确指的是一些现役军人，他们大多没有把家属带在身边，单身一人，干这种事自然比地方干部便利。

可“攻击解放军”就是“毁我长城”！杨之洋就差点以此定罪，若不是女朋友孟丽以自杀为代价替他做了证明的话，恐怕他现在还是阶下囚。

不过，当杨之洋想起孟丽所受的屈辱时，便毫不犹豫地将材料越过营领导，直接送交到工作组成员手中。他怕营领导包庇这些应该受到天打五雷轰的人。

工作组成员被这些材料惊得目瞪口呆：

某基建连长B在一个细雨之夜，陪一个上海女知青一同去看电影，在橡胶林深处，把她强行按倒在雨衣上奸污。

女知青正来月经，被奸污后大出血，连长不得不把她背回去，还落了个关心爱护知识青年的美名。

某运输连长C，不但长期霸占两个知青，当其中一人怀孕后，为了不使人们发现，他竟然趁她不备，用穿皮鞋的脚猛踢她后腰，使她流产，但也留下了严重的妇科病。

某连指导员和一个昆明女知青发生关系时，被地方干部当场捉住，他反而倒打一耙，说这个地方干部给解放军脸上抹黑。

一桩又一桩，揭发材料堆满工作组成员的桌头。

其他师团也发过来通报。

一师一个叫张国良的连长每天在腰后系一块塑料布，带一把胶刀，似乎是上山帮助胶工割胶，其实是奸污女知青。

他到了兵团后，一开始牢骚满腹，一肚子埋怨之言，但很快从贫困的山林中发现了他从未遇过的乐趣。这便是那些一个个青春年少、如花似玉的女知青们。

张连长像一只真正的色狼一样开始物色猎物并选择扑食方式。

他认为橡胶林是最好的地点，那里僻静偏远，很少遇到闲人，而且在黎明前的黑暗时刻，单身一人处在几十亩黑鸦鸦的山林之中，女知青们都会因恐惧感而无力抵抗。

果然，他成功了，第一个女知青在他怀中连挣扎一下的力量都没有，便失去了处女的贞操。

于是，他带上一块雨布，每天都和勤劳的胶工们一同走进山林，胶工们在为祖国创造财富，而他则随心所欲地选择发泄兽欲的对象。

当他被撕去领章帽徽被拉出去枪毙时，已经有十几个女知青在橡胶林中三番五次地被他奸污了。

还有×师独立营营长贾小山，这个一九四三年参加革命的现役军人比那个叫张国良的更是有过之而无不及。

他曾向全营知识青年宣布：“晚上八点钟以后谁也不准出来瞎

逛，否则就是不好好接受贫下中农再教育！”

而他坐着全营唯一一辆北京牌吉普车，不分黑天白天，在全营各个连队乱窜，看到漂亮女知青就利用职权搞到手。

全国各地的情况也陆续传来：

在橡胶林地，在高粱地，在水库大坝上，在葡萄架下，在麦子垛旁，在写字台边，在汽车后座，在自行车架上，在水沟边，在几乎任何一个地方，都可以成为利用职权者奸污女知青的地点。

招工、招干、招生、入党、入团、一件军装、两斤猪肉、一张奖状，都可以成为奸污女知青的诱饵。

被奸污后的女知青身心受到了严重伤害，有的留下妇科病，有的终身不育，有的成了色情狂，有的成了性冷淡，所有被奸污过的女知青心灵上都会有一辈子无法痊愈的伤痕。

中共中央震怒了，指令对奸污迫害女知青的人必须严惩！

在接到严惩指令之前，凡是女知青进行检举后，都要送到医院进行妇科检查，以证实其确实已非处女。

在接到严惩指令之后，上级认为对女知青进行强制性检查也是一种变相侮辱和迫害，一律停止。

后来，兵团又发下一条命令：凡是女知青到医院做人工流产，不要证明，不许披露其所在单位和姓名。

这是为了保护女知青的名誉和身心健康，当然，也为知青们之间乱搞男女关系打开了一道方便之门。

杨之洋那挺一直涂着厚厚枪油、扔在床底下的五六式轻机枪被拿了出来。

作为机枪手，他一共用过两次这挺轻机关枪，一次是全营为期七天的军事训练，最后给了他十颗子弹，一扣扳机全都扫了出去。第二次是一个四川知青回家探亲带回整整一百发子弹，两个人到山上去打猎，什么也没碰到，又跑到一个鱼塘去打鱼。一百发子弹打中了七条两斤多重的大鲤鱼。

这次使用轻机枪是在××团召开对奸污女知青坏分子的宣判大会上。

奸污女知青是明显的破坏上山下乡运动，比捆绑吊打男知青的危害更为严重。

曾有人提出来女知青们绝大多数没有反抗而不能给那些干部定罪。

但是，女知青们大多是在孤立无援的情况下，被这些干部利用职权威逼、引诱、要挟而失身的。这些行为在客观上是对妇女身心的摧残，是绝对违背妇女意志的。

一切违背妇女意志的性行为都可视为犯罪行为！

也曾有人提出在兵团范围内奸污女知青的大多是现役军人，给予重判是否会给解放军带来不好的影响。

军人和干部都是中华人民共和国公民，公民触犯了法律理应判刑！

对罪犯的姑息更会损害解放军和干部的形象。连解放军的元帅林彪和他手下的一些将军都可以进行全国性批判，几个犯了罪的一般解放军干部当然用不着给予什么特殊照顾！

宣判大会如期举行。

在此之前，云南西双版纳地区已经召开过一次宣判大会，将连长张国良、营长贾小山和一个木匠一同枪毙。

黑龙江生产建设兵团第十六团的两个团级干部也被判以极刑。

全国各地有大量插队知青的地方都相继召开了宣判大会，严惩了一批奸污迫害女知青的基层干部。

河口县××团召开的这次宣判大会大概是戒备最森严的。据说是因为紧邻边境线，怕发生什么意外情况。

所有配有枪支的人员都出动了。

方圆十几里地内的所有交通路口都用粗竹安设上路障，由端有冲锋枪的解放军战士站岗。一营所属范围内的公路两边则是三步一岗，五步一哨，十四个连队的十四个执勤排共四百余民兵携带子弹上膛的枪支全部出动了。

杨之洋和另外九名机枪手扛着十挺机关枪爬上一个山坡，将机关枪支好，子弹夹装上，对准坡下。

宣判大会主席台就是在坡下用竹子临时搭起来的。

这个山坡没有什么特殊，上面同样是一层层梯田，梯田上长着稀稀疏疏的实生橡胶树，杂草被砍得干干净净，基本上遮挡不住人们的视线。

据懂得军事地形学的专家讲，这里地势比较险要，公路呈V字形从这里通过，两边都是山丘，易守难攻。

一大早，数千名知青和老职工代表从全团各个连队出发，通过一个个哨卡，于上午十点钟左右到达会场，并很有秩序地按指定地点依层层梯田坐了下来。

知识青年们并不是第一次参加公审大会，几年前他们曾参加过对一个自封为皇帝的大瑶山上的瑶族老头的宣判，结果是连同他的十几个大臣一同枪毙！

那次公审大会没有如此戒备森严，刀枪林立，如临大敌。

杨之洋趴在轻机枪边上，很希望发生些什么意外情况，他好怀抱机关枪，来个大显身手。

可惜，什么意外情况也没发生，其实也不大可能发生。

汽车喇叭响了起来，唯一一辆被允许开进公审大会会场的解放牌卡车停在了山坡下。几十支枪口抬了起来。

车篷帘被掀开，十几名戴领章、佩帽徽的现役军人一个又一个跳下车来，戴着手铐被押进会场，垂头而立。

主席台上，坐着几个面色铁青的兵团领导、中央工作组成员和云南军区军事法庭的负责人，他们现在虽然心情不一，但一个恨字是完全呈现在神情之中的。

对所有坐在山坡上的兵团战士来说，这一定是他们一生中空前绝后的一次经历，以至于杨之洋不知为什么有点可怜那群戴手铐的人。

对所有在兵团只能任副职的地方干部来说，有一种不可言传的幸灾乐祸的解气之感在悄悄升腾。

而某一小部分人则在暗暗地兔死狐悲，为其难过。

“他们不再是军人，他们绝不能代表伟大光荣的中国人民解放军！”在一种沉闷、阴郁的气氛中，主席台上一个领导人拍案而起，大声宣布。

头戴钢盔的武装战士们冲了上去，愤怒地撕下了十几个被审判者头上的帽徽、脖子上的领章。

在战争年代，共产党领导下的军队中若有人奸污妇女，会被当场枪毙。国民党爱国将领张自忠的外甥奸污了一个村妇，也被他挥泪执行死刑。

在和平年代中，这些奸污女知青的军人同样要被惩处。

×××，中国人民解放军云南生产建设兵团第四师第十八团副参谋长……利用职权奸污女知青六人……

×××，中国人民解放军云南生产建设兵团第四师第十六团保卫干事……利用职权奸污女知青四人……

×××，……连长，奸污女知青……

×××，……指导员，奸污女知青……

十八团五十多岁的副参谋长被判处十八年有期徒刑，他将在军人劳改场中度过他的风烛残年。

十六团的保卫干事被判处四年有期徒刑，他的父亲是云南省一个地区的书记，没有给他一丝袒护。只可怜他那同样是军人的妻子和幼女将为他承担一生的耻辱。

被宣判者最少都判处一年以上有期徒刑，在他们利用职权污辱那些远离父母，远离家乡，接受贫下中农再教育的女知青时，是不会想到有这样的结局的。

而在审判会场的一千多名女知青中，那些无论以什么方式遭受了奸污和凌辱的人看着这场面会产生什么想法呢？当她们闭着眼睛忍受这些身穿军装的人的粗暴时，会想到留给自己一生的阴影吗？

几年以后，在上海市，一个新婚的女工被丈夫打出洞房，因为她不是处女，她处女的贞操在插队时被连长给破坏了，她丈夫并不原谅她当时的处境，也不理睬她的苦苦哀求。

这种悲剧在某一个时期并不少见！

假如说，这是历史灾难的一部分，那么，对这为数众多的女知青来说，灾难则是一生！

杨之洋不愿意再参加这样的宣判大会。当大会结束，他把三十发子弹又交了回去之后，就产生了这样的念头。

他没有政治头脑，更不具备哲学细胞，也不懂得纵观历史，横看现实，他只觉得人类中的一部分太丑恶。

他不愿意有这么多丑恶。

每开一次宣判大会就意味着这种丑恶的发生和扩展。

但是，他又没有能力制止这种丑恶。他很想发明一种药，人吃了以后就会善良。

后来，他始终没发明这种药，只是发现了一种人吸食了之后会暂时忘记社会丑恶，忘记去制造丑恶的东西。

这就是海洛因！

第十二章

白菜地类人猿最后一次约会，情人要为他生个儿子——大开荒中一个响亮的耳光，顺嘴流出四颗牙——被杀者是朋友的朋友，杀人者也是朋友的朋友——疯狂的大追捕，杀人者只判三年徒刑

一年一度的开荒大会战又要开始了，这次是一座五千亩的荒山，但它不能再被叫做处女地了。因为这座山在一九五八年大跃进时被开垦过了。

那时曾以放卫星的形式大规模开荒，而开完以后却无人管理，因而出现了年初开荒一万亩，年底现有林地一千亩的奇怪统计数字。

十几年过去了，这座本被开拓过的荒山又长满了一抱粗的大树和无数葛藤，梯田也被雨水冲刷得很难看出踪迹。

这是以××团名义组织的最后一次大规模开荒了，不过此时，还没有人知道一年之后云南生产建设兵团将不复存在，又恢复成云南农垦总局××农场。

这次开荒调动了一千多人，依然大部分是知识青

年，山底下上百间临时竹棚如同汪洋大海中的船队，颇为壮观。

杨之洋理所当然又被抽去参加了开荒队，而且还是在爆破组。

阿雪也参加了开荒队，和同连的十多个女知青住进了一间竹棚。

一对平时相隔二十多里的情人到一座荒山来开拓，当然一放下行李就忙着见面了。

由于要召开誓师大会，两个人没说几句话，约好晚上到附近连队的一个菜地会面，便匆匆分手，参加誓师大会去了。

晚上，他们如约到了那块菜地。

附近没有胶林，都是密不透风的山茅草，一钻进去就会被带刺的草叶划出一条条血迹，他们又不愿钻进蚊帐中，让边上的人听他们的喃喃细语和疯狂呻吟，所以才会到这块修整得还算干净的菜地来。

月亮很圆很大，菜地一边明亮，一边铺着阴郁的山影，杨之洋和阿雪折了几张野芭蕉叶，垫在有阴影的那边，依偎着坐在了一起。

一条小溪从他们脚下淌过，发出音乐般轻柔的声响，天凉下来，蚊虫少了许多，只有萤火虫闪闪烁烁，处在这样一种环境中，不能不说充满了田园的甜蜜和诗情画意。

然而，杨之洋发现阿雪没有像以往那样一见到他就哥哥长，哥哥短，如同一个欢快调皮的小妹妹，滔滔不绝地把分手以后所遇到的一切事都讲给他听。

“怎么啦？不高兴？”杨之洋问。

阿雪仰起头来，眼中有些晶莹的东西，那只能是泪。

“之洋哥，我说一件事你可别生气。”阿雪似乎有点胆怯和内疚。

杨之洋第一个念头就是阿雪又和别的男人睡了觉，他的脸有些阴沉了。他的观念是：阿雪以前的事他可以原谅，但成为他的情人以后绝对不能再和别的男人睡觉！

“你……”他想发怒，但又合上了嘴，轻轻抹去阿雪眼角的泪。他怕怀疑错了，委屈了阿雪，所以还是等她先讲。

“之洋哥，我们家为我办了困退，开完荒我就要走了。我、我……不想离开你，可、可又不想一辈子在这里，我……”阿雪终于抽泣起来。

杨之洋轻轻松了口气，摸摸阿雪的浓厚黑发，笑笑说：“我也不想一辈子在这里，总会要走的，你能先走，我只会高兴，怎么会生气呢？真是个小傻瓜。”

阿雪重新抬起头：“你说的是真话？”

“我骗过你吗？”

“你真好！”这是阿雪最能表达自己爱心的一句话。

她吊在杨之洋脖子上，一口气亲吻了他十几下。

杨之洋摸出一根烟，点燃，使劲抽了一口，喷出一股浓浓的烟雾，然后仰起头来，看着一团薄云遮住月亮。

“之洋哥，你是不是怕我回城以后会甩了你？”阿雪轻声问。

杨之洋并不怕这点，女人的爱在他心目中虽不是可有可无，但也绝不会使他刻骨铭心，离了爱便六神无主。他此时只是感慨又一段美好的男女交往将成为历史。

是的，他还没有认真地想过未来，但也知道跑到四川去娶一个姑娘的可能性不大，因而有些遗憾之情。

“之洋哥，别难过，我这辈子只会跟你一个人，我会等你的，我、我……给你生个儿子，带着他等你！”阿雪那四川姑娘特有的忠贞又爆发出来。

她不顾一切地脱去衣服，躺了下去，双手把杨之洋揽到自己充满青春气息的身躯上。她正处在生理危险期，此时发生关系怀孕的可能性是百分之九十。

以前，她曾做过一次人工流产，那是和杨之洋商量过的，而这次若怀了孕，她一定要将孩子生下来。

杨之洋知道和阿雪亲热的日子屈指可数了，便没再说什么，纵情到这处于大自然之中的男欢女爱里。

不远处有什么响动，杨之洋停止了动作，警觉地张望。

而沉浸在生理和心理高潮中的阿雪还忘乎所以地搂着杨之洋，发出一声声娇柔可爱的呻吟声。

杨之洋看到两个人影正偷菜，不时向他们这边望，还发出不加抑制的嬉笑声。

杨之洋并不惊慌，怕惊吓着阿雪，而是用衣服遮盖住了自己，从容不迫地把事情做完。

那两个偷菜的显然是四川知青，看到这边不理睬他们，便抱着几棵卷心白菜，不声不响地溜掉了。

阿雪从欢娱中挣脱出来，但不知道刚才发生的事情，只是不断地叨念着："我要给你生个儿子……"

后来，她果然怀孕，但没能保住胎，在重庆一次挤汽车时，流产了，这其实也是那次质量很差的人工流产的后果。

杨之洋终于没有后代，他死去时少了一个很沉重的心理负担。

杨之洋的拳头只要是在自尊心受到伤害时，无论在任何地点都会抡出来的。

这次开荒，当着漫山遍野的人们，他就毫不犹豫地大打出手了。

原因很简单，那两个偷菜的四川知青居然在大庭广众之下绘声绘色地讲述他们在菜地里看到的一对男女偷情的景象，而且还不停地暗示是杨之洋。

杨之洋当时正在打着炮眼。

“打这种洞可比打那种洞难多了。”那个四川知青故意大声讥笑。

“最后都在洞里爆炸。”一句更下流的话传过来。

杨之洋扔下手中的锹，直起身子，紧了一下皮带，走到还想说什么的那个四川知青面前。

这个四川知青他认识，叫朱小明，就是阿雪那个连的知青头儿，曾经被阿雪请来帮杨之洋打架，还以此为报酬和阿雪睡了一觉。

杨之洋抡圆了一个大耳光扇了上去。

只听“啪”的一声脆响，朱小明的脸上印上了五个深深的大手印，紧接着一张嘴，伴着一股鲜血流出四颗牙齿。

朱小明呆住了，他没想到他认为的一些玩笑话竟惹起杨之洋这么大火。以往，他常和朋友们开这种玩笑，那些人都一笑了之，可这个北京人却不能忍受了。

他没敢还手，他知道有三个他这样的人也对付不了杨之洋，他忍气吞声了。

看看朱小明不敢再说什么，杨之洋哼了一声，又回去接着打炮眼。

人们都认为一报还一报，算是两清了。

晚上，得福突然出现在杨之洋的宿舍里，他已经调到四营营部汽车班，现在是开着四轮拖拉机给开荒大会战的人们送蔬菜来了。

当司机的在建设兵团从没有委屈过肚子，无论给哪个单位拉东西都能受到酒肉招待，否则不是车坏了就是没工夫。

这次来送菜，同样有一瓶酒和两个过了期的肉罐头作为报酬，不知他怎么想起了杨之洋，便跑来找他，一同喝酒吃肉。

男人们在一起自然无话不谈，很快会扯到女人身上。

杨之洋告诉得福自己正在跟阿雪谈朋友，并且觉得这个女孩子不错。得福也说自己同样谈了个四川女知青。

正谈到高兴之时，忽听外面一片叫喊之声，而且一步步逼上门来。

爆破组的草棚里本来应该住着二十来个人，可晚上团部电影队来放电影慰问大家，片名是《多瑙河之波》，人们都去看电影了。

这部电影虽然不是第一次放，可里面有一两个镜头使当时的人们百看不厌，所以山坡上依然坐满了人。

本来杨之洋是想借大家看电影之机约阿雪来宿舍里来玩的，既然得福作为老朋友来访，又带着酒肉，阿雪就暂时放到脑后了。

人们应该都在看电影，这喊叫声又为何而来呢？是电影散了，人们回宿舍来了吗？看看表，电影刚开始不久，女主角安娜只戴胸罩躺在床上的情节大概还没出现，绝不会有人落了这个镜头而离去的。严格地说，不少人就是为了看这个镜头才去看这部电影的。

杨之洋站起身，拉开门向外张望了一下，不觉一愣，只见十几个手持砍刀的四川知青正在扑向这里，而且还喊着他的名字，要剁下他打朱小明耳光的右手。

“妈的！”杨之洋骂了一声，关上门。

“怎么回事？”得福略有醉意地问。

“没你的事。”杨之洋去门后摸长把砍刀。

得福一下子跳起来："有人来打架吗？"他顺手先抓过一把刀。

"白天我打了一个四川崽，准是找人来报复了。"杨之洋淡淡地解释。

已经冲到门外的确实是一群四川男知青，但为首的并不是朱小明，而是一个叫陈亚军的亡命之徒。

朱小明其实对杨之洋并无恶意，也无成见，他白天在山上说那些话纯粹是取乐寻开心，挨了一个大耳光虽然面子上无光，但细想下来有些话确实说得过分，杨之洋一个血性汉子比不得他那些四川朋友，对那些朋友别说开这种玩笑，就是借他们的女朋友耍几天，也有人会同意。

所以，他并没有想来报复。

提出报复的是他的一个朋友，这个朋友说无论如何咽不下这口气，一个四川知青的头儿让一个北京人当众打了，却不报复，那今后四川人还有什么脸抬头走路？

朱小明犹豫着，一下没表态。

这个朋友一摆手："算了，朱哥，这事不用你出面，我去找我那个朋友陈亚军，明天肯定让那北京小子当众给你磕一个头！"

要真能有这种结果，朱小明何乐而不为呢？但他怀疑这个朋友吹牛。

看到朱小明不信任的神情，这个朋友有点激怒了："好，你等着，一个小时以后我提着那家伙打你的那只手来见你。"

说罢，他扭头便走，很快找到陈亚军和十几个要为四川人挽回面子的知青，手提长刀，杀上门来。

人们几乎全部在山坡上看电影，个别谈情说爱的知青缩在蚊帐里享受宝贵的宁静时光，所以没有人注意到十几个知青要在开荒会战的地方挑起事端。

到了杨之洋住的竹棚的门口，他们没有先撞进去，因为据事先侦查，杨之洋不是和阿雪在约会，而是和另一个北京知青在喝酒，对付两个男人自然不像对付一男一女那么容易，所以他们先叫骂，想诱出杨之洋一个人来。

杨之洋知道来者不善，但按他以往的习惯，还是先君子后小人，说得不对再动手。

然而，喝多了酒的得福想在杨之洋面前表现一下，有杨之洋撑腰，他自认为绝无吃亏的道理，再加上外面对北京人的那顿臭骂，也使他自尊心受到了伤害，所以，没等杨之洋说什么，他先猛地拉开门，一个箭步扑了出去。

他扑出去之后，借着酒劲，不管三七二十一，一刀便劈了下去。

站在最前面的是那个叫陈亚军的家伙，他骂得正凶，却见门一开，一个黑影挥刀扑来，他忙一闪身子。

若不闪动的话，他不至于丧命，最多掉一只胳膊，而他一闪，那本来劈他胳膊的砍刀正正地落在他脑门上。

得福的刀其实是先砍在了一根临时接过来的电线上，电线火花一冒，断成两截后刀才落到陈亚军头上。

刀刃被卡在脑骨中，拔不出来了。

后来分析，若不是刀先砍在电线上，那么陈亚军的脑袋已经变成两半。

当得福刚冲出来时，四川知青还想迎战，而当砍刀卡在陈亚军脑袋中拔不出来时，所有人都呆住了，没有任何人敢再动手。

这其实正是杨之洋的打架原则，以少挡多时，只要瞄准为首的往死里打，其余人就会被吓住。

不过，这次是将得福和杨之洋也吓住了。

因为月光下，陈亚军的脑袋上不光有红颜色的东西往下流，还有白色的东西往外淌。那是脑浆。

是杨之洋让得福逃走的。

当时得福酒一下子全醒了，手脚发软、发凉，几乎和陈亚军一同躺倒在地。

"得福，赶快开车走。"杨之洋狠狠地推了他一把。

"那，那你……"得福结结巴巴，不知说什么好。

"别废话，快走，这里有我，我惹的事，当然我兜着！"杨之洋又推了得福一次。

得福赶快趁乱跑进黑暗中，找到四轮拖拉机，打着火，溜之大吉了。

而现场，看电影的人已经闻讯赶来，营团领导一面保护现场，一面调查凶手是谁。

杨之洋坦然地往前一站："是我，把我捆起来吧。"

"不是他！"目睹实况的四川知青喊着。

"是四营开拖拉机来送菜的！"

"他跑了！"

四川知青纷纷汇报情况。

团长瞪了杨之洋一眼："这不是英雄！你能替人偿命？"

"能！"杨之洋还是那么坦然。他觉得得福完全是替他两肋插刀，他当然义不容辞地要为得福承担一切。

但团长不再理他，命令着："赶快用我的车把伤员送团医院抢救，把保卫干事叫来，进行调查！"

一辆北京吉普将陈亚军送到团部医院，同行的人把已经睡了觉的外科主任叫起来。

外科主任诊断后，觉得以自己的医术无能为力，便打电话把部队医院的外科主任给请来，一同治疗。

救治过大量战场伤员的部队老军医认真看了看陈亚军的伤口后，摇了摇头。

半小时后，帮朋友的朋友出气的陈亚军咽了气。

一场疯狂的大追捕开始了，目标是北京知识青年得福。

追捕他的不是××团警卫连，而是陈亚军的一大群四川知青朋友，他们发誓要为陈亚军报仇，把得福剁成肉酱。

荒唐的是，最初引着这个事件导火索的两人似乎倒被忘却了。

没有人再来找杨之洋讨面子，而朱小明也没有参加大追捕。

两个人依然在荒山参加会战，但见面时脸上都充满了敌意。

那些追捕得福的四川知青在河口火车站、山腰火车站都布置下了岗哨，公路沿线也是逢车就拦，上去检查。

参加行动的四川知青每人手中一张得福的照片，那是砸他的宿舍时找出的一张他的一寸照的底片，到河口照相馆紧急洗印出来的。

当然，团部也电话通知各连，发现得福马上扣押起来。

其实得福并没走远，他开着拖拉机回到四营营部，越想事情越不妙，便收拾了几件衣服，连夜逃上了大瑶山。

大瑶山是河口县境内最高最大的一座山峰，方圆九十公里，到处是原始森林，几千名瑶族人分为几十个寨子分散居住在密林之中。

藏到这里面一个人是如同大海捞针一样难以寻找，曾经有一个右派分子，一九五七年不堪屈辱，逃上了这座山，一直没被人发现，二十年后偶然一次下山，才被抓获，判以重刑，不过两年之后又被平反。

平反之后，他又上了大瑶山，不愿再与人们来往，其实是皈依某种宗教了。

得福曾到大瑶山中去伐过木，所以道路还熟悉，天不亮便进入了大瑶山地区。

静下心来，他多少有点后悔，若不是喝酒喝昏了头，大概不至于下手那么狠。不过，他绝不后悔帮杨之洋出了力。

他本来想找杨之洋帮忙，可无法和他取得联系，又怕一露面发生危险，只好先在大瑶山上一间看苞谷地人废弃的草棚里躲避。

苦思苦想三天之后，他觉得不可能在大瑶山躲一辈子，终于咬咬牙，又溜下了山，从无人行走的地方翻山越谷，到团部保卫科去自了首。

保卫干事立即给他戴上手铐，但没敢关进那间临时监狱，怕四川知青知道后，聚众前来闹事，趁乱伤害了他。

保卫干事打了个电话，请河口县拘留所帮忙，把得福关到了那里。

得福的最终处理结果是被判处三年有期徒刑，这大大出乎杨之洋的意料，当然也出乎他自己的意料。

这都是由于被杀者陈亚军自身的缘故。

团部一调查才发现，这个陈亚军一贯表现不好，不仅常常打架闹事，还屡屡偷鸡摸狗，搞得老职工们怨声载道，据说还有强奸妇女的行为，可被他强奸的那个女知青慑于他的威吓，报案之后又反悔了，因而没能惩处他。

这次事件，本与他无关，是他先带刀带人撞上门去，对方可以说是正当防卫。

再一查看他档案，更是糟糕，他父亲就是一个劳改释放犯，唯一的姐姐也进过教养所，当然是一个不会令人产生好感的家庭。

于是，同情转到了得福这边，最后以防卫过当为由，判处他三年有期徒刑。他没有提出上诉，当时也无所谓上诉。

他服刑的地点就在河口，杨之洋三番五次地去探望过他，每次送上一条春城牌香烟。

杨之洋去探望他时，从没有说过什么感激和内疚的话，但得福已经很满足了，反倒常劝杨之洋用不着来这么勤，反正三年的时间也不算太长。

得福刑满释放以后，杨之洋已经离开了河口，没有人知道他的去向，北京知青也走得差不多了，得福颇感孤独。

后来他参加了中越边境反击战，在开汽车运送弹药时被越南游击队伏击，身负重伤，成为终身残疾。

有一天，他接到杨之洋托人转来的一封信，说在北京给他置了两间平房，请他回北京去过日子。

他回到北京之后，按地址在西四环附近找到了那两间房子，里面家具一应俱全，冰箱、彩电、洗衣机齐备，还有一辆电动三轮车，专供残疾人使用的。另外还有一张按月取利息的存折，存款额是五万元，当时每个月可以取三百元利息，可以说是个小富翁了。农场每个月还有五十元工资和五十元保姆费按时寄来。

得福问转信的那个朋友："杨之洋在干什么，上哪儿去了？"

那个朋友笑笑，没有回答。得福也没再追问。

后来，有国际刑警来找得福调查和杨之洋的关系，得福回答得很干脆："同志加兄弟。"

国际刑警又问杨之洋以前的表现。

得福用了整整两个小时时间描绘出从一九四九年以来报纸上宣传过的所有先进人物的优点加在一起才能与之相匹配的英雄形象。

国际刑警感慨万分地叹了一口气，走了。

在开荒的日子里，杨之洋绝不可能知道此后发生的这些事，当时他最大的愿望就是去帮得福蹲三年大狱。还有一个小点的愿望，就是找碴再打掉朱小明四颗牙齿！

第十三章

看《少女之心》点燃一场冲天大火——被烧死的是最后十个处女吗——灾难面前，誓不两立的仇敌抢着去死——为一代人的青春和爱，向天鸣枪

火苗是从一个蚊帐内先跳跃起来的，很像一个淘气的孩子不听话，从被束缚中愉快地逃脱出来，立刻撒起了欢。

正是深夜，开荒会战的人们辛苦了一天，都睡得很沉很香，没有人发现危险正在逼近他们。

这顶着火的蚊帐中没有人，这个人到竹屋后的黑影中去解大便了。

火苗几乎在十秒钟内就吞没了蚊帐，而且立刻向屋顶的竹子、油毛毡和相邻的蚊帐扑了过去。

蚊帐之所以会着火是因为蚊帐内点着一支蜡烛，蚊帐内之所以点一支蜡烛是因为要看书，看书看到深夜两点钟，不是在学习毛主席著作，而是在看《少女之心》！

凡在七十年代度过青春期的中国城市学生和上山下乡的知识青年，很少有人不知道《少女之心》这本书的。

这本书的流行程度，其实大大超过后来名声大噪的《第二次握手》，因为《第二次握手》被官方承认，无数正式宣传、媒介赞扬，中国青年出版社出版，被关在监狱里的作者彻底平了反，后来还成为一个小有名气的作家。

《第二次握手》可以说是带有艺术性的政治宣传品，当政策需要这种作品时，自然会使它由地下读物变成公开发行物。

如同广泛流传的天安门诗抄一样，在一九七六年，那些诗抄是被查禁的，而到了一九七八年，它又被收集成册，摆在所有新华书店的书架上。

然而，《少女之心》则不同，这是一本道道地地的黄色手抄本，色情淫秽读物，即使以国民党和香港政府的新闻书刊检查标准，它也被列入禁书范围！

这本书，在七十年代曾经大肆泛滥过，到了八十年代也还余波未尽，历次“扫黄”运动都把收缴这本书作为一个重点。

其实，它从没有被印刷过，永远是以手抄本的形式传来传去，因为它并不长，不到三万字，任何一个有小学文化程度的人三天之内都可以将它抄录一遍。

以这本书流传时间之长，流传范围之广，可以肯定地推测出，它被传抄次数绝不会在一百万册以下！

这本书毒害之大，不少报刊及道德、法律学者已有过评判，当时云南生产建设兵团××团对这本书进行查抄和批判时，也举过不少有代表性的例子：

××连四川男知青，看了《少女之心》后，萌发犯罪意识，将一个十二岁的小女孩儿诱骗到胶林中，多次奸污。

××连上海女知青，看了《少女之心》后，从此堕落，与十几个男知青发生两性关系，并教唆另外几个女知青集体奸宿。

……

这本书使人学坏的效用真是惊人，有一个男知青看上了一个教授很漂亮的女儿，几次表达爱慕之心不成，后来借了一本《少女之心》给这个女知青看，当天夜里去敲女知青的门，便被接纳，姑娘主动献身给这个男知青。

道德、法律专家们对这本书批判得够深刻的了，对它的危害性也一次次敲响警钟，但没有任何一个人能从理论上指出，为什么这本书屡禁不绝。

在七十年代出现书荒之时，此书流行尚有点客观因素可谈，而到了八十年代，每年有十余万种新书被隆重推出，而《少女之心》依然在中学生手中传抄，只讲其然不讲其所以然就不行了。

但没有人讲出所以然来。

三毛热，琼瑶热，武侠小说热都不能使一本文字粗糙、内容下流、故事简单的《少女之心》销声匿迹，不得不让所有人重新反思。

孩子们到了一定岁数，就不会大人们给他们看什么，他们就看什么，如同不会大人们给他们吃什么就吃什么、穿什么就穿什么一样。

他们甚至不愿意和大人们一块同行！

简单说，他们要用自己的亲身体验去了解社会，去适应社会！

在××团一九七四年末的开荒会战中，能得到一本《少女之心》的知青自然如获至宝，加上被限定阅读时间，以便有更多渴望先睹为快的人能“欣赏”，所以才会发生秉烛夜读的情况。

这个知青其实已经连读两遍，但明天一早就要交出去，所以又在读第三遍。对于他，毛主席著作也没有读过三遍。

每次开荒会战，团部都会拉来一台柴油发电机，但只供给会战指挥部、广播站和几个后勤供应部门用电，大部分临时宿舍依然只能点马灯和蜡烛。

看《少女之心》的知青就是把蜡烛固定在一本《毛主席语录》上，放到枕边的。

由于肚子有些难受，他放下书，起身去解大便，在他开门关门的时候，一股风吹进来，刮倒了他蚊帐中的蜡烛。其实，他刚刚蹲下，火已经烧光了蚊帐。

竹棚中全部是易燃品，竹子、茅草、蚊帐、衣物，加上缝隙很多，空气流通，火苗不到半分钟就冲破屋顶，一下子熊熊燃烧起来。

那个解大便的知青发现身后闪光，猛一回头，呆住了。

待他张嘴大喊之时，已经有人影纷纷从大火中逃窜出来，一个个半裸着身子，狼狈不堪，不知所措。

近百间竹屋一间挨一间，没有任何防火措施，一间一着，马上殃及池鱼，一间接一间地冒起烟火来。

离这里最近的溪水也有三百多米，能够盛水的只有几十个临时伙房的几十副水桶，真正叫杯水车薪，无济于事。

火势一大，热空气上升，冷空气下降，马上产生流动，山风呼呼吹来，火借风势，风助火势，一条火龙越变越长。

有经验的人都知道，此时已经不可能扑灭大火，只能把生产资料和生活用品抢运到山坡上的安全地带，等火烧完竹棚后，会自然而然熄灭掉。

在这一片混乱之中，不太可能出现秩序，更不可能出现有组织的指挥，反正大家都纷纷从竹棚内往外抢运东西，搬完自己的，再去搬别人的。

团长能指挥动的只是会战指挥部的一些人，他们离火场还有一段距离，来得及把办公用品和通讯、广播器材搬到安全地带。

首先发现奇怪现象的不是杨之洋，而是一个老职工，他不安地告诉自己连的连长："你看那排房子中间冒蓝火苗，不大对头。"

竹子、木料、纺织品燃烧时都是喷发出黄红颜色的火苗，而冒蓝火苗说明有异物在燃烧。

那个连长看了一眼，没有在意，他不认为会有比烧房子更严重的事情，当务之急是抢运出堆放在已经冒出火苗的临时伙房内的那些生产资料，否则将影响到第二天的开荒进度。

又过了两分钟，那间房子的屋顶和四壁坍塌下来，火势顿时小了，但蓝火苗还在继续跳跃，肯定有动物油脂在燃烧。

老职工又一次警告了连长。

连长这才招呼了几个人，用砍刀拨开了横七竖八的焦炭和废墟。

所有人都愕然了！

只见十个女知青紧紧搂成一团，全身紧缩着，暴露的后背和肢体全部烧黑了，头发一根不剩，十个圆圆的脑袋分不出男女。

当人们用强力分开她们，以检查是否还有人活着时，发现她们只有紧贴在一起的胸口部分没被火舌侵入，还有些完好的皮肤。但没有一个人有活着的迹象。

正是那一小部分没有烧坏的地方告诉人们：这是十个风华正茂、

青春年少的姑娘，那一对对大小各异，形状不同，但都坚挺饱满的乳峰说明她们还应该有很多很美好的年华享受。

可她们全死了，看不出死前的表情，也无法了解她们死前的心态。

她们为什么不跑出来，只因为晚上睡觉穿得单薄而不好意思跑到无遮无掩的空旷地带去吗？

道德观念是基于生存这个前提之后派生出来的。

首先要活着，然后才是遮羞。

一九七六年七月二十八日河北省唐山市大地震时，多少人根本没穿衣服就逃了出来。在被波及的天津市，一个新娘因裸体不好意思，回到尚未倒塌的洞房中去取衣服，余震袭来，她被砸死在里面。

其实在亚热带地区，人们是不在乎袒露多一些肌肤的，而女知青们也早已习惯于不戴胸罩，随便套上件薄薄的，能隐约露出红红乳晕的衬衣活动在大庭广众之下。

那么，这十个知青的住房并不是起火点，她们为什么没跑出来呢？

经过现场分析，发现她们没跑出来的原因是晚上睡觉时用八号铅丝将门紧紧封住，慌乱中无法打开而致烧死。

那铅丝还绑在成炭状的门框之上。

她们怕有人进去！十个女孩子睡在一间房里还怕有人进去，当然怕的不会是女人！

她们怕在开荒会战的荒野之中有人趁机摸进屋来，破坏她们的贞操！

她们是最后十个处女吗？

××团妇女干事经过一系列调查后，得出过一个数据：××团百分之八十的女知青都不是处女了。

这十个姑娘可能是那百分之二十中的。即使不是，她们大概也只愿委身于相爱的男人，而不愿被不爱的人强暴。

为了保护自己的贞操，她们没能逃出熊熊大火，被烧得面目全非。若不来插队，恐怕她们不会碰到这样的灾难。当然，在城市里谁也不能保证她们不碰上别的灾难。

在八十年代，飞机掉下来，火车翻下山，轮船沉了底，死去的绝大多数是城里人。

得知十个女知青被烧死的消息时，这些姑娘的故乡四川省成都市发生了一场骚乱，因为一下没有准确消息说明死的是谁家的孩子，几百名有女儿在××团插队的家长集体到四川省革命委员会门前请愿示威，大哭大闹，得到了几百万市民的同情。

这种情绪的延伸，也使得四川省在一九七九年率先提出来接收在兵团插队的全部四川知青回城。

而云南生产建设兵团司令部在接到十个女知青被烧死的消息时，也慌了手脚，那个严厉打击奸污迫害知青的运动还没收尾，又发生了这种死亡多人的重大事故，确实令他们一下子不知所措。

兵团主要负责人正在参加昆明军区的一个会议，司令员马上中途请假，带着一大堆师团领导及死亡知青家长赶赴××团，后来较为令人满意地处理了后事。

杨之洋在那场大火烧起来之前并没有入睡，他和阿雪又到了那块淌着潺潺溪水的菜地间去约会。

由于开荒会战已经临近尾声，和阿雪分手的日子也就没几天了，所以他们躺在野芭蕉叶上，紧紧拥抱，情意绵绵，虽然话语不多，但谁也不愿离去，一直到了半夜时分还在菜地之中，没有回宿舍。

正当两个人蒙蒙眬眬，昏昏欲睡之时，几百米外火光骤起，一片呼喊之声清晰传来。

“不好，失火了！”杨之洋比阿雪警觉得多，他纵身而起，把衣服穿好。

阿雪也匆匆忙忙系好衣扣，捋捋散发，看着杨之洋，似乎在询问他下一步的行动。

“快去救火呀！”杨之洋拉住阿雪的手就向火灾现场奔去。

在混乱的人群中，两个人分了手，各自参加自己单位的抢险工作。

杨之洋的爆破组住的竹屋其实是整个火场最危险的地段，因为与之紧连的另一幢竹屋中存放着上千公斤的黄色炸药和上千枚雷管。若是这些东西被引燃爆炸，方圆几百米之内将不会有人获生！

因而，爆破组长急得面孔惨白，也顾不得和团长取得联系请人支援，领着爆破组成员便往外抢运雷管炸药。

雷管炸药不是一般生产资料，搬出来往一个地方一扔就行了。首先要轻拿轻放，还要尽量远离火场，集中一处，派人看守，以防乱中丢失。

因而，搬运速度不是很快，几分钟过后，火舌便舔了过来。

有些人慌了，悄悄溜出了抢运炸药的队伍，躲到山坡的另一侧，那里是爆炸的死角。

当还剩三箱炸药和一箱雷管时，爆破组长身边只剩下杨之洋一个人，而其他人却在呼喊人们疏散了。

爆破组长没有办法去叫骂那些人，因为房子已经起火，若没有及时通知，炸药爆炸，发生的后果他绝无法承担。

他只能嘶哑着嗓子喊：“抢出最后一箱炸药的，我给他申报二等功，不，一等功！”

他若是团长，他敢把明年大学招生的第一个名额许出来。

这时，杨之洋跟着他又各自抢出一箱炸药并加上一箱雷管，当还剩一箱炸药时，爆破组长由于吸进烟尘太多，身体没有杨之洋强壮，再加上心里急迫，气攻大脑，一下子昏倒在地。

其实杨之洋走路也开始摇摇晃晃了。但他还是凭本能朝火苗已经遍布的炸药仓库冲去。由于疏散，周围已经没有什么人影了，他像一尊活着的雕像一样映着步步逼近的火光。

突然，一个人出现在了他面前，把他挡在身后。

这个没说一句危险的矮个子竟然是四川知青朱小明。

他本来也躲在疏散的人群中，但看到杨之洋走路不稳，一下子冲了过来。

“你？一边呆着去。”杨之洋鄙视地看了这个四川知青头一眼。都是因为这小子，使得福蹲了大狱。

然而，也正是这鄙视的一眼，坚定了朱小明冲进火海的决心，他就是要以行动告诉杨之洋：他是个男人，是个汉子，并不怕死，并不比一个一米八零的北方汉子差。

朱小明不由分说，直接冲进了火海之中，杨之洋落在了后面。

后来，杨之洋才体会到朱小明和他抢着去面对死亡的目的，虽然他不承认有了此举朱小明就比他更强，但是，他知道朱小明也确实算得上是一个真正的男人！

朱小明身上冒着火焰，从炸药仓库中钻出来了，怀中抱着那一箱黄色炸药，木箱边缘已经发出焦糊味道。

杨之洋冲上去，接过木箱，叫着："快打滚，在地上打滚！"

说完，他先把炸药搬到了安全的地方。

当他放下炸药又回到朱小明身边时，却发现他静静地趴着，并没有打滚，而是任凭身上最后几缕布条烧光。

"妈的，开什么玩笑！"杨之洋蹲下去，使劲推了朱小明一把，并帮他把几团火苗拍熄，而使手上又多了几个血泡。

朱小明动了一下，喃喃地说出一句话："杨……哥，你看，我不怕……死吧，我只觉得开那……玩笑，是过分了，否则……我肯定要当场拿……拿刀劈你……"

他头一沉，不动了。

"朱小明，朱小明！"杨之洋大声呼叫着。

看到危险已经过去，胆大些的人们围拢过来，一个连队的卫生员翻过朱小明，摸摸脉，试试鼻息，又扒开眼皮看看瞳孔，轻轻叹了口气，摇摇头说："已经死了。"

"怎么会呢？他不到半分钟就从火中冲出来了呀！"杨之洋叫着。

"心力衰竭，他可能原来心脏不好，一下子承受不住高温高热高烟，导致心脏不能工作，停止跳动。"卫生员解释着。

当时并不会为一个普通知青进行解剖检查，只能以这种推测作为死亡原因。

杨之洋一下子沉默下去，过了好几分钟才像想起什么，一把抱起了朱小明，一步一步向不远处菜地走去，他要用那里的溪水为他洗干净熏黑的脸。

当抱着体温正慢慢凉下来的朱小明时，杨之洋感到的是整整一代人的悲壮。

上一次开荒大会战，他的朋友顺子被炸药炸得粉碎，而这一次，跟他有仇的朱小明又为抢运炸药送了命。

他们把青春和仗义，也一定有爱，静静地抛撒在这块红色的土壤上。他们从没有过什么豪言壮语，也没受到祖国和任何一级掌权人的厚爱，可以说，他们没有得到任何东西而付出了自己的一切！

这还不够悲壮吗？

也许，要建一座一百米高的知青纪念塔的念头就是从此时此刻萌发于杨之洋心头。

在菜地里的小溪边上，杨之洋小心翼翼地为朱小明洗着脸和没被烧坏的皮肤。

他知道，也许由他冲进火海中搬出炸药可能不会发生死亡事件，但是，也可能由于他动作明显缓慢而使炸药爆炸。

历史不能假设，杨之洋虽不懂这个道理，但他知道承认事实。

这次当众显出汉子气的是朱小明。

“兄弟，你是个男人！这个世界上，能在我杨之洋眼中算男人的人不多。”他附在朱小明的耳边轻轻地说。

又有一双手把清凉纯净的溪水撩到朱小明身上，这是阿雪。

阿雪为了杨之洋，曾和这个死去的男人睡过一次觉，她对他没有爱，也没有所谓“一夜夫妻百日恩”，但她敬重他，可以说，这次他又帮了杨之洋的忙，她应该把一个女性的温情再次献给他。

知青中，曾经流传这样一个故事：

一个漂亮的女知青非常忠贞于一个男知青，爱他爱到无以复加的程度，这个男知青因为组织了一个叫做“马列主义研究会”的学习小组而要被打成现行反革命，连长表示只要这个女知青和他睡一觉，就可以把材料压住，不报上去。最终女知青同意了，她认为这是为了爱而做出的牺牲，并不是亵渎了爱的神圣！

阿雪也同样是这样，她认为，为了爱而将肉体被不爱的人占有，只能是爱的升华，爱的顶峰！

杨之洋不懂得那么多爱的哲理，但他绝不会因阿雪也为朱小明洗尸而醋意大发，现在他想的只是朱小明，想着他够朋友、讲义气、不怕死，是条汉子。

尸体洗干净后，杨之洋又将朱小明抱回山脚下，并一步一步向山顶走去。

他曾将顺子埋在了那座被开拓出来的荒山顶上，他也要将朱小明埋在这座荒山的顶上。

没有人阻拦他，甚至团长领着人们跟在他身后。

此时，团长只能这样做，刚刚烧死了十个女知青，现在又烧死了一个男知青，早已让团长六神无主了。

假如将这个男知青隆重推为英雄，并大肆宣传，恐怕能够使团长找出点心理平衡。

后来团长果然做到了这点，不仅仅使朱小明成为全兵团的知青典型，而且经过当时云南省一家报社大版面地刊登英雄事迹，居然被省革命委员会追认为由政府部门认可的革命烈士，家属享受一切应有待遇。

团长还把他的家长请来，把和他有过几次关系的一个女知青当成他的恋人，和几个宣传干事组成了一个报告团，到各地巡回做宣传演讲，鼓吹××团出了一个英雄。

不少知青听到朱小明的名字后都说："嘿，领咱们打架的朱哥成英雄啦，说他一贯学习毛主席著作，狗屁，他连封家信都写不明白，一页纸错一半字。"

还有人指着那个女知青说："朱哥原来那个睡觉的朋友不是她呀。"

杨之洋则认为：朱小明在抢运炸药这件事上的确是英雄，但也用不着说他从娘肚子里一出来就没干过坏事。就如同后来敢炸越南人碉堡的人上学时也敢砸学校校长的窗子一样。

一个长方形的坑挖好了，一具从出国部队后勤单位紧急借用的棺材运来了，以后再还的当然不会再是这具。

朱小明穿上了团长从一个现役军人干事身上扒下来的新军衣，戴着军帽，被放进了棺材之中。

这种松木做的粗糙棺材本来是为出国抗美援越的军人准备的，随着越南战事平息，棺材也就没什么用了，本来想处理给地方，没想还未做出决定，中越边境反击战又开始了，不但一下子不够用，还需要大量购进一批。

一本毛主席著作摆在了朱小明头畔，他生前虽不太主动学习，死后还是应该天天伴随。

棺材盖钉上了。棺材被放进坑内，十几个壮小伙子准备挥锹埋土。

"慢！"杨之洋突然喊了一声。

人们一愣。

趁着这机会，杨之洋一把抓过跟在团长身后的一个警卫连战士的冲锋枪。

所有人都吓住了，还有几个警卫连战士赶快拉开枪栓，将枪口对准了杨之洋。

杨之洋面无惧色，一寸一寸地抬高了枪口，直到枪口对准了蓝天。

他的脸像岩石一样坚硬，眼睛像钢铁一样阴沉，一动不动，只是胸脯剧烈起伏。

他想起了什么？

是想起黑龙江生产建设兵团在一次扑救山火时，一次烧死了三十七个知青吗？

是想起海南生产建设兵团在一次山洪中淹死了一支由知青组成的毛泽东思想宣传队的二十六个姑娘吗？

是想起了广东生产建设兵团在开发牛田洋时，遇到一次大海啸，为拦大坝，一次就死了上百个知青吗？

是想起了那些因砍树、开荒、疾病、不堪受辱而死去的分布于全国各地的知青吗？

不，他什么也没有想，只为了朱小明一个人，扣动了扳机。

二十发子弹全部发射到空中，弹壳飞溅，纷纷落地。

但所有在场的知青都明白：这是为了整整一代人的青春和爱！

眼泪顺着所有知青的眼眶涌流出来。

假如说，在第一次开荒会战时，人们在掩埋顺子碎尸时流出眼泪只是出于同情和怜悯顺子的话，那么这次，所有知青就是都在同情和怜悯自己了。

那么，也就是在同情和怜悯整整一代人！

团长理解杨之洋的行为，当年在解放全中国的战场上，他有战友牺牲时，也会以这种形式发泄。

他低声下了命令：“所有带枪人员，举枪，齐射！”

十几支冲锋枪和几支五四式手枪一同打响了，直到不剩一颗子弹。

朱小明被掩埋了，而团长并不轻松，山下那十具烧焦的女知青的尸体还不知如何处理。

杨之洋打掉朱小明另四颗牙的念头实现在了那个因看《少女之心》而引起火灾的知青身上。

那个知青一开始还满不在乎，当得知烧死十个女知青后，便一直面无人色，跌坐在山脚下站不起来了。

杨之洋走过去，抓住他的脖领子，半提起来，狠狠一拳打过去，顿时四个门牙断裂，流出了那个知青嘴外。

以后，无论有人给杨之洋送来多么精美的黄色画报、书籍、扑克牌和原版色情录相，他都只会还过去一顿臭骂。

一九八二年，朱小明家中收到了一张可以在成都任何一家工商银行领取现金的五万元存折，存折上的名字是朱小明。

第十四章

进攻沙店可以立功，类人猿却当了一生中唯一一次逃兵——七五年水多，七六年寡妇多的真实谣言——到北京去献上一个三叶树的大花圈——打趴下三个警察，从一百多工人民兵手心中跑了出来

杨之洋被派往云南某地一个叫沙店的地方是在云南生产建设兵团刚刚被撤销以后。

和兵团成立时一样，撤销兵团也是毛主席的伟大战略部署，是革命形势的需要。

也同样和兵团成立备受欢迎一样，撤销兵团时依然受到热烈欢迎，尤其受到地方干部们的热烈欢迎。据说，这个决定是一部分地方干部坚定不移、长期不懈斗争的结果。

当然，也有更内部的消息说，这是邓小平全面主持工作以后一个发展经济的重要战略方针：军事化农业劳动生产不能适应搞四个现代化的需要，也不符合经济规律。

几年的兵团生活，虽然有一些现役军人成了阶下

因，造成不好影响，但大部分现役军人可以说没有功劳，还有苦劳，没有苦劳，还有辛劳，所以一些基层单位还是举行了欢送会，赠送了纪念品。

不过，怎么说现役军人走时从心情上是阴郁的，灰溜溜的。

杨之洋觉得和王连长还是有几分情谊，特意买酒和肉罐头请了王连长一次，王连长当场脱下身上的国防绿新军装送给了杨之洋。

若干年后，杨之洋以一套价值一万港币的真正英国伦敦高级裁缝制作的西装作为回报，据行家们判定，这套西装只会穿在外国总统和一些千万富翁身上。

送走王连长时间不长，上面便让农场组织一个战场担架队，先是说进行演习，后来透出风声，是参加真正的战斗。

听到打仗就热血沸腾的杨之洋自然第一个报名，也自然会被批准了。

一个由外科医生、护士和担架员所组成的几十人的战地救护队不声不响地登上火车，向北进发了。

抵达到开远火车站时，命令才正式下达，是随中国人民解放军某野战军的一个师去围剿一伙劫了一汽车军火的现行反革命。

这伙现行反革命驻扎在一个叫沙店的地方，有上千之众。

沙店，在云南省曾是一个名气远远超过不少州县的村落。

杨之洋其实早就听说过这个地方，那是在派性最严重的日子里云南人当故事讲的。

沙店人大多是参加了“炮”派，而这一派组织又被中央文革定为反动组织，另一派“八”派全省掌权，并以此划线站队。

“炮”派的不少头面人物被关进监狱，就是一般成员也经常被批斗，抬不起头来，更有一些地方，动用酷刑，虐待“炮”派人员，甚至毒打致死、被辱自杀的事情也时有传闻。

但偏偏沙店一个弹丸之地“八”派神气不起来，更谈不上掌权了，这里依旧是“炮”派的天下。

沙店成了掌权派“八”派的眼中钉、肉中刺，折腾了几年以后，终于以沙店人抢劫军火为名，实施武装解决了。

其实在一九六八年、一九六九年云南发生大规模武斗时，沙店人已经拥有枪支，那并不是抢的，而是持同一派观点的部队送的，如同“八”派的武器来源没有什么两样。

几年来，沙店经常放映电影《地道战》、《地雷战》，对村民进行全民皆兵、时刻准备打仗的教育。这种教育在沙店被进攻时果然大见成效。

虽然在一九七九年，《人民日报》发布了一条不显眼的小条消息，说中央为一九七五年发生在云南的“沙店事件”平了反，但到现在为止也没有人承担下令进攻沙店、并动用炮兵部队的责任。

有传闻说是当年王洪文到云南听取汇报后做的决定，但在公审他时，并没有提到这一死伤千人的事件。

一切都只好等历史去表白了。

杨之洋随救护队一到沙店附近的一个村庄待命休息，就开始装病。他从本能上不愿参加这场战斗。倒不是他有什么派性，只是觉得出动正规部队去收拾几个老百姓太给解放军丢脸。何况，以他的性格，也总是同情弱者。

当战斗打响时，他只是爬到一个房顶上观看，没有冲进枪林弹雨之中。

不过，他很惊讶沙店老百姓的战斗力，部队组织的几次有力进攻竟然都被打退了。

先是以排为单位的进攻，最后发展到以营为单位进攻，还是不能奏效。

沙店的房子似乎每一座都是一个碉堡，每个地方都随时会伸出枪口，打得部队防不胜防，即使冲进街道，又不得不赶快退出来。

为了避免更大伤亡，指挥员经向上级请示将部队的炮团拉了上来。

一声令下，几十门大炮一同喷出怒火，十分钟后，沙店变成一片碎砖烂瓦，基本上被轰平了，沙店人再也组织不起有效的防守。

战场救护队该出动了，而杨之洋表示怕被流弹打死，趴在房上一动不动，当了他一生中唯一一次逃兵。

最后清理战场，发现部队官兵死伤数百人，沙店老百姓伤亡千人，这场战斗后来被称为“文化大革命”中最大一次武斗。

多少年之后，沙店又繁华起来，是云南省内首批以经商富裕起来的地区，当地人认为，这是他们用鲜血和生命换来的权利！

农场战场救护队荣立了集体三等功，但杨之洋被除外了，因为他是一个怕死的逃兵。

他一笑了之。

杨之洋回到自己的生产队后，发现全农场范围内正在追查一个反革命谣言。

谣言很简单，说“一九七五年水多，一九七六年寡妇多”。而且说此预言出自四川名山青城山一个百岁道人之口。

道人卜卦、和尚解签、相士算命在中国自古就有，据史书记载，有些还颇为灵验，即使在现当代，也有许多预言之准令人目瞪口呆。

据传抗战时期蒋介石曾找青城山一个道人算命，那道人给他写下八个大字：胜不离川，败不离湾。

结果，前四个字他没有遵循，抗日战争刚一胜利，便迁都南京，三年多时间，便损兵八百余万，再无统治大陆河山之望。

他遵从了后四个字，三十年后，台湾作为亚洲四小龙腾飞起来，人年均收入六千美元，成为一个中等发达地区。

国民党政府代总统李宗仁先生在自传中也讲过一段真实经历。

他年轻时从军校毕业后在广西一支部队中当营长，有一次一群军官拉他去算命，他本不信这些，但不愿扫大家兴，便去了。

到了算命先生家，算命先生主动要给他算一卦，说因为他命相好，以后能大富大贵，有天子之福。

李宗仁认为这都是胡扯，便问算命先生近一点的事情。算命先生仔细端详他后，说他一年之内必将官升三级。

李宗仁更觉得是无稽之谈，还开了个玩笑，一指那些同僚："除非他们都死了。"

没想到，由于军阀开战，李宗仁带兵有方，由营长而团官，由团官而旅座，由旅座而边防军司令，果然全在一年之中完成。最终在一九四九年初当了几天代总统。

他在自传中还说，那个算命的连他父短命，母长寿，娶几个妻，有几个子女都算得毫无差错，令他不解。

由此可见，和尚、道士、算命先生也不像有些人说的只是行骗，若毫无准确性，此行当也不会流传千年以上。

不过，"文化大革命"中，干这门营生的确实销声匿迹了一段时间，一九七五年又冒出道士的预言，当然令掌权者恼怒，便四下追查谣言，当成一桩严重的反革命案件来抓。

一开始，杨之洋并不信这谣言，也觉得上面如此大动干戈确实有点小题大作，不过，他也想过可能是醉翁之意不在酒，就像批林批孔，其实矛头是对准周恩来一样，这样大规模追查谣言没准又是跟哪个人过不去。

谣言流传太广了，便很难查到出处，就像黄色手抄本《少女之心》流传太广了，便无法找到始作俑者一样。

正当追查谣言到了强弩之末时，河南省驻马店地区一场空前的洪水，冲垮驻马店铁路大桥，淹死数十万人，酿成解放以后最严重的一场水灾。

被追查的谣言中“七五年水多”的预言应验了！

于是，人们开始揣测“七六年寡妇多”的具体含义。

寡妇多就说明男人死得多，而且数字一定要大大超过往年，带来灾难性后果才算应验，如同“七五年水多”一样。

那么，只有战争才会导致男人大量非正常死亡，然后寡妇才会多。

难道一九七六年会有战争爆发？

人们难以置信。不过，随着全国开始的大规模反击“右倾翻案风”运动，各种谣言蜂起，人们也就不太关注“七六年寡妇多”的问题了。

直到一九七六年九月九日，中国首脑三巨头相继去世到最后一位，而他们的妻子都还健在之时，人们才终于搞明白了“七六年寡妇多”的真正含义是什么。这个预言同样是应验了！

再以后，各种相书、《周易》新解大量出版，诺恩拉拉达穆斯大预言的引进，使人们对人和人类命运的预言到了不能不信的程度。

一九七六年一月八日，一代伟人周恩来离开了这个令他心力交瘁的世界。

不管今后的历史对他如何评说，在一九七六年那个寒风凛冽的日子里，举国上下一片哀痛，如果说人们对他的去世和九个月以后对毛泽东的去世的悲伤有什么不同的话，那就是对前者有如失去了亲人，对后者有如失去了依靠。

起码杨之洋是这种态度。

他决定去北京为周恩来送葬，反正他这一年的探亲假还没有使用。

他对周恩来有一种特殊的、似乎无法形容出来的情感，这情感一直深深地孕育在他的心灵间，从他很小的时候就存在了。

那是他上小学六年级的时候，有一次学校组织高年级学生结合历史课所学的内容去参观天安门广场东侧的中国人民革命历史博物馆，正巧国务院总理周恩来和国家副主席董必武也陪同阿富汗国王去参观。

当时北京还没有专门指定的中小学校组织专门的中小学生迎宾队，不知何时兴起的这种迎宾队有统一的服装，统一的纸花，还有经过严格训练后所统一的动作和统一的笑容。

大概是历史博物馆的领导临时和带队的老师商量，决定由杨之洋他们这些穿着五颜六色服装的高年级小学生排成两队，夹道欢迎。

由于事先没有通知，杨之洋他们并不知道欢迎谁，反正鼓了鼓掌，看见十几个年轻人簇拥着几个老头和几个外国人匆匆而过。

历史博物馆并没有因为有中外国家首脑参观而关闭，若是八十年代，恐怕天还没亮就军警林立、戒备森严了，好像在阶级斗争基本停息的日子搞阴谋破坏的可能性比千万不要忘记阶级斗争的日子还大。

杨之洋他们兴趣十足地跟着老师和讲解员转完所有展厅，最后来到中华人民共和国升起的第一面五星红旗前。

这时，出来一个人，宣布周总理、董副主席和外宾要和中国少年儿童在五星红旗下合影留念，孩子们这才知道刚才夹道欢迎的是些什么人。

周总理、董副主席和阿富汗国王来到孩子们中间，几个新闻摄影记者的闪光灯连续发出亮光，然后似乎一切都结束了。

但是，并没有结束，周总理竟然非常认真地和每一个站在前排的孩子握了手，并对孩子们的欢迎表示真诚的感谢。

除了从周总理的口中听到对自己的感谢外，杨之洋再没有从任何一个哪怕是生产队一级的领导口中听到对自己说出感谢两个字了。

他永远不会忘记周总理握他手时射来的那种慈祥温情的目光，像爷爷对孙子，像慈父对幼儿，像哥哥对弟弟，像朋友对朋友。

若论仗义，在中国头一号就是周恩来了！他也还记得，周总理脸上已经起了老年斑，皮肤开始松弛、下垂，但握起手来还可以感到精力充沛。

杨之洋当时绝不知他今后的命运如何，但他知道他将永远怀念这温暖的一刻。

为了这短暂的几秒钟，他觉得必须到北京去，献上一个花圈，看上周总理最后一眼，像孙子对爷爷，儿子对父亲，弟弟对长兄，朋友对朋友一样，否则便是不仁不义，不忠不孝！便算不上一个有良心的男人！

他请好了探亲假，做了一个两米高的花圈，花圈的材料全部是一种叫苦竹的枝叶，然后登上了北去的路程。

然而，一到昆明他的花圈便被扣住了，说是上面有指示：一律不准往北京送花圈。

讲了一个小时也不能通融，气得他大骂了一声："我×你妈！"

为这句话，他被两个工人民兵又给押送回河口，罪名是：对中央指示公开抵制。

农场的几个领导都久闻杨之洋的大名，而且怀念周总理的心情和他一样，随便打发走了两个工人民兵，让杨之洋回生产队了。

再去北京，已经赶不上给周总理送葬了，再加上他内火攻心，一下子发烧四十度，住进了医院，也就打消了赶回北京的念头。

一年以后，他才在新闻纪录片中看到十里长街百万人为周总理送行的悲壮场面，他相信，这场面在全世界也是空前绝后的。

认真想起来，谁也说不清楚中国人对周恩来的这种情感是怎样产生的。

在一九七八年底至一九七九年初，云南知青决定以卧轨、绝食、请愿三种方式向政府提出回城要求时，先举行了一次悲壮的誓师大会，这个誓师大会上第一个仪式便是在场的数千名知青一律向北跪下，为敬爱的周恩来总理默哀一分钟。据说赶赴云南解决知青问题的中央工作组一个负责人感动得热泪盈眶，用长途电话向北京汇报情况时泣不成声。

一九七六年三月下旬，从全国各地陆续传来消息，要在四月五日清明节举行大规模悼念周总理的活动。

杨之洋知道这次绝不能再不去了。

他又请了假，折下一大捆还是暗红、尚未转绿的橡胶树枝叶，没有扎成花圈，而是绑成一捆，以快件随车同行。

四月一日，他顺利抵达故乡北京。

在火车上，他就感到了一种动荡不安的气氛和一种激动悲壮的情绪，不少开往北京的火车车厢上刷着悼念周总理和影射某些领导和现实的大标语，使人在压抑中感到了振奋，在伤痛中觉出了希望。

他一下火车，取出橡胶树枝叶，也没叫车，一手提旅行袋，一手扶着扛在肩上的红彤彤的橡胶树枝叶，大步流星赶往天安门广场。

四月一日的天安门广场已经开始出现了花圈和标语，人民英雄纪念碑附近人群已明显地增多了。当局一时还想不出什么具体制止的措施，因为每年清明节前后都会有人向人民英雄纪念碑敬献花圈，以悼念先烈。

杨之洋到了天安门广场，步上人民英雄纪念碑的石阶，一刻不停，马上便把橡胶树枝叶扎成了一个一人多高的大花圈。

在一片白色和绿色的花圈中，他那红色的花圈分外醒目，如同人民英雄纪念碑被炸开一个伤口，淌着浓稠的血。

他冲着人民英雄纪念碑深深地鞠了三个躬，轻声说："总理，您安息吧。"

当他直起身子后，发现身边竟有上百人在跟着他一同鞠躬。

他连忙双手抱拳，向这一百多人作了个揖，表示谢意。

一个姑娘问他："大哥，你这是什么树，叶子这么红?"

"橡胶树!"杨之洋在说这三个字时，从来没有这么自豪过。

回到家中，关起门来喝酒、吃肉、睡大觉。几乎所有知青探亲回到家里首先都是进行这几件事。

然而，当杨之洋四月四日走出家门，又来到天安门广场时，发现了他远远没有意料到的情况。

花圈像山一样堆满了人民英雄纪念碑，北京重型电机厂的不锈钢花圈位居中间，他那个三叶橡胶树枝叶扎的花圈早已经被厚厚地压在了底层，汉白玉栏杆上密密麻麻地贴着各种内容的诗词，巨大的气球悬挂的标语飘于空中，那首后来著名的《扬眉剑出鞘》摆在碑基的最高处，极其醒目。

杨之洋被强烈震撼了！

他以为送完一个花圈就使自己对周总理的深深怀念和自己被压抑了近四个月的郁闷情绪发泄完了。

但是，当看到这一切，当看到天安门前那万头攒动，人潮如海的状况时，他发现自己还远远没有发泄够，或者说，他被故乡人们的情感再一次感动了。

他身处边远地区，信息不灵，何况他本身也没有更多的政治细胞，对当时中共中央内部的斗争知之甚少，也不大关心，他只是凭着一种本能对现状不满，希望能有一场变革。

关键在于他那种不安分的本性，他喜欢乱，喜欢“乱世英雄起四方，有枪便是草头王”，在乱中，他能寻找到刺激，能发现自己活着的意义所在。

于是，他毫不犹豫、自觉自愿地参加进这场自发的群众运动中，而且使他一下子重又产生了当“金猴”战斗队总勤务员，打流氓、抄家、破四旧，穿着国防绿、大回力，戴着一尺半宽大袖章拍“婆子”时的快感。

他总是出现在最显眼的地方。

纪念碑前，有人在念诗，后面的人听不见，他一下子跃上栏杆，冲那人说："哥们儿，我来。"他扯开嗓子，如同在橡胶林呼唤同伴一样，照着栏杆上贴的诗，大声朗诵起来。

云南山林中的呼唤和北方大平原上的呼唤截然不同。北方平原上要用低沉的粗吼，那浓烈的声波才能沿平坦大地滚滚传向远方。而云南山林中密密麻麻的树茎、树叶会轻而易举地阻挡住音域宽广的声波，必须用短促而尖利的声音像箭一样射穿这些障碍，才能飞过密不透风的植物屏障和峡谷。

当时的天安门广场上恰好需要这种声波，虽不好听，但能传得很远。

念完诗后，杨之洋又帮人爬到高处去放置花圈和张贴标语，最后，他居然用肩膀扛着一个大学生模样的人，那个人发表了整整一个小时的演讲。

深夜时分，他才回到家中。

他母亲对这一切都很担忧，她从自己第一个丈夫的命运上多少了解政治是怎么一回事，因而劝杨之洋还是要小心谨慎。

而他蹬三轮车的父亲却说："×他妈，连我们这帮板爷送花圈都一律免费，挤不上公共汽车的老头老太太去天安门白拉，年轻小伙子们还缩在家里干什么？中国人也得有个撒气的地方，你当我喜欢天天打老婆吗？一肚子火没地方泄！民国三十七年北平学生闹事时，我他妈从警察手中抢过水龙头，冲得那帮丫挺的警察一个个像孙子！"

杨之洋就是接受这种教育长大的，他不可能有什么书生气，他生父留在他血液中唯一的基因就是蔑视死亡，不甘忍受任何屈辱，当生成为负担时，就坦然地去死。

后来他就是以这种态度毫不后悔地离开了这个世界。

四月五日一大早，杨之洋又兴冲冲地到了天安门广场，他和许多已经到了那里的人一样，被惊呆了。

只见昨天还如山的花圈不见了，只有几个刚刚送来的花圈孤零零地摆在人民英雄纪念碑下，原来贴满栏杆的诗词也被撕去，只剩下星星点点的残迹。

"怎么回事?"杨之洋大声问。

有一个清洁工模样的人小声说："昨天半夜里被人用汽车拉走了，说都送到八宝山一把火烧了，那个钢花圈用吊车给吊走了的。"

"哪个丫挺干的?"有人问。

"还不是××指使马小六那帮孙子。"

××当时是北京市革命委员会头儿，对天安门"四·五"事件他本应负有很大责任，似乎却没受什么惩罚，而罪过大多记在天安门事件平反前夕就自杀了的北京市公安局的头儿身上。

马小六是首都钢铁公司一个工人，后来当上了首都工人民兵指挥部的负责人，他最大的作为便是调动十万工人民兵血腥镇压了自己家乡的人民。

向自己家乡人民动手的人自然都不会有什么好下场，不论在什么时候。

杨之洋听到××和马小六的名字，想不出别的词来，依然是他惯用的那三个字："×他妈!"

到上午十点多钟，天安门广场汇集的人越来越多，花圈虽又增加了些，但远远没有昨天那种壮烈气势，人们骚动的情绪和不满的言论越来越多。

有人悄悄传说：一部分还未烧毁的花圈被放在天安门广场东南角一幢二层小楼中，那是首都工人民兵指挥部。

“抢出来!”有人叫着。

杨之洋一马当先，向天安门广场东南角冲去，成千年轻人也一拥而上。

经过了几个小时的交涉，没有任何结果，但那座二层小楼却突然冒起了滚滚浓烟，火苗从门窗内向外跳跃。

这把火不是杨之洋放的。第二天《人民日报》评论员文章《天安门反革命事件真相》中说是“一小撮反革命暴徒”以对无产阶级专政机器的刻骨仇恨放的火，再以后几年，天安门事件平反之后，又有报告文学说是工人民兵或便衣警察自己放的火，以改变人民群众悼念活动的性质。

等消防大队的救火车来了之后，那小楼已经烧得差不多了。

当时情况下，不管谁放的火，反正对杨之洋一伙年轻人来说无疑像打了鸡血一样使他们兴奋不已。

再往后，他们在人群中钻来钻去，看到穿制服的警察便将他的大沿帽抢下来，在空中乱飞，有人一指哪个人是便衣在偷偷拍照，便一下围住，逼令将胶卷取出曝光。

当北京市公安局的宣传车开进广场，慢慢转着圈，说有阶级敌人捣乱破坏时，杨之洋又招呼一群人将宣传车掀翻。

后来，杨之洋从电视中看到一个荣立二等功的年轻女警察在慷慨激昂地宣讲她如何和坏人做斗争时，大为惊讶。因为他明明看到这位警察大姐从翻倒的车中爬出来，一边哭一边向人们解释：“我不是自愿的，是上级非派我来。”

杨之洋从来不对女人和弱者下手，还阻拦了几个要踢打女警察的愤怒青年，没想到这上了战场准当叛徒的女人居然立了二等功。

“妈的，准是和局长睡了觉！”杨之洋按兵团的情况做了简单推理。

晚上七点钟时，天安门广场上所有的喇叭都响了起来，北京市革委会领导人的声音传出来，正式宣布天安门广场悼念活动的性质已经改变。

与此同时，利用一天时间从郊区调进城的工人民兵以人墙形式包围了天安门广场，一车车解放军官兵也进入天安门两侧的中山公园和劳动人民文化宫集结待命。

不少人开始溜出天安门广场，但杨之洋却越来越兴奋，他绝不会当逃兵！

晚上九点钟，天安门广场上所有华灯大放光明，将全世界最大的广场照得如同白昼，几千名警察手持橡皮棍走在前面，数万名工人民兵拿着尼龙绳和钢钎、木棍走在后面，以人民英雄纪念碑为目标，开始收缩包围圈。

进攻的方式是：警察用橡胶警棍将“反革命分子”敲倒，工人民兵用尼龙绳捆绑起来，若有钻出警察包围的，工人民兵手中的木棍再打，解放军官兵到万不得已时最后出动。

包围圈内约还剩几千名群众，大部分继续在纪念碑上大声朗诵诗词，大声唱国际歌，一片悲壮气氛。还有一小部分人开始占据有利地形和准备武器，要与进攻者决一死战。

杨之洋自然属于后者。

当时毛主席纪念堂还未修建，人民英雄纪念碑和前门城楼之间是一片绿地，阴影幢幢，很好隐蔽，另外有几排平房的房顶上可以进行抵抗。

杨之洋先是上了房，揭开瓦片，拆下一根檩条，拿在手中，他知道，有了这根东西，十几个普通人别想抓住他。

人民英雄纪念碑那边开始传来惨叫和怒骂声，而后成片的呻吟声也渐渐传来，第一批被捆绑的人由工人民兵押送出来了。

假如杨之洋和十几个年轻男女一直趴在屋顶，不出动静，在混乱之中可以等到天亮，也就不会有什么危险了。

但杨之洋不是这种人，他一块瓦片飞了出去，正中押送队伍领头的那个工人民兵脸上，只听一声嚎叫，注意力被吸引过来了。

不到两分钟，十几个警察和一百多工人民兵将杨之洋他们占据的一间厕所包围得严严实实，先是讲了一番“坦白从宽，抗拒从严，首恶严惩，胁从不问”之类的政策，见没有作用，便开始攻打。

无奈当时没有催泪弹，也没有开枪的命令，靠警棍和大棒一时很难攻到瓦片乱飞的“反革命分子”身边。

不过，当房顶的瓦片揭光之后，警察和工人民兵仗着人多，一拥而上，虽然有几个人掉到尿池中，可还是将杨之洋他们从屋顶打到地上来，一个个击昏，像杀猪一样绑了起来。

杨之洋的逃跑并不艰难。

他苏醒过来时，已经在劳动人民文化宫的一间厢房中，屋里黑洞洞的，外面还是漫漫长夜。

同屋有几十个男女还在昏迷中，一股股血腥味传来，有他头上流出来的，也有从别人身上流出来的。

他记得昏晕前最后一个场面是他救护一个十五六岁的小姑娘，那小姑娘头上淌着血，眼中流着泪，声嘶力竭地叫着：“我们有什么罪？人民有什么罪？”

他几下子打趴下两个正在捆绑小姑娘的工人民兵，但一根棍子敲在他脑袋上，他眼前一黑，什么都不知道了。

几年前，在河口县城那次被围打时，也是有人偷袭了他一下，使他头上现在还留有一条疤痕。

他推推身边一个发出哼哼声的小伙子，把他搞醒，小声说：“嘿，哥们儿，我兜里有把跳刀，你用嘴把它叼出来。”

那小伙子明白了他的意思，俯下身，居然将杨之洋的口袋咬破，叼出了跳刀。

杨之洋翻了个身，压了一下跳刀按柄，刀刃一下子跳了出来。他用嘴咬住刀柄，一点点割开了那小伙子的尼龙绳，那小伙子活动了一下麻木的手臂，将杨之洋身上缠了十圈之多的尼龙绳也割断开来。

正当杨之洋准备去割其他人身上的绳子时，听到外面传来了动静，他忙和小伙子一下又缩到人堆中。

来的是三个警察，要来带人犯去连夜进行审问的，以便尽快找出黑后台来。

他们打开厢房的门锁，有点困倦地走进来，随便抓起三个人，拖着走出门去。由于他们还要很快返回来，所以没有再上锁，他们认为反正人都捆着，又还在昏迷中，出不了事。

这个疏忽，使杨之洋和那个小伙子溜出了临时监狱的大门。

没想到，那三个警察很快就返了回来，大概审讯室非常近，他们一下子便看见了杨之洋高大的背影。

“嘿，干什么的?”一个警察问，他绝想不到这是逃犯。

“首钢的。”杨之洋顺口一答。

三个警察走过来，两男一女，年龄不大，估计都是警校临时抽凋的。

“袖标呢?”警察问。

“在这儿。”

杨之洋边说边拳脚齐出，拳头打在一个警察肝部，脚踢在另一个警察裆部，而那个小伙子则当胸给了女警察一拳。

两个人都绝非一般的出手，仇恨加上困兽犹斗和求生欲望，力气肯定超过平常十倍。

据西方报载，一个平常提几十斤东西都气喘吁吁的妇女在她小儿子被压在一辆汽车下时，居然一个人抬起了汽车，使小儿子获生。

所以，三个警察在不可思议的重击下，全部趴在了地上。

杨之洋一招手:“快，换上警服。”

两个人飞快地扒下男警察的衣服，套在自己身上，大摇大摆向劳动人民文化宫正门处走去。

门口，一百多工人民兵拦成警戒线，一个个正在吃着夜宵，见两个警察过来，还打着招呼:“来碗热汤面吧，还有肉包子。”

那个小伙子有点心虚，而杨之洋却顺手抓过十个还烫手的肉包子，说声:“谢谢。”跟着小伙子出了大门。

他跟那不知姓名的小伙子分手后，将那套警服脱下来，扔在西单路口一个厕所的大便坑内。

从临时监狱中跑出来，他可不觉得是逃兵，而是胜利者!

天安门事件彻底平反时，那个与杨之洋一块逃出来的小伙子曾经寻找过他，这小伙子想为报社写一篇文章，但始终不知杨之洋的下落。

后来，文章写出来了，没有一家报社愿意登，理由是有损警察形象。

这小伙子一气之下，奋发努力，考上了中国人民大学新闻系，立志当个著名记者，想写什么稿子就能发表什么稿子。

后来记者是当上了，但想写什么稿子就发什么稿子的想法并没有实现。

再后来他去了深圳，再后来又去了香港，自己办了张报纸，确实想写什么就发表什么，但报纸卖不出去，把在深圳赚的一百多万花了个精光。

他的结局是到澳大利亚一个牧场帮牧场主放羊去了。

第十五章

中越边境，黎明响起刺耳的枪声——加入围歼反革命的战斗行列——两百多条枪消灭不了一条枪——类人猿伤掉一条胳膊算是带罪立功

中越边境线上有一块大青石做的界碑，标志着两国的疆土以此划分开来。

界碑越南一侧刻写着：大法国越南；中国一侧刻写着：大清朝河口。

由于这是历史的见证，所以尽管两国百年来几番改朝换代，但没有任何一个政府派人来涂改更正这些文字。

杨之洋在这个界碑处照过一张像。他穿着一身国防绿军装，戴着跟王连长借的红领章、红帽徽，挎着一支五零式铁把冲锋枪，威风凛凛地站在界碑左边。

那是云南生产建设兵团刚成立不久，他专门请人来这里为他照的。当时他很真诚地认为他在“屯垦戍边”，也很真诚地愿意为捍卫祖国的每一寸疆土而

战斗。

假如他要真的成了中国人民解放军中的一员，是否类人猿的故事就要重写了？

可是，在一个没有平等竞争机会的时代，在百分之九十五的人还不能把自己的爱好转变成职业乐趣的时候，谁能掌握自己的命运呢？

后来，当杨之洋就在中缅边境一块界碑边时，他还会记得这张照片吗？

他是拖着流出肚子的肠子，爬了七米才到达那个界碑的。

那界碑不是大青石的，而是水泥制作的，也不是扁平状的，而是方柱体，顶部为锥形，人称方尖碑。

他死也要死在祖国的土地上。

任何一个受中国传统文化熏陶长大的人都会有这样的念头，它和政治与社会制度无关。

一九七六年九月的一个黎明，在离这块中越边境线界碑不远的河口县××农场某个生产队响起了刺耳的枪声。

这时，中越两国之间政府关系开始恶化，中越两国边境线也开始产生紧张情绪，任何一点微小摩擦都有可能带来严重的后果。

那么，这枪声是否两国边境争端的一个信号呢？

此时，中国政府在中越边境一带除了对付美国飞机的防空部队以外，还没有什么有战斗力的陆军，很漫长的一段边境线上基本由农场民兵执行警戒和巡逻任务，而农场的民兵大部分时间在忙于生产，根本不可能进行有效的警戒和巡逻。

假如枪声是边界争端的信号，那农场民兵是绝对抵抗不住打了几十年仗的越南人的。

幸好，问题还没有那么严重，这枪声发自一个四川知青的五六式半自动步枪的枪口。

他一枪击毙了一个民兵排的排长！

事情的起因并不复杂，当伟大领袖毛泽东九月九日逝世以后，全中国人民在短短九个月内掀起了第三次悲伤浪潮，而且这次除了悲伤之外，还加上了六神无主，不知中国将向何处去，未来将是什么样！

当时的毛泽东治丧委员会宣布了一条规定：在治丧期间，全国停止娱乐活动七天。

这符合国际惯例，也符合当时中国人民的沉痛情绪。

然而，那个四川知青在毛主席逝世第四天就玩起了扑克牌。

在全国性的麻将风还远未刮起时，插队的知青们便已经兴起了扑克牌的赌风，一开始玩拱猪，输了的罚站，贴纸条，喝凉水，耳朵上夹铁夹，有些流氓团伙打扑克，男女一起玩，输了的便脱衣服，直到脱光为止。

后来，物质性的东西加进来，赌香烟，赌菜票，直至赌钱。

当然，鉴于收入情况，输赢不过几块钱、十多块钱，但这足以使基本上没有任何文化生活的知青们感到精神刺激了。

那个四川知青便是一个打扑克上瘾的家伙，他忍耐不了七天不打扑克的寂寞，找人玩又没人响应，便自己玩了起来。

有人劝阻他：“七天之内不准娱乐。”

他回答：“毛主席都死了，谁还管得了我！”

这是四川人嘴硬的一种典型表现，他这句话和玩扑克行动被告到了生产队领导耳中。

生产队领导刚好接到毛主席逝世期间更要注意阶级斗争新动向的

指示，马上派人找这个四川知青谈话。

没想到，四川知青一听要找他谈话，知道要出麻烦事，头脑一阵发热，从门后面抓起一支五六式半自动步枪一头钻进了生产队后面的一座木薯山。

听到有反革命言行的人携枪上山，生产队长一面电话通知场部，一面组织民兵排将那座木薯山包围起来。

木薯山和橡胶林不一样。橡胶林是层层梯田，经常锄草，所以除了树干之外，没有什么隐蔽物，而木薯山上的木薯一旦长成一米多高，就不再管理，只是挖木薯才有人上去。到处是不低于木薯枝杈的荒草，一个人躲在里面，走到一米近也看不到人。

三十个民兵围在山下，没有一个人上山去搜查，何况也摸不清那个四川知青枪中是不是有子弹。就是没有子弹，用三棱刺刀刺一下也可以要命，再加上场部传来命令，让尽量做思想工作，以免事情闹大，所以民兵们警戒到太阳下山，就回生产队了。

天黑之时，那个四川知青溜下山来，回到宿舍，当时被人汇报到生产队，和他同宿舍的知青可能知道他从四川弄来不少子弹打枪玩，所以都溜之大吉。

生产队长来到门口，被一支黑洞洞的枪口顶住了胸膛，那个四川知青让先给他做饭吃，然后再谈判。

生产队长只好让食堂给他做了一大碗热汤面，还把自己家的鸡蛋煮到里面，端给了那个四川知青。

这四川知青一手端枪，一手吃面，对生产队长让他先放下枪的要求置之不理。

假如这时候有人借机一枪打断那四川知青的胳膊，也就不会发生后来一系列荒唐可笑的事情了，但没有人下这个命令。

吃完面后，那四川知青站到屋角，依然持枪戒备，也许他明白，一旦放下手中武器，被五花大绑起来，等待他的只能是以现行反革命罪被判刑。

他也许后悔过自己的手痒痒和嘴痒痒，但到了这种时刻，他似乎一时还想不出什么办法下台阶，虽然生产队长一再表示他放下枪，就按人民内部矛盾处理。

见谈不出什么结果，生产队长回家睡觉去了，思想转变总得给人个时间吧。

第二天一早，生产队长让民兵排长带两个民兵去看看，那四川知青想通了没有。

民兵排长端一支冲锋枪，带两个持步枪的民兵来到那个四川知青的宿舍前，一脚踢开了门。

迎接他的是一粒穿透力很强的子弹，先穿过他的左胳膊，然后进入心脏。

生产队长这才做出定论：事情发生了质变，那个四川知青确实属于现行反革命持枪杀人犯了！

杨之洋受命参加围捕现行反革命持枪杀人犯的行动。

他从北京回来，一直处在被审查的状态中，因为他四处大讲天安门事件的真相，而全国又在到处追查天安门漏网的反革命分子，自然他被要求说清楚他在北京期间干了什么。

他说不清楚，或者说他说得很清楚，每天喝酒、吃肉、睡大觉，至于他讲的天安门广场的事是坐汽车听人讲的，还有在厕所拉屎时听隔板那边的人讲的。

没有任何证据，因而也不能对他有什么实质性审查，何况他干活儿从来都是把好手，王支书又明显袒护他，也只能走个形式罢了。

当场部通知紧急出动民兵排去参加对×分场×队一个现行反革命持枪杀人犯的围捕时，王支书没有二话，便批准他一同随民兵排出发了。

抵达中越边界附近那个生产队时，杨之洋发现已经有一百多带枪的民兵包围了那个生产队，所有制高点上都支上了机关枪，并有零星枪声响着。

“妈的，不是演习吧？”杨之洋大声问。

“都死了人啦，还演习呢！”有人指了指不远处停放的那个民兵排长的尸体。

“真打，太棒了，有多少反革命？”杨之洋又问。

“一个四川知青。”

杨之洋一下子泄了气：“我以为有多少人呢！”

“多少人？一个还不够？想像天安门广场上一样啊！”

杨之洋瞪了说这话的家伙一眼，他可从来不会把天安门广场上的人当反革命，那都是英雄好汉！

“进入阵地。”民兵排长接到指示，把人带入了指定地点。距离那个四川知青据守的房子不到一百米，是食堂后面的橡胶林地。

大约有二百多民兵参加这场战斗，一共有十来挺轻机枪对准目标。

后来，王支书说：“当年我带一个连就消灭三百多法国人，现在倒用二百多人对付一个四川知青，丢人现眼！”

完成对那个持枪杀人的四川知青的包围后，一声令下，进攻开始了。

只听炒豆一样的枪声四起，枪弹下雨一样打在屋顶的瓦片和四壁的红砖上，越南的老百姓以为是按什么地方的习俗，为死人送葬而放的鞭炮呢。

那个四川知青据守的是一排十间平房的最头上一间，他在夜里便做好战斗准备，把所有床上的被褥都用水浸透，铺到房子上的一排木板上。

由于河口地区炎热，为了便于通风，房子都没有顶棚，只有几根横木搭在两头墙上，便于挂东西。

那个四川知青住的房子原来是一个老职工的住房，在横木上铺了一层木板，后来搬家，也没挪动，反正知青也不会要这种东西。

因为那是一副棺材板！

当地做棺材用料非常讲究，一般都用一种叫野菠萝木的杆心，这杆心坚硬如野梨木，呈红颜色，不怕虫蛀，不怕水浸，据说埋在地下，千年不朽。

这间房子上放置的便是菠萝杆心。

那个四川知青显然在四川参加过武斗，多少懂得一些战斗常识，将湿被褥铺到棺材板上，不怕手榴弹炸，子弹也钻不透，而且居高临下，便于发现敌方。

在民兵密集射击时，他裹在湿被子中并不还击，而当枪声稀疏了，他知道有人向房子冲来，再不紧不慢地放冷枪。

严格地说，二百多人、二百多条枪打一个人、一条枪应该是轻而易举之事，但事实并非如此，居然打了一上午没伤那个四川知青一根毫毛。

这是因为没有人真正冲锋！

几乎所有人都觉得，为一个四川知青去送命不值得，也就是说，并没有人把这看成是一场真正的你死我活的战斗，更多的人是在放枪过瘾而已。

打到中午时分，一个接连扔进屋内三颗手榴弹的四川知青跑回阵地，往山坡上一躺，抽起烟来，没想到刚好暴露在困在屋内那个四川知青的枪口下。

这其实纯属偶然。

本来从那房子内是不可能把子弹打到这个地方的，但那由于是顶头一间房，山墙上有一个圆洞，为了通风用的，从那圆洞中刚好可以进行射击。

一声枪响，那个躺在山坡的四川知青脸上开了花，鲜血伴着最后一股烟雾溅起半尺多高，他连抽动一下都没有，一下子死去了。

消息传开，四面阵地上的人都愣住了，一下子更没有人肯向前冲锋了，大家心里都有一个共同的想法：妈的，让一个四川知青打死算什么呢？

场部接到又死一条人命的消息，感到事态若再发展下去，大家的乌纱帽就都成问题了，某副场长当即打电话给山腰火车站，请求支援两挺重机枪。

由于是阶级斗争的需要，山腰火车站马上同意。

副场长乘坐火车，带着放在平板车厢上的两挺重机枪，赶到现场。

副场长是转业军人，原来是第四野战军一个重机枪连的指导员，自认为是重机枪专家。在批判林彪时，他对这场运动坚决支持，但一说到林彪故意在营口放走国民党两个师就非常不满意。

他当时就在营口打阻击，一个重机枪连一百八十多人，最后打得只剩七个，他也身负重伤，昏倒在阵地上。

“不是有意放的，是阻击力量不够，敌人冲出包围圈的。”他逢人就解释。

他觉得，说故意放跑两个师不符合历史事实，是对他死去的那些战友的侮辱，也是对他的侮辱。何况，林彪前前后后消灭了一两百万国民党军队，有意放走那两个师干什么?!

二十多年没打仗了，当两挺重机枪往山坡上一支，他觉得又恢复了战争年代时的青春，虽然前面只有一个敌人，但就像对着一个营，一个团，一个师的敌人一样。

“打!”他手中的五四式手枪一挥，下达了命令。

这种既可以高射又可以平射的重机枪是山腰火车站防空时使用的，其实常年累月锁在仓库里，机枪手一年都没有一次实弹射击的机会。这次带来半箱子弹，能过足了瘾。

只见扳机一扣，两条火龙扫了过去，顿时瓦片乱飞，引起人们一阵叫好声。

“三人一组，冲锋!”某副场长又下达了命令。

民兵们慢腾腾不太情愿地向生产队毫无遮挡的空场走去，对面刚好射来几发子弹，便全都齐刷刷卧倒在地。再没人向前了。

看了近半天工夫，杨之洋早就气急败坏了，可他是机枪手，任务是打机枪，冲锋轮不着他去上。

此时，他几个箭步冲到副场长身边：“副场长，让我上，保证收拾了那小杂种!”

场部保卫干事带着一个警察刚好也绕过来，一见杨之洋就说：“你就是杨之洋吧？你要被收审了！”

“为什么？”杨之洋有点奇怪。

那个警察拿出一张照片，一看就是用带望远镜头的长焦距照相机拍的。照片上，杨之洋正攀在人民英雄纪念碑的汉白玉栏杆上，张大嘴巴喊着什么，从那角度分析，拿照相机的人是在人民大会堂顶上或高层窗子前拍摄的。

保卫干事有点得意洋洋：“杨之洋，这回你不说你在北京每天喝酒、吃肉、睡大觉了吧。”

“猪他妈才那么过呢。”杨之洋回了一句。

保卫干事对副场长说：“副场长，公安部门发下来一些照片，让各单位查找相片上的人，然后收审。”

杨之洋不服地说：“当时天安门广场上好几万人，都收审吗？”

“可谁让你站那么高呢？”保卫干事讥讽了一句。

杨之洋不想跟他废话，转身对副场长说：“副场长，让我上，我完成任务再让他们把我带走，我要是不跟他们走，我是狗狼养的，反正没做亏心事，不怕鬼叫门，悼念周总理说塌下天来也不是犯罪。”

副场长多少了解杨之洋，知道他是一个说到做到的汉子，再看看那些趴在空场上不但不冲锋而且还慢慢往后缩的人们，便一咬牙，把五四式手枪塞到他手中：“小杨，你可别让我这副场长替你坐大牢啊！”

保卫干事忙上前阻拦：“副场长，您可得慎重点。”

副场长是个东北汉子，抬头就骂了一句：“混蛋，把他带走，你冲上去！”

“我……”保卫干事心虚了。

而这时，杨之洋已经冲下山坡，穿过了食堂，一溜滚到了平房的墙根，那是射击的死角，没有任何危险。

其实，民兵中若有十个像杨之洋这样的也就用不着副场长带重机枪来了，因为屋内一个人一根半自动步枪是不可能一下子防住四个方向的。

杨之洋贴住墙，尽量不发出动静，一点一点挪到门前，而这时，为了吸引屋内人的注意力，重机枪又响了起来。

杨之洋趁机一脚踹开了门，他知道短枪比长枪灵活，出手快，瞄准方便，所以才敢踢门而入。

没想到，那个四川知青由于头顶上瓦片碎得差不多了，再呆下去就会全身露出来，便溜到地上，正好和杨之洋打了个照面。

两个人都一愣，同时抬枪扣动了扳机。

几乎只发出一声枪响，两个人都捂住了胳膊，鲜血都从手缝中涌了出来。

杨之洋是左手臂被打断了骨头，而那个四川知青是右肩膀被击穿了。

“大哥，咱们都是男人，给我个机会。”那个四川知青见杨之洋又举起手枪，一下子跪倒在了地上。

“什么机会?”

“让我自己打死自己。”那个四川知青乞求着。

“行吗?”杨之洋看他已经抬不起右臂了。

“可以。”那个四川知青咬咬牙。

杨之洋连一秒钟都没犹豫，扭头就走出了屋，从容不迫，沉稳镇静，根本不考虑那个四川知青会从背后给他一枪。

他才走出十来步，屋内一声沉闷的枪声，他站住了，又走回去。

只见那个四川知青是把枪立起来，枪托拄地，枪口顶在下巴上，光着脚，用右脚大脚趾扣动了扳机。

他和枪顺一个方向倒下，脚趾还勾在扳机上。

民兵们一拥而上，冲进屋来，有几个人把枪膛里最后的子弹都扫在那个四川知青的身上，一个个像勇士一样。

杨之洋冷笑一声，走回山坡，把五四式手枪还给副场长，然后对保卫干事说："我完成任务了，你也完成任务吧。"

保卫干事从屁股后面掏出一副手铐，打开就要往杨之洋手上戴。

副场长抬手就往天上放了一枪，嘶吼一声，说："哪个要敢把我的人带走，我当场毙了他狗日的！"

保卫干事和警察都愣住了，杨之洋也愣住了。

副场长放低了点声音："这是我的功臣，他立功是我和大家瞪大眼睛看着的，他在天安门广场干什么事你们看见啦？就算说了几句错话离抓人也还远着呢！退一万步说，也还有将功折罪这一条吧？打辽沈战役时，刚刚还打死我们战士的俘虏兵我还敢把重机枪交给他，让他再去扫国民党兵呢，仗打完了，照样立功，升为排长！"

保卫干事和警察一句话也回答不上来。

副场长一挥手："准备担架，送小杨到驻军野战医院治疗！"

说完，副场长又从保卫干事手中拿过那张照片，几下子撕得粉碎，朝保卫干事脸上一扔，骂了句："你他妈再干蠢事，我撤了你的职，让你去幼儿园抱孩子！"

杨之洋一下子笑出声，因为让男人去抱孩子显然是对这个人最大的蔑视。

杨之洋没有被收审，但也没立成功，最后算是将功折罪。其实，他从来也没想过立功的事，也没想过折罪的事，他的一切行为都仅仅因为他的性格就是要干别人不敢干的事！

他一想起电视中播的那个女警察得二等功，就会觉得立功对他来说是一种耻辱，因为他就会和那个女警察一样了。

他很感激副场长对他的信任，以他不欠任何人账的原则，后来他给副场长寄了十盒美国生产的专治肺病的特效药，因为他知道副场长有慢性肺炎。

他伤好以后，被称为“四人帮”的江青、王洪文、张春桥、姚文元已经被老帅们抓了起来，全国人民沉浸在一种获得第二次解放的兴奋状态中。

第十六章

维续批判胡风和“投鼠忌器”——类人猿决定改变自己最后的命运——在缅甸首都仰光并没有发大财——缅共游击队贩毒的马帮中竟然有一个老同学

杨之洋不明白，又批判胡风干什么？他倒不是想着为父亲平反的事，他只是觉得拿那些死人折腾来折腾去没多大意思。

在他和所有人概念中，胡风集团是铁案如山了，一伙反革命坏分子，虽然他们始终也没从那厚厚一叠文件中看出胡风和他手下那些人哪句话说得违背了马克思主义。

胡风翻不了案，也就是说杨之洋的父亲翻不了案。

杨之洋从不靠父亲活着，翻不翻案对他产生不了什么影响。他最看不起那些靠老子活在世上的千金小姐和公子哥们，以前看不起，以后也看不起。谁要在他面前炫耀一句自己的老子，他只有一句话：“玩蛋去!”

但他的母亲很焦虑，这个女人到年近五十时只剩下一个想法，就是把儿子调回北京来，不能再让他在穷山沟里受苦受难了。

然而，当一九七七年又发下一大堆材料，让全国人民莫名其妙批胡风反革命集团时，她再也受不住了。

她在一家小医院躺了十天，终于离开了这个几乎没给她带来一天幸福的世界。

杨之洋及时赶了回来，其实，他晚回来几天他母亲也会等着他，许多奄奄一息的人顽强地挺着，不肯咽下最后一口气，都是为了和亲人见上最后一面。

她见到杨之洋后，只告诉了他几句话："自己奔条路吧，没有人能帮你了。另外，千万别恨你的父亲，你的两个父亲都是好人，但都对不起你，一个生下了你，却没有养你，一个养了你，却不会养。要恨，就恨你的妈吧，都怪你的妈没嫁个……"她说不下去了。

杨之洋无论如何也理解不了母亲此时的情感，他只知道一点，就是母亲爱他，他也爱母亲。

他永远也猜不出母亲后悔没嫁个什么人。是大官？可多少大官不照样死无葬身之地吗？是外国人？可再生一百次杨之洋也愿意当个中国人！是农民？可农民不是更苦更惨更没文化更凄凉吗？

他猜不出来便也不去猜了。反正已经这样，谁也改变不了历史，最伟大的人和最卑鄙的骗子都不可能把已经过去的事改变，他们能改变的只是现在和未来。

把母亲送进火葬场之后，杨之洋又来到天安门广场。

这里已经用木板墙围了起来，里面挖了个大坑，要修建毛主席纪念堂，让毛主席的尸体千秋万代永远保存。

后来，杨之洋才听说毛主席曾经在一张火化尸体的倡议书上首先签了字，其他中央领导人也签了字。那就是说，保存毛主席遗体是违反了最高指示。

天安门广场上那些木板墙上有张贴过标语和大小字报的痕迹，是周总理逝世一周年时人们张贴的。

杨之洋奇怪去年四月五日抓的那些人为什么还没有放出来，抓他们的罪名不就是攻击了当时的中央领导人吗？而这些中央领导人也已经坐进监狱！

有杨之洋这样疑问的人不在少数，据当时一个大人物的一个讲话解释，这叫“投鼠忌器”。

也就是说，怕用砖头砸老鼠时碰坏了玉瓶子，不值得。

但是，不砸死老鼠就可能有瘟疫传染流行，人都病死了，要那个玉瓶子摆给谁看呢！这才叫不值！

没有人回答杨之洋的不解，只有报以一脸苦笑。

王支书说得对，他不懂政治。

也就是这次回北京为母亲送葬，使杨之洋决定由自己来改变自己的命运了。

国际歌中有一段唱词：“从来就没有什么救世主，也不靠神仙皇帝，要创造人类的幸福，全靠我们自己。”

他只能靠自己！因为他无人可靠，也因为他血液中流动的就是不依靠任何人的血液！

一个月后，他回到了云南，在昆明住了三天，而后，没有坐火车回河口，而是乘汽车向滇西南方向而去。

他准备出国！

当时，中国还远没有掀起出国大潮，有个别出国探亲和接收遗产的有如凤毛麟角，也没有什么人羡慕或嫉妒。偷越边境者一律视为叛国罪，轻者无期徒刑，重者立即枪毙，和八十年代劫机犯的下场相同。

中央音乐学院院长、享有世界声誉的小提琴家马思聪便是搭乘小船偷越国境的，结果被宣布为大叛国者，到后来宣布平反时，他已经客死他乡了。

并不是所有叛国者都会被平反的，即使都是在“文化大革命”期间偷越国境的，法律面前人人平等这一信条在中国既没有传统，在现实中也很难奉行。

即使跑到社会主义国家，如苏联、越南、老挝，也是叛国，而叛国和现行反革命二者可以画上等号。

这也是为什么杨之洋跑到越南投身援越抗美不成回来后不愿承认的原因。

但在中国有一段特定的边境地区，对偷越国境者的处理却形同虚设。尤其是知识青年们，把踏过边境线视为儿戏，出去没人管，回来照样没人管。

这便是中国和缅甸的边境线。

这条边境线是中国和缅甸政府友好时期，中国领导人以大家风度和大国的宽容与缅甸政府协商划定的，当时有争议的部分几乎全部划给了缅甸，为此还出现了这样的情况：本来属于中国的一个小村被从中间拦腰斩断，一半归了缅甸。

那座标志边界线的方尖碑立在了这个村落的正中间，成为中华人民共和国大度宽容忍让的证明，后来也成为一个旅游点。

中缅政府曾经关系不错，受缅甸政府之邀，中国还派出过部队越过边境线协助缅甸政府军围剿一九五零年溃逃出去的国民党李弥残部，有过军事史上不可不记载的千日埋伏。

但由于那一带山高林密，地形复杂，终于未能将国民党军队残部彻底消灭，以至于当台湾当局也放弃对他们的支援后，他们为求生存，加入到种毒贩毒的行列中，成为“金三角”地区中一支颇有实力的毒品大军，仅次于毒王坤沙，排列第二。

杨之洋一九七七年出国，就是准备从几乎无人看管的中缅边境一带偷越，这一带缅甸境内基本上是缅共游击队的天下。

国外无亲可探、无财产可继承的杨之洋当然办不到护照，只能铤而走险，好在他也不是第一次了。

不过，他出国的最终目的不是为了帮缅共游击队打仗，他已经清醒地认识到自己不懂政治，也不可能再懂。

不可能懂的事就不要去干！他坚信毛主席说的“人贵有自知之明”是一句真理。

杨之洋是从云南省德宏自治州瑞丽县的瑞丽江越过边境的。

这条没有多宽的江和河口境内的红河一样，是一条界河，边界线以主航道中心线划分。

本来从畹町镇和弄岛镇可以走陆路通过，但那里情况复杂，他怕出现万一。而河边人烟稀少，情况简单得多。

当他到达瑞丽江边时，才发现形势有变，出现了一些民兵在巡逻。

杨之洋很不幸运，将要在戒备森严的状态下泅渡瑞丽江了。

他本来可以返回昆明，等待时机好转，防备松懈后再来越过边境线，可他天生就喜欢冒险，喜欢寻求刺激，因而他没有离去，而是潜伏到一片香蕉园中，要在夜幕降临时偷渡瑞丽江。

夜是一点一点到来的，如同白昼是一点一点消失的。

星星还未出现，萤火虫便满天飞舞了，最后几只寻食的白鹭轻飘飘落到江边的大青树上，惹得成群的白鹭一阵骚动。

傣族小伙子用毛毯裹着傣族姑娘来到香蕉园中，斜躺在地，诉说着一些甜言蜜语，夹杂着一丝毫不拘谨的抚弄，姑娘愉快地嬉笑着。

杨之洋一动不敢动，不愿发出一点声响，因为透过香蕉树的缝隙，还可以看到提猎枪的民兵的身影。

这些常年生活在边境地区的民兵和内地农村的民兵绝不相同。内地农村的民兵只是在修水库、挖梯田和揪斗阶级敌人时才会大显身手，而瑞丽江边的民兵打过国民党残匪，埋伏过武装走私犯，围捕过偷越国境者，几乎每年都有动刀动枪之时。

杨之洋看到过一则昆明军区发的内部通报：昆明军区一个装备科科长携带一名女护士准备从中缅边境出国。当他们抵达边境线时，被一个傣族民兵发现，傣族民兵当即大声喝问，而那个科长却用六四式自动手枪的一梭子弹给予回答，傣族民兵抬手便是一枪，当场击毙了那个科长，击伤了女护士。傣族民兵看到打死的是一个大军同志，伤的是一个女大军同志，吓坏了，连忙到公社去自首，正好公社武装部接到昆明军区通缉令，要通缉一个携带大量绝密军事情报的装备科长和一名女护士，结果这个傣族民兵荣立了一等功。

杨之洋知道，不到万不得已之时，是不能和这些边境线上的民兵交手的，只能耐心等待，到后半夜寻找时机。

月亮西斜了，谈情说爱的傣家男女心满意足地从地上爬起来，向附近的村落走去，巡逻的民兵也不见了踪影，杨之洋钻出香蕉园，不声不响地下到了江水之中。

他先是潜泳，一口气游出三十多米外，才轻轻露出了脑袋，回头张望了一下，没发现任何异常情况，便放心大胆地游向了对岸。

十分钟后，他终于水淋淋地站到了缅甸的土地上。

此时此刻，他并没有如释重负，但也没有一般越境者的胆战心惊，心脏"怦怦"乱跳，他甚至觉得他脚下的土地和刚才他压在身下的那块土地没有什么两样，对于他，都是陌生而神秘的，都是前途未卜的。

不过，他对人生从来都没有什么预想和认真设计，从来都是走一步算一步，只要能有某种新奇使他兴奋，使他感到刺激就行。

前面是一块平坦的沙地，再往前有影影幢幢的稀疏灯光和屋影，那里便是缅甸政府管辖下的一座小镇。

他决定绕过这座小镇，想办法搭乘一辆汽车到达缅甸首都仰光，他听说一些中国知青在仰光当了商人，发了大财。

他也想去发大财。挣大钱的过程一定是一种强刺激，而花大钱也一定是一种强刺激，他想用钱来完成一些没有钱而完成不了的人生恩恩怨怨的情结。

他想做一个现代基督山伯爵！

基督山的故事是田萍讲给他听的，他在一次探亲时去看望了已经安上一条假肢的田萍，和她一同度过了三个白天和夜晚。

但是，他没有和她睡在一起，不是他不想，也不是她不愿意，而是他用理智克制住了自己生理的欲望。

田萍甚至主动脱去衣服，依偎到他怀中，要把依然圣洁的处女之身奉献给少女时期第一次依恋上的男性。

他垂死般挣扎着推开了她。

“为什么?”田萍问。她知道自己虽然失去了一条腿，但相貌依然秀美，皮肤依然白皙，乳房依然坚挺，腰肢依然纤细，神情依然在忧郁中透出纯情。

“我，我已经有了……两个女人，不能再有……”杨之洋慌乱地说。

“我不管，我爱你。爱你，就理应得到你，这是一个女人的权利!”田萍又依偎过来。

可杨之洋实在不能接受她，尽管他已经浑身热血沸腾。他不能对一个女人做出任何不负责任的行为了！他知道，他不是没有能力照顾田萍，而是没有机会了，他不会把今后的人生依偎在一个女人身边，他注定要孤身一人，流浪于世!

他一动不动，忍耐着，使身体变成钢铁一样冰冷、坚硬。

终于，田萍长长地叹了一口气，也平静下来，流着泪，默默地穿上了内衣。她还是一个处女，对于男人没有任何经验，在强烈克制自己的男人面前，只能得到这样的结果。

以后，他们只是静静地躺着，杨之洋讲述他和孟丽、阿雪的遭遇，田萍给他讲着一个又一个小说中的故事。

他们分手时，接了一个长达十五分钟的吻，假如他们知道世界接吻纪录是长达六十八个小时的话，可能会为这个吻之短而遗憾。

杨之洋搭上开往仰光的汽车非常顺利，因为一个女人帮了他的忙。

严格地说，是他先帮了这个女人的忙。他躲在公路边的竹丛里等待有汽车路过好跃上车厢时，发现一个男人把一个女人拖到了离他不远的地方。

一开始，他以为是傣族人的男女私情，因为国境线这一侧居住的也大多是傣族人，风俗习惯没什么两样，在性问题上颇为开放。

但是，杨之洋从声响中感到不大对头，因为传来的不是男欢女悦的兴奋喘息和惬意呻吟，而是搏斗和挣扎的混乱骚动。

他慢慢靠近了那对男女，借着透进竹丛的月光，看到那个男人正粗暴地绑起那个女人，然后用刀逼住她，制止了她两脚的乱蹬乱踹，并朝她肚子狠狠打了一拳。

那女人嘴中堵着一块毛巾，由于小腹被重击，瘫软下来。

强奸妇女！

这是杨之洋出现的第一个念头。然而，那男人并没有剥去女人的衣服，也没有把手伸进女人的羞处乱揉乱抓，只是用刀子在女人眼前乱晃，说着一些杨之洋听不懂的话，但从口气中能感觉出是在威胁那女人。

那女人痛苦地摇着头，嘴中却什么也说不出来。

那男人用刀子划开女人的衣襟，刀锋在那雪白的胸脯上划动，一道道血痕出现了，在月光下格外殷红。

终于，那男人高高地举起了刀，准备猛地扎下，结束这个年轻女人的性命了。

杨之洋一个箭步蹿了上来，飞起一脚，踢掉了那男人手中的匕首，不等他起身，又一脚正中尾骨。

只听“咔”的一声脆响，那只有一米六几的瘦小男人的尾骨一定断裂了，坐在地上起不来身，其实杨之洋的第一脚便使他的手腕骨破碎，已经丧失了战斗力。

杨之洋捡起匕首，割开女人身上的绳索，掏出她嘴中的毛巾，扶她站了起来。这时他才看清，这是一个相貌还不错的姑娘，虽然穿着傣族衣裙，但不像一般傣族少女那样黑和苗条，可以说她很丰满，丰满得像阿雪。

这姑娘用傣语向他说了几句什么，见他茫然不知所措，忽然换成了流利的中国话，问："你是不是刚从边境线过来的中国人?"

杨之洋一愣，但没有否认，其实他也否认不了，只好点点头。

"想去哪儿?"

"仰光。"

姑娘打量了他一眼，长长地叹了口气，然后从他手中接过匕首，走到那个还在疼得前仰后翻的男人身边，不由分说，手起刀落，刺穿了那男人的心脏。

杨之洋简直不相信一个女人会这样平静而熟练地杀掉一个人，他有点张口结舌了："你，你为什么杀他?"

"不杀他，他就会杀了我。刚才的举动你一定看到了。"

"他为什么杀你?"

"因为我不给他们干了。"

"他们是谁?"

"缅共游击队。"

"那你……"

"我是四川知青。你一定是北京知青。走吧，到我那儿去坐一下，我会给你找车去仰光的。"那姑娘狠狠地踢了死尸一脚。

"不用埋上他?"杨之洋又问。

“不用，政府军发现他是缅共，就不会追查了。他兜里有缅共的证件。”

杨之洋开始感到这里和中国大陆不同的气氛了。

那姑娘掩上衣襟，靠在杨之洋怀中，让他搂住她的腰，带他走进还有稀疏灯火的缅甸小镇，来到了一座不大不小的二层竹木结构的绿色房屋前。

这房屋装饰得半土半洋，可以看出底层是一个酒吧间，还有两张台球桌，彩灯虽亮，但没有客人，只有一个吧女趴在吧台上昏昏欲睡。

当然，此时杨之洋还不懂得什么叫酒吧，他只认为这是一间饭馆，而且奇怪谁会在深更半夜还来吃饭。

那姑娘带他走上一个宽大的台阶，来到二楼，进到走廊内。走廊两侧是一扇扇如同旅店房间的小门，门上贴着一些半裸的女人的画。

在最里面那扇门前，姑娘站住了，敲了几下，没有动静，姑娘推开了门。

借着未熄灭的昏暗灯光，杨之洋看见里面有两张宽大的软床，床头处各有一张竹制的小巧梳妆台，屋子中间有一道幔帐，但没有完全拉起来，能清清楚楚看到靠里面的一张床上有一对一丝不挂的男女，正紧紧搂着，发出轻重不匀的酣声。

姑娘尴尬地摇摇头，拉上幔帐，遮挡住杨之洋的视线，然后解释着：“这里是妓院。”

“那你……”杨之洋又是一惊。

姑娘坦然地脱去被刀子割破的上衣和胸罩，坐在梳妆台前，用云南白药涂在不深的伤口上，点上一支摩尔牌香烟，喷了口烟雾说：

“是的，我现在是妓女。”

“为什么……干这个？”杨之洋走到她身边，从床上抓起件半透明的睡衣，披到她肩上。

姑娘凄惨地一笑：“你也是知青，还用问为什么吗？”

“可当缅共不是也……”

姑娘打断他的话：“和当知青没什么两样，只不过和死神打交道的机会多些。刚才，若不是你救了我，那具尸体就会是我了。”

“他们为什么要杀你？”

“因为我不干了。”

“那以后他们不是还会派人来吗？”

“不那么容易。而且，我也准备到仰光去了。那里挣钱会多些。”

杨之洋也从兜里摸出包香烟，但已经全被水浸湿了，他只好拿起梳妆台上的摩尔烟，抽出一支，点燃。这是他人生中抽的第一支外国烟，在中缅边境线处一家下等妓院中。

“你是自愿干这行当的？”杨之洋想起了阿雪向包工头卖身挣钱的经历。

姑娘点点头：“当知青，当缅共，当妓女，我都是自愿的，没有人强迫，被人强迫的事我从来不干！”

这确实是四川姑娘的性格。

杨之洋不想再问什么，他知道每个人都有选择生活的权利，他没有理由去谴责一个经历明显比自己复杂的女孩子。

“睡觉吗？”那姑娘躺到了床上，平淡地看着杨之洋。可以看出，她不想用肉体来感谢杨之洋的救命之恩，但也绝不会拒绝他这方面的要求。

杨之洋摇摇头，问：“你不是说帮我找一辆去仰光的车吗?”

“要等到天亮。来这里的嫖客大多是长途汽车的司机，我一句话的事。”姑娘合上了眼，胸脯微微起伏着。

杨之洋则一根烟接一根烟地抽着，抗拒着睡意。

天亮之后，那姑娘果然为杨之洋找到一辆运货的老式英国卡车，并送给了他一套缅甸男人们穿的沙龙，让他换下了身上那套中山装，使他从外表上看去多少像个缅甸小伙子了。

“你不是也去仰光吗?”他问。

“还得过几天。”

“在仰光能找到你吗?”杨之洋问，他希望能有机会报答她。

“我不希望有任何中国人找我。”姑娘的神情黯然，但态度坚决。

杨之洋叹了口气。

但后来，他还是去寻找过她，因为在路途中，他发现衣兜中塞着五千元缅币。他不是一个欠债的人，他要用五万甚至五十万缅币来回报在艰难时给过他帮助的人。

他找到那姑娘时，那姑娘已经是缅甸一个大富翁的姨太太，尽管她数百件首饰中的任何一件都价值几十万缅币，杨之洋还是不动声色地将一千美元放在了她大客厅的茶几上。

那个已经显出富态相的四川女知青什么话也没说，只是从眼中涌出一串泪水。

七十年代后期的仰光还远远比不上云南省会昆明繁华，宽阔宁静的勃固河两岸是一排排竹楼，几条主要街道的建筑物也没有什么高大雄伟的感觉，只是随处可见的佛塔和佛寺使这座城市显出浓郁的佛教气氛，别有一番异国他乡的情趣。

杨之洋本想到仰光后先找一个力气活儿干，一方面学习语言，一方面熟悉环境，待挣到一点小钱后，便开始做生意。他听人讲缅甸人比较懒，也不善于经商，所以华人随便开个买卖都能很快发财。

由于他有了那个当妓女的四川女知青给他的五千元缅币，他便可以不去干力气活儿，直接开个小店铺了。

然而，他才在仰光市住了一天，就被街头的巡警以缅共嫌疑犯抓进了警察局，因为他没有任何身份证，又一句缅语也不会说，当然有可能是加入缅共的中国知青了。

经过懂华语的警官审讯，依然不能排除他身上的疑点，便将他送到离仰光二百公里外的一座玉矿去干苦工，那里一千多名工人，都是缅甸各种各样的罪犯。

在这座劳改场中，他学会了缅语，熟习了缅甸人的生活习惯，也知道了海洛因和鸦片烟是什么东西。

在犯人们聚集的地方，除了交流犯罪经验和同性恋外，就是暗中开放的毒品市场了。一些有钱或有门路的罪犯，买通了看守，托人带毒品来探监，夹杂于食品之中，搞进劳改场，再分成小包，高价出售给那些有毒瘾的罪犯。一些本来没有毒瘾的人，或由于精神压抑，或由于罪犯头的逼迫，也吸食上毒品。

杨之洋没有吸，他之所以不吸是因为看到凡是有毒瘾的人一个个都面黄肌瘦、萎靡不振、骨瘦如柴，像是染上了瘟疫。他对于享有一副强健体魄这一原则永远是不会放弃的！

为了拒绝吸食毒品，他曾和同一房间的罪犯头大打出手，将罪犯头和三个帮凶打得头破血流，直至认输。

一年之后，这座玉矿的犯人暴动了。

那是一个炎热夏末的雷雨之夜，杨之洋刚刚躺在木板床上，还没有睡着，忽然听到一阵急促的枪声响了起来。

在这盛产玉石的深山峡谷间，无论白天黑夜，都会突然有枪声响起，这枪声有时来自哨塔上的士兵，那一定是有人忍受不了折磨，逃跑了，有时来自玉石走私犯的内讧。但是，一般情况下都是一两声枪响，十分单调。

而这雷雨之夜的枪声却如过年放鞭炮一样，急促、密集、毫不间断。

随着枪声，有喊杀声传来。杨之洋听得出，这是犯人们在集体越狱。

他住的房间里也有人拆下床腿去撬铁门上的栅栏了。

有脚步声冲到门前，几声枪响，打碎了结实的门锁。门一下子被冲开了，犯人们蜂拥而去。

杨之洋略微思考了一下，从枕头中掏出自己夹藏起来的几块珍贵玉石，塞到裤腰间，也冲进茫茫雨夜之中。

玉矿中的犯人都或多或少地夹藏玉石，为的是有朝一日被放出去不至于没钱吃饭。当然，一旦被看守发现，便是一顿毒打，甚至有人为此而丧了命。

杨之洋从来也没想过被从这里放出去，因为他并没有被判刑，他早已从其他几个先关进来的中国知青嘴中得知，没判刑就等于无期徒刑，将终身在这里服苦役。所以，他一直在寻找越狱机会。

他知道，当他一旦越狱成功，再到仰光之时，他就会与任何一个缅甸人无异了，和犯人们打交道的结果，不但使他会讲缅甸话，熟知缅甸人的风俗，也使他知道到什么地方花一万元就能搞到一份真正的缅甸护照。

他本想一个人找一个合适的机会悄悄越狱，既然现在全体犯人暴动，他也没什么好犹豫的，趁乱溜掉为妙。

倾盆大雨中，暴动的犯人和看守的枪战正激烈，看来冲在前面的犯人不是缅共游击队员便是黑社会分子。

终于，一阵轰响，炸矿用的炸药炸翻了玉矿门口处的两座碉堡，看守们的火力立时弱了下来，犯人们冲出监狱大门。

在援军到来之前，逃向自由的人们消失在四面的原始森林之中，在这些密不透风的亚热带雨林里，即便出动几万人，也很难抓住所有逃犯！

这次暴动的成功，使缅甸的监狱成了犯人们展现力量的场所。一九八八年八月，终于导致了震惊世界的缅甸恩盛大暴狱。

那次暴动以放火为先导，而后是激烈的枪战，以高墙为界，警察与犯人对峙了整整一天一夜，最终五百多犯人死亡，一千多名受伤，缅甸政府不得不实行大赦。

不过，那时杨之洋已经不在这个残酷混乱的人世间了。

杨之洋没能在仰光混下去，他冒死带出监狱的三块玉石，本来起码能卖十万缅币，却被黑社会组织一分未付地骗走了。

他是到一家门面不大的珠宝店进行交易的，那老板看过货之后，愿意以十万元成交，成交前，老板请他喝了一杯酒。

喝下这杯酒，他顿时人事不省，醒来后，发现躺在一张床上，身上一丝不挂，边上躺着一个年轻女人。

老板把几张照片摆在他面前，告诉他：“你强奸了我女儿，我不到警察局告发你，咱们就算两清了。”

杨之洋看看照片上那个女人和自己的丑态，什么话也没说，穿上衣服走了。他早已经从狱友那里听说过这些黑道上的小伎俩。

半夜时分，他把一酒瓶汽油倒进了这家珠宝店的门缝，划着了一根火柴。他冷笑一声："这才叫两清了呢!"

然而，由于他放了这把火，为这个店撑腰的黑社会组织便到处搜寻他，要把他也用汽油点了天灯。他孤身一人，自然难以对付，只好又身无分文地离开了梦想发财的仰光。

杨之洋贩毒是从加入一个马帮开始的。在原始山林中，最容易挣钱的事便是赶着马帮为老板送货，当赚到一定多的钱之后，自己就可以成为老板了。

马帮一般由几匹到几十匹马组成，马脖子上挂着钢铃，马背上不是骑人，而是驮着两个大麻袋或两个大箩筐，里面装着货物。赶马人既是驭手又是保镖。

看著名作家白桦编剧的电影《山间铃响马帮来》时，杨之洋对神奇的马帮感过兴趣，当他在山林中寻找生存机遇时，马帮又正巧帮了他的忙。

缅甸山林中的马帮分为两种，一种是做正经生意的，把日用百货从集镇运进山中，再把山中的土特产品拉出山外；另一种则是做黑道生意的，把武器弹药送进山中，再从山中把鸦片、海洛因运出山来。

可以说不幸，也可以说有幸，杨之洋加入的第一个马帮便是做后一种生意的。

本来，做后一种生意的老板绝不会轻易接纳一个陌生人入伙，但偏偏这个老板与杨之洋不是陌生人。

这个姓古的老板竟然也是个北京知识青年，而且和杨之洋是一个学校的同学！

在曼龙小镇的冷清街道上，两个年轻人迎面碰上，不禁都大吃一惊。

“妈的，类人猿！”

“古大龙，你这丫挺的！”

两个人相互捶了一拳，都感到了世界原来这样狭小。

“你怎么到这儿来了？”杨之洋问。

“你怎么到这儿来了？”古大龙也问。

杨之洋叹了口气，简单地讲述了自从到云南河口插队以来的经历。其实，这大概也是成千上万个知青的共同经历。

古大龙点点头：“我已经当了五年缅共游击队了。”

“现在还是？”

“混了个营官。”

“可这里是政府军的势力范围呀？”杨之洋有点替老同学担忧。

古大龙笑笑：“已经被我们买通了。走，喝点酒去吧，边喝边聊。”

杨之洋不反对这个提议，他已经一连七天没有好好吃过一顿饭了，严格地讲，上一顿饭还是在前一天晚上溜进一座佛寺，偷了释迦牟尼像前的一盘供品。

他不信佛，因而也不怕报应。他不明白那些泥胎能给人带来什么好处，反正他没见过大官和大富翁到泥胎前磕头，甚至听也没听说过。他只知道有个叫祥林嫂的，越磕头上供，她的命运越凄凉。

古大龙带杨之洋进的餐馆一看就不是正经地方，女招待的沙龙是半透明的，乳房隐约可见，下身三角短裤也清晰至极，但服务态度非常热情，饭菜也还可口。

酒过三巡之后，古大龙说："类人猿，跟我一起干吧。"

"我不想搞政治。"杨之洋一口回绝了。

"不是政治，起码你可以不搞政治。"

"你在干什么？"

"搞运输，赶马帮。这活儿很符合你的性格。你还记得在北京当红卫兵时，有一次把清华大学井冈山打得落花流水吗？这活儿只会比那更开心。"古大龙又喝了一杯，显然几年的山野生活使他已经成了海量。

杨之洋对赶马帮颇有兴趣，点头同意了，但又问："运什么东西？"

"到时候你就知道了。怎么样，吃饱没有？若吃饱了，找个女招待寻点乐，这个店里的女招待随便挑。"古大龙喷着酒气，眼睛在七八个女招待身上扫来扫去。

"妈的，你们不成国民党兵了吗？"杨之洋骂了一句。

"什么国民党兵不国民党兵，是男人就都需要，得乐一天就乐一天，没准明天就变成一具尸体了。类人猿，你真不知道我这五年是怎么熬过来的。我们一块过来七个人，两个在第一次战斗时就被炸弹炸成了肉酱；一个得了热带痢疾，活活拉死了；一个成了叛徒，跑到仰光，投奔到苏联大使馆；还有一个是我的女朋友，前年一次战斗，受伤被俘虏了，现在下落不明。当你每天都和死神打交道时，你就不会用什么道德、伦理来约束自己了。找个女招待，她卖身，你付钱，谁也不欠谁的，玩感情要欠一辈子债啊。若是你先死了，更是无法瞑目。我现在就是要赚一笔钱，然后去寻找我的女朋友，哪怕寻到天涯海角。"古大龙说得有点凄凉，可又有点悲壮。

“世界革命不搞了?”

“纯粹是瞎扯蛋！有人欺骗了我们，我们又来欺骗自己。”

杨之洋想起了那个当过缅共，现在却当了妓女的四川知青，他竟然连她叫什么名字都没有问。也许，知道她是知青就足够了，知青这个名字所包含的内容一万个专家也解释不尽，但它又简单得不能再简单了。

“找个女人!”杨之洋也感到生理需要了。既然可以不欠债，他便没有理由不发泄一下积郁太久的男性青春精力。

古大龙叫过两个年龄不超过二十岁的女招待，和杨之洋一同走进饭馆后面的竹屋。

从这次以后，杨之洋再也不会对女人产生感情。感情的价格太昂贵，确实需要用一生来偿还。有田萍、孟丽、阿雪就足够了。

马帮是夜里离开曼龙小镇的，一共有十二匹瘦瘦小小的马，马背上驮着二十四个不大不小的口袋。

古大龙竟然和三个女招待睡了觉，而且依然毫无乏意，他拿给杨之洋一万缅币，又递给他一支五四式手枪，说：“怕不怕死？要怕死，现在说还来得及。”

“什么话？类人猿最不怕的就是死。”杨之洋感到点侮辱，气愤地回答。

“我相信你，现在可以告诉你运的什么货了。”

“什么货?”

“鸦片烟。”

“什么？缅共游击队员还吸毒?”杨之洋大吃一惊。

“不，不是我们吸，我们把它加工成高纯度海洛因，卖到曼谷和香港，赚回军费。”

“用这种方法赚军费？”

“只有这种方法最简单。因为中国政府现在已经减少对缅共的援助了，早晚会停止，所以必须自力更生。你既然对政治不感兴趣，就纯粹把它当生意吧，这是世界上利最大的生意，这里的毒品到了香港，利润是一百倍！”

杨之洋点点头。在缅甸监狱被关押时，他早已经从黑道的罪犯们那里熟知了毒品生意方面的各种诀窍和行情，现在，他终于真正参与进来了。

古大龙又说：“由于利高，风险也大，政府要缉毒，几派贩毒势力也互相火并，所以赚这种钱得舍出命去！”

“走吧，别废话了！”杨之洋把手枪插进腰中。

古大龙学猫头鹰叫了几声，八个人影警惕地集中过来，每人手中提一支美式微型冲锋枪，枪机拉开，枪口对着周围。

“出发！”古大龙用缅语发出了命令。

一行没有铜铃的马帮从镇边钻进漫无边际的原始森林。

和杨之洋一生中干过的许多事情一样，他成为一个毒贩子，也没有任何过于明确的目的性。若让哲学家来分析，他是在“玩”人生；若让心理学家来分析，他血液中固有一种不安分和寻求刺激的成分；若让政治家来分析，他的心灵被扭曲的社会所扭曲；若让教育学家来分析，他缺少一种良好的学习人类文明的环境和氛围……

而他自己则从来不解释自己的行为，他思想的贫乏和人生经验的丰富使他对于自己所做的一切都无法阐述明白。

他享受的注定只是过程！

第十七章

原始森林中的血斗者是丧失了信仰的“造反派”领袖——没有灵魂的炼狱和残酷的财富——捐出一万元给带头大返城的云南知青——毒王坤沙的“金三角”地区出现了一名剽悍的中国知青

走在缅甸的原始森林中和走在云南的原始森林中没什么两样，高大的树木枝叶繁茂，遮天蔽日，如同在海底潜行。一股股野果腐烂而发酵的酸甜味道浓郁地传来，似乎酒香，空气潮湿，暖洋洋的，被吸进肺腑，令人昏昏欲睡，倦意常生。

杨之洋随着缅共游击队运毒的马帮已经走了三天了，刚开始的新奇感开始消失，原始森林对他早已没有神秘，他觉得烦躁、郁闷、寂寞、冷清了。

此时，他才多少有点理解古大龙在曼龙小镇为什么能够一下子和三个女招待鬼混了，在原始森林中这样呆上几个月，谁都会像他那样找到机会就拼命发泄一下的。

杨之洋从古大龙口中得知这些鸦片是曼龙镇警察局

收缴的，被他们又全部买走；价格当然比市场上低得多，而警察们只要上报被缅共抢走，那些钱就入了自己的腰包。

“妈的！”杨之洋感慨地骂了一句。

“别生气。大家都想活得好一点，有人靠出卖良心，有人靠出卖肉体，有人靠出卖力气，目的都一样，谁也没权利谴责别人。”古大龙对杨之洋说。

“你靠什么？”杨之洋问。

“我？以前靠信仰，现在靠智慧。”古大龙回答。

“赶马帮要什么智慧，有胆量就够了！”

“那你就只能赚一个马夫的钱，永远成不了大富翁。”古大龙并非嘲笑，而是非常认真地告诉杨之洋。

晚上，在一间狩猎人废弃了的破烂草屋中，古大龙说出了用智慧活得好的奥秘：“这些货并不是全运给我们的根据地去加工，有一半我将在明天卖掉，那些钱就是我和手下那八个弟兄的了。而上面并不知道我进货的渠道，只说从市场上收购来的，价钱不就扯平了吗？”

“你这小子，和当红卫兵时一样狡猾。我记得有一次警察围捕‘联动’分子，大家都要拼命，你却掏出一大堆领章帽徽，让大家戴在军装军帽上，结果安然无事。”杨之洋拍了古大龙肩膀一下。

“类人猿，以后咱们一块干吧，挣到一千万为止，去仰光开饭店。”

“这次能挣多少。”

“黑货挣不多，百八十万吧，先分你一半。”

“用不着，这次我挣马夫钱就行，下次再算合伙。”

“你这小子，还是那么讲江湖义气。”

“我就靠这个活着。”

“睡吧。明天要小心点。”

“为什么?”

“那交货地点是政府军、缅共、国民党残部、毒王坤沙、掸帮独立军五家交界处，平时没人管，一有事就乱打一气。到了那儿你就会知道了。妈的，真想我那女朋友。”古大龙和衣倒下，闭上了眼。

杨之洋也想阿雪，还想田萍，但他不会想得睡不着觉。

远处传来虎啸，时而还有象吼。他透过茅草缝隙，看到八个士兵围着马匹睡下，一动不动。但他清楚，至少有两个士兵的眼睛是睁着的，随时可以扣动扳机。

夜，并不宁静。杨之洋最不喜欢的就是安宁和平静。

杨之洋终于遇到了最令他振奋的事情，那便是枪林弹雨的战斗!

他和古大龙的马帮大约在下午两点钟左右抵达萨尔温江附近的一条山谷内，中午他们在一座野店吃的午饭。

几天来，马帮一直避开有人烟的地方，尽量穿行于只有野兽出没的原始山林中，这座野店可以说是杨之洋加入马帮后碰到的第一个人家。

其实，凡是马帮出没的地方都有野店，野店一般是竹木建筑，围一个很大的院子，备有马厩。有客房，有餐厅，有的野店还备有山林少女陪宿。

但凡是运有贵重物品的马帮一般都不敢宿于野店之中，因为不少野店老板都和黑道人物有联系，一旦被发现马背上驮有军火、毒品、玉器，便有可能陷入黑道人物之手。

古大龙的马帮吃饭的黑店就是缅共游击队的人办的，所以他们敢进去吃了一顿有酒有肉热乎乎的饭，还有几个相貌绝不相同、但统称老板娘女儿的少女野味十足地陪古大龙和杨之洋欢娱了个把小时。

离开野店大约十多里路，杨之洋就看到了战场的遗迹：一个又一个弹坑，炸断的大树，烧黑的竹林，时而可见的白骨和穿了洞的钢盔，废弃的汽车和枪支，至于弹壳，像播撒的种子一样到处都是。

“类人猿，你带两个人守住六匹马，我和另外六个弟兄带六匹马去交货。”古大龙的神情紧张而严峻了，和他刚才一手搂一个小姑娘调笑时如同换了一个人。

杨之洋点点头，他此时的心思还在想像着这里曾经历的战斗场面和遗憾自己还从没有参加过一次真正的人类间的战斗。

古大龙挎上一挺轻机枪，小心翼翼地带着人马向山谷深处走去。

五分钟后，枪声便响了起来，而且夹杂着手榴弹的爆炸声。

杨之洋一愣，马上对两个士兵说：“你们注意警戒，我去看看。”

他觉得浑身的热血沸腾了，甚至比面对一个赤身裸体的美女还使他冲动。他大步向枪声密集处冲去。

半路上，一个古大龙带去的士兵肩膀往外涌着血，狼狈不堪地往回跑着，看见杨之洋便用生硬的中国话说：“杨，古营长受到埋伏，被包围了，他让我告诉你，那六匹马上的一千二百公斤鸦片烟给你了，你赶快走吧。”

杨之洋一把抢过他手中的冲锋枪，骂着：“胡扯！我杨之洋从没有扔下朋友自己逃的习惯！你回去看守马匹，我去救他回来。”

那士兵摇摇头：“救不了，是我们自己人，一个连……”

杨之洋根本不再听下去，灵巧地向边上一蹿，抓住藤条，攀上了一处陡坡，从高处向战斗现场靠近。

很快，他便发现树丛中闪动着一些穿缅共游击队制服的人，枪弹如雨般倾泻到山谷间一块空场上，那六匹马都已经被打死，倒在地上，成为还击者的临时屏障，屏障后不是七个人，而是十几个，大概是接古大龙货的人也被包围在中间，不过，能射击的不超过十个人了。

杨之洋想了一下，决定为古大龙他们打开一个突围的缺口。他伏下身子，蛇一样向边上一个火力点爬去，那里支着一挺轻机枪，机枪后面有三个人，正用中国话喊着："古大龙，你背叛我们，死有余辜！"

杨之洋猛然起身，在三个人背后五六米处扣动了扳机，一梭子子弹喷发后，三个人只愕然地回了下头，便扑倒在地。

杨之洋扑上去，抢过机枪，大叫着："古大龙，往我这边突围。"

话声刚落，他端着机枪乱扫起来。

包围圈中几个还活着的人趁包围者一时惊慌之际，跃身而起，冲向杨之洋隐身之处。但到他身边时，还剩下三个人，古大龙的小肚子上也冒着鲜血。

"古大龙，你受伤了？"杨之洋停止了射击。

古大龙一挥手，让两个部下接过杨之洋的轻机枪，进行还击。多年的丛林战使他知道，一旦进入了山林，对方人再多，也无济于事了，只会趴在原地乱扫乱射，因为亚热带雨林中的多层次植被，会使一个人藏在脚下也发现不了，主动进攻者只能挨黑枪。

"类人猿，你小子行，干这个行当就得不怕死。"古大龙用帽子堵住自己的伤口。

"这三个玩命向你扫射的也是知青吗？"杨之洋忽然感到一种强

烈的内疚。

古大龙看了三具尸体一眼，“有一个是，没准你还知道，是咱们学校斜对门那所学校一个叫红旗的组织的头儿”。

“他还信世界革命能成功吗?”

“早不信了。但他还想当官，已经是副师级，东南军区的副参谋长。妈的，有人透露了消息，可能是野店的老板娘。”古大龙狠狠地捶了一下地。

“找她算账去!”杨之洋最深恶痛绝的就是出卖者。

“她早跑了。咱们也撤吧，好歹还剩六匹马和十二口袋货。”

杨之洋背起了古大龙。

古大龙对两个部下说:“在这儿坚持半个小时，五天后到曼龙镇天主教堂去找我。”

杨之洋埋怨了古大龙一句:“你早出来自己干不就没事了吗?”

古大龙苦笑一声：“拉大旗做虎皮嘛，单挑总是势单力薄。不过，以后只好自己拉杆子独闯了。唉，幸亏有你在……”

杨之洋加快了步伐。枪声渐渐远去了。

杨之洋看着古大龙死在了自己怀中，他记不清已经看到几次死亡了，但这一次依然使他感到悲壮。

他知道，假如附近有一所医院，能对古大龙及时抢救，也许不会导致死亡。可是，茫茫原始森林，渺无人烟，古大龙的血只能一滴一滴地流尽。

“类人猿，放下我吧。”在天色将黑的时候，古大龙对一直背着他的杨之洋说。

杨之洋站住了，马帮也站住了，大森林中安谧、宁静，几个人影在昏暗之中显得模糊不清，看不出表情。

“露宿吗?”杨之洋放下古大龙，问。

“嗯。”古大龙挣扎着点点头。

杨之洋从马背上扯下一条毯子，垫在了古大龙身下，然后吩咐士兵去烧点开水来。

古大龙抬起身，靠在杨之洋胸口处，极其衰弱地说：“类人猿，我感到，怎么也逃不过这一次了，有件事想求你……”

“别他妈胡扯。坚持一下，几天后出了山林，找家医院，最多躺半个月，又是条活蹦乱跳的汉子。”杨之洋安慰他。

古大龙苦笑一下：“二十年后我还会是条好汉的，这辈子算交待了。喂，给我根烟抽。”

杨之洋摸出香烟，一人嘴上插了一根，用打火机点燃。

古大龙使劲吸了口，似乎有了点力气，继续说：“这一百万元的货就归你了，但是，几个弟兄别亏待了，每人给五万，或者一人分半包货。我求你的事是有机会帮我找找我的女朋友，如果她也死了，看能不能找到遗骨，把我们埋在一起，一个人躺在这原始森林中，太他妈孤单，男人都离不开女人，就像女人都离不开男人一样。给，这是她的照片，背后有她的名字和部队番号。”

古大龙从内衣口袋里摸出一张用塑料袋装着的照片，那是一个身穿缅共游击队军装，神采奕奕的少女，虽说不上闭月羞花，也看得出十分秀美。

杨之洋不愿引起古大龙的伤感．迅速地收起了照片，恳切地说：“只要我活着，就会办妥你说的事。”

古大龙点点头：“谢谢了，类人猿……”

他闭上眼，像万分疲乏了，倒头睡去一样，但杨之洋觉得依在他怀中的躯体很重，没有了生气。

古大龙死了，在丧失了以往的一切信仰之后，静悄悄地死在了异国的原始森林之中，没有留下任何豪言壮语，甚至没有留下任何人生的启示。

杨之洋没有像顺子死时那样扯喉狂呼，也没有像四川知青被烧死时那样朝天射击，他只是默默地用毯子将尸体包好，一声不吭地睡在了他的身边。

几天以后，杨之洋将古大龙已经开始发臭的尸体埋在了曼龙小镇的教堂后面。

又过了一年，杨之洋找到了古大龙的女朋友。她不堪屈辱，已经在监狱内自杀了。据说，自杀前她往墙上写了一首七律诗：

常盼春夜舞东风，
何时才迎九州同。
旌旗刚举身先死，
痴情革命心长红。
枪林弹雨一岁岁，
昼思夜想几声声。
吾死愿示后来人。
定有旭日照征程。

这是那种典型的红卫兵诗词，充满了理想和浪漫色彩，也显示了对信仰的忠贞不二。不是所有红卫兵都从一种扭曲而转向另一种扭曲的。

杨之洋花了十万元缅币，托人找出了她的遗骨，然后又挖出古大龙的遗骨，合为一处，专程来到中缅边界处，把这些遗骨埋在了边境线中国一侧。

此时，他要建一座知青纪念塔的想法更加明确而清晰了！

为了筹集建立知青纪念塔的巨额资金，杨之洋将全部身心投入到贩毒活动中。

据资料载：进入七十年代以后，全球每年的毒品成交额高达数千亿美元，等于大不列颠国民生产总值，超过非洲国家年生产总值总和的三倍多，成为全球仅次于军火买卖的最大宗生意。

大自然赐予人类的东西，似乎并没有经过选择，既有可口的琼浆，又有害人的毒汁。人类却在选择，或选择琼浆壮人筋骨，或选择毒汁浸入肺腑。

并不是没有人选择后者，因为在毒汁浸入肺腑之时，会有一种入神入仙的享乐。

秘鲁和玻利维亚广种古柯。秘鲁的种植面积达到二十三万公顷，居世界种植古柯面积的首位，玻利维亚五万公顷，紧随其后.为第二位，每年收益达两亿英镑，约占该国合法出口总值的一半。

而另一种毒品大麻则是墨西哥居世界首位，年产量高达四点七万吨，美国和哥伦比亚也都年产数千吨之多。

东半球最著名的毒品产地便是“金三角”和“金新月”地区。

“金三角”位于缅甸、老挝、泰国三国边境交界处，先是盛产鸦片，后来为了顺应世界潮流和方便走私，提纯出海洛因，早在六十年代中期就年产六十多吨，而每一公斤海洛因在美国市场上价格为五十万到一百万美元。

“金新月”位于巴基斯坦、阿富汗、伊朗三国相邻的地区，在“金三角”出名之后才渐渐崛起，甚至大有取代“金三角”的趋势。

高额利润使得无数人铤而走险，也使得缉毒难上加难。

杨之洋参与贩毒并没有考虑到人类问题，他从来也不会站到这么高的位置去纵观人生，否则他也就不是类人猿了。

他只想寻求刺激，干着这种最危险的行当去获得精神享受，他也想着去赚钱，用钱来报答给过他感情和帮助的人，还要用钱去建一座知青纪念塔，这将是他整个人生中最仗义的一个举动。

他在没有灵魂煎熬的炼狱中去寻找着残酷的财富！

他觉得这种钱赚得太容易了，只要不死，每贩卖一次毒品，他的进项都最少在一百万缅币以上。

他经历过几次战斗。有一次被缅甸政府的缉毒队堵在一座教堂中，他坚守了一天一夜，在黎明前只身逃脱。

还有一次是在和一个毒贩子交货时中了暗算，货被抢走，钱却没付，他身上还中了七刀，险些丧命。

最近一次是和国民党残部发生冲突，结果以他胜利而告终。

他不喜欢平平淡淡地买货卖货，没有任何风险的买卖他根本不去做，而风险越大的买卖他越抢着去做，因为风险大说明利润也高，何况还能使他全身心都获得最大的快感。

他身上人性的东西确实越来越少了，他成为一只真正的类人猿！

杨之洋得知云南知青正在举行声势浩大的运动争取全体大返城，是收听了缅甸一家广播电台的新闻节目之后。

在缅甸的生活已经使他能够不很费力地会听会说缅语了。

那个播音员毫无感情色彩地说着：

“……这些当年曾经为共产主义在全球实现而斗争的红卫兵们，开始为自己的生存权利呐喊了，要求离开农村，回到城市去，并要求中共高级领导人会见他们，答应他们提出的条件，否则将集体自杀。

另据云南省消息灵通人士透露，云南省靠近缅甸边境地区的数万知识青年，已经开始了大规模绝食和罢工，还有数千人正前往云南省会昆明卧轨示威，局部地区有与当地管理部门发生武装冲突的迹象。

据观察家分析，知识青年要求返城的运动有可能波及中国的黑龙江省、内蒙古和新疆自治区以及其他有众多知识青年的省份，中共对此问题不会坐视以待……”

杨之洋听到这样的消息，不可能不产生冲动。他又收听了一次“美国之音”的华语节目，那里同样报道了云南知青骚动的消息。

他立即决定返回中国境内，像当年参加红卫兵运动一样去参加一场全国性的知青斗争。

然而，当他一个星期后跨过边境线时，被中华人民共和国边防检查站以身份不明而拘留起来，半个多月，才收到河口农场的来信，证明杨之洋确实是该农场职工。

杨之洋被释放出去后，得知中央工作组已经返京，北京方面已经同意知识青年要求回城的要求，和上山下乡时一样轰轰烈烈的大返城运动正掀起高潮。

他走到了离边境线最近的瑞丽农场，看见一群场部干部沮丧万分地蹲在树荫下吸烟，几枚公章用绳子吊在办公室门口，一张办公桌上摆着印泥、圆珠笔和各种介绍信，由大返城的知青们自己随意填写。

杨之洋知道，若自己马上回到河口去，也可以办一个证明，回到故乡北京城去。

可是，回到那里干什么呢？待业？或接过父亲那辆板车，每天做贼似地去拉客？

不，他对北京毫无感情，他不想回到那里去。因为那里死气沉沉，毫无刺激，毫无生活的活力。

一个年轻的傣族妇女抱着孩子在哭泣，她身边站着一个四川男知青，两个人都默默无语，被诀别的悲伤所笼罩。

杨之洋看得出，这是一对夫妻，不管领了结婚证没有。按政策，回城的只能是知青，而当地人是没有进城的缘分的。那么，等待这个小家庭的，一定是破裂。

杨之洋走过去，一拍那四川知青的肩膀："嘿，哥们儿，为了回城就甩了老婆、孩子，可有点不够仗义。"

四川知青抬起头，打量了杨之洋一下，苦笑着说："大哥，我是不想回城，可、可我老婆非逼着我回。"

那傣族妇女乞求着："离开这吧，城市里生活好哇，我和孩子跟着你也能享点福，你上班挣钱，我在家烧饭带孩子。这位大哥，你劝劝他吧，他舍不得生产队长的官……"

四川知青摇摇头："不是舍不得官，回到城里一个人工作确实养不活三个人呀！"

孩子在哭，傣族妇女掀起衣襟，露出雪白胀满的乳房，把乳头塞进孩子嘴中。

杨之洋一把从衣兜中掏出三千元钱，抓起四川知青的手，拍到他手心中，说："这些钱，够他们娘俩活几年了吧。别这么愁眉苦脸的，人家傣族姑娘嫁给你这个二等公民时，一定不是这样愁眉苦脸的!”

“这……”从来没有见过这么多钱的四川知青愕然了，揉揉眼睛，以为在做梦。

而杨之洋已经大步走开了。

杨之洋身上带着约有一万元人民币，他是听说知青们为去北京上访而一角钱一角钱地募捐，准备将这笔钱送给上访团的，但此时上访团已经胜利从北京返回，变成了大返城指挥部，负责拦截一切向东北方向行驶的车辆，把知青和行李送往昆明。

杨之洋的钱似乎多余了，但他决不准备再带回一分钱去。他到了瑞丽县一家运输公司，以七百元一辆车的价格，租用了十辆躲在车库中不敢驶出来的卡车，然后让这些车开到瑞丽农场。

几百名已经集中到场部坐等交通工具的知青们由于兴奋、焦躁，正在疯狂地破坏着。场部菜地中的蔬菜被摘得一干二净，猪场的几头肥猪被当场屠宰，砸了家具烧起火来烤肉吃，广播线路和电话线路被砍断，电线用来捆绑行李，甚至一根高压线也被砍断，为此还电死了一个当地老乡。

一些因各回故乡而要永远分手的情人们，随便找个竹丛、胶林，便无休无止地纠缠在一起，肆无忌惮地享受着男欢女爱。

似乎世界的末日来临了，其实是告别旧生活，准备迎接人生新的篇章。

当杨之洋把十辆卡车带进场部时，几百名知青狂呼着，一拥而上，拼命挤着，好像上不去就会被永远留在一块荒蛮之野了。

杨之洋不愿再看下去，默默地离开了。他多少懂得一点：回到城市里，还会有新的烦恼、新的痛苦、新的煎熬在等待着人们。

杨之洋又回到了缅甸境内，继续他的贩毒活动。渐渐地，他对国内的政治风云完全麻木了。什么为“四五事件”平反，什么为右派平反，什么中越边境自卫反击战，什么包产到户，他都觉得离自己很遥远，很遥远。

他现在只对贩毒赚钱、报恩还情、修知青纪念塔感兴趣。严格地说，他的一切情感和思维都停滞在知青时代。

知青时代才是他最值得记忆和怀恋的，他的全部青春都在那个时代燃烧尽了，包括爱情和正义。

杨之洋决心打入“金三角”地区！

“金三角”地区基本上是毒王坤沙的天下，这个有着中国血统的泰国人在人生道路上也是几起几伏，最终选择了贩卖毒品这一行当。

六十年代末期，泰国政府一次大规模突袭，不但捣毁了坤沙的老窝，而且还将他抓获归案。然而，几年之后，他又逃出铁笼，重返“金三角”，使毒品生产和贩卖进入了一个新的欣欣向荣的时期。

坤沙并不像电影小说中的毒枭那样凶神恶煞，杀人不眨眼。在他统治的区域内，他采取的完全是东方式的温情主义管理方式，人民不但生活水平高于其他地区，而且安全有很大的保障，所以从情感上都倾向于坤沙，以至于泰国政府虽然得到美国缉毒组织的大力资助，也对坤沙无可奈何。

后来，美洲一些毒王也采取了这种方式，为平民百姓盖房子，修医院，建学校，发补贴，以赢得人心。一位哥伦比亚的大毒王甚至向政府提议：由他来偿还该国一百多亿美元的外债，以和政府保持相安无事的状态。

当然，面对巨大利润，“金三角”地区绝非坤沙一人独断天下，国民党残部、掸帮独立军也在分享部分好处，还有一些香港、台湾、泰国的黑社会组织同样在蚕食。

不过，大批量毒品生意永远掌握在毒王坤沙手中，否则，就将大开杀戒！

杨之洋绝没有想当坤沙那样大毒王的野心，他独来独往的经营方式在毒品生意中也只能小打小闹。但是，小打小闹中也有赚多赚少的问题，他想赚多，就必须进入“金三角”地区，争取搞到一手货。

那么，他面对的对手倒不是毒王坤沙，而是众多的黑社会组织中小股的毒贩子，这些人之间的竞争常常是以刀枪相见的。

杨之洋决定避开这些人，直接进入到土著人群居的深山峡谷间。

制作海洛因的原料罂粟大部分产于土著人生活的地区。那里山高林密，路险道危，外人很难进去，而那里又潮湿多雨，温度适宜，罂粟产量很高。

土著人只会从罂粟果实中割浆，熬制成鸦片，然后出售给毒贩子提纯为海洛因。

但是，土著人不太愿意和外来人打交道。长久以来，不但缅甸、老挝、泰国的政府人员很难进入，就是几支贩毒组织一般情况下也不容易进入，他们之间的交易通常是由中间人来完成的。

杨之洋一方面出于好奇，一方面为了能够搞到一手货而使利润增加，单枪匹马闯进了世人所陌生的那个神秘世界。

本来，他带着一个向导，但这个向导在鳄鱼出没的沼泽地前面止步不前了，他不是怕鳄鱼，而是怕土著人的毒箭。

土著人为防备外人袭击，在能够行船的地方下了些绊索，一旦船头扯动绊索，就会带动机关，射出一片密密麻麻蘸有毒液的箭头来。

不少不速之客就这样葬身于沼泽之中。

杨之洋没有被吓住，他买了一只独木船，一个人进入了沼泽。

沼泽中有一条主航道，另外还有些横七竖八的小河汊，腐叶聚在水面上，水草滋生出来，不细心观察，会认为是一片草地，但一步跨上去，则会深陷其中，遭灭顶之灾。

杨之洋小心翼翼地划着船，一面观察鳄鱼的动静，一面察看水道中有没有绊索。

由于感觉到人的气味. 几只懒洋洋的鳄鱼从船后跟踪而来，那粗糙的皮肤像一根根正在腐烂的朽木，而不时张开的长嘴又露出尖利无比的牙齿。

杨之洋开枪了，几只鳄鱼的头被打得稀烂，没有活着的鳄鱼再追逐上来。

而此时，一根箭头正正地扎在了独木舟的船头上，尾翼上的野鸡毛颤动不止，令人胆战心惊。

杨之洋凭本能知道，他已经进人土著人射击范围之内了，而且起码有几十张弩箭正对准着他。

他直起身，扔下枪，双手高举，一动不动。

又一支箭射了过来，箭尾连着一根细绳，通向不远处的密林之中。独木舟被这根细绳一点一点拉到了岸边。

几个土著人一拥而上，把杨之洋捆绑起来，押进密林之中。

又是中国知青使杨之洋避免了许多麻烦，在整个地球上，在二十世纪后半叶，无论到了何时何地，只要说当过知青，那么，当过知青的对方就会把你当成朋友。

杨之洋被押到一个空场之后，看到的是一个如同景颇村寨一样的部落，一百多间竹房错落有序，炊烟袅袅，两根十几米高的木柱上有两个鸟穴一样的哨楼，几百名土著人平和地围拢在空场四周，既不凶神恶煞，也不赤身裸体，与云南的少数民族部落没什么两样。

远处，原始森林像厚厚的城堡一样挺立，近处的山坡上，是一片片开着血红花朵的罂粟，一股股幽香扑鼻而来。

唯一令人恐怖的是空场后面有数百根不高的木桩，每个木桩上挂着一个人头骨，说明土著人的性格和风俗。

土著部落的首领是一个已入暮年的老者，穿着一身瑶族人一样的黑衣裤，脖子上挂一串价值连城的红宝石项链，步履沉缓地走到被绑在一根木桩上的杨之洋面前。

几只象脚鼓敲了起来，似乎是在为首领助威，两个只穿蕉叶短裙、上身赤裸的少女随着鼓点疯狂扭动，大概是一种什么仪式。

杨之洋用中国话骂了一句："他妈的，是不是要把我祭鬼呀?!"

就是这句话，使一个和土著人打扮没什么两样的人走到首领身边，小声说了几句什么，首领一摆手，一切都停止下来。

"你是北京人?"那个向首领进言的年轻人说出了纯正的中国话，但带有明显的昆明口音。

"对，北京知青。"

"来这里干什么?"

"买一手货。"

"这里的交易都是通过中间人。"

"我不想让中间人切一刀。"

"赚那么多钱干什么?"

"修一座知青纪念塔。"

那个汉子沉默了，然后走过来，给杨之洋松了绑。

“我叫陈默，昆明知青，若不是你刚才骂了句中国话，你现在脑袋和身子已经分了家，成为这个部落第五百九十七个战利品。”

杨之洋问：“你怎么会到这里来，又为什么脑袋没被挂在木桩上？”

陈默哼了一声：“说来话长，若简单说，我到这来是为了自由，为了无拘无束，随心所欲，为了不再受人压迫和欺侮，这里是真正的人人平等，共产共妻，不分彼此。我能进入这里，纯属偶然，当时这里正流行疟疾，男女老少都病倒了，而我刚巧是赤脚医生，随身带了些药，又懂些中草药，医治了他们。他们便把我当成了山神。”

“那你救人救到底吧，允许我从这里购买一手货。”杨之洋双手作了个揖。

陈默点点头：“当你一说要赚钱修知青纪念塔时，我就做出这个决定了。”

“你不怕我是个骗子？”

“骗子可以编出任何理由，但绝不会编出一个知青纪念塔来，只有饱尝过知青生活辛酸的人才会萌发出这个念头。”

杨之洋被这种理解和信任感动了，一下子抱住了陈默。

“你准备在这里呆一辈子吗？”

“是的。”陈默点点头。

“帮他们走向文明？修电站，盖学校？”

“不。一旦现代文明侵入，这种原始公社式的生活方式就会解体，自由也就会消失，我要全力维护这种原始状态，以神的名义维持。”

杨之洋不理解，也不需要理解。

他享受了三天共产共妻的生活之后，带着只相当于市场价格三分之一的一千公斤鸦片烟踏上了归程。

从土著地区活着出来，并能买出一手货的人，立即被“金三角”地区大大小小的毒贩子认可了。

中国知青类人猿的名字在原始山林中不胫而走，不少人纷纷找到他门下，从他这里购买提炼海洛因的鸦片。

假如杨之洋就这样干下去，也许几年以后就可以有钱修知青纪念塔，还会有钱建一个知青部落，专门收容逃出境外又生活无望的知青们了。

可这不符合他的性格，他永远需要新的刺激！

第十八章

开辟缅甸至昆明至广州至香港黑色通道的梦想与实施——当年呼吁成立“世界红卫兵”的好汉们聚会了——腰缠万贯与人生的终极——临终遗言：用百万元建一座百米高的知青纪念塔

杨之洋新的冒险计划是：开辟一条从缅甸经由云南山林到省会昆明，再从昆明飞抵广州，然后出境到香港毒品集散地的黑色走廊。

八十年代初期，随着吸毒之害危及全球，世界性缉毒活动也大规模展开了。美国缉毒组织不仅仅限于给泰国和缅甸政府提供缉毒资金，而且还派来了缉毒专家和数十架武装直升飞机，专门进行热带丛林缉毒作战，曼谷的空中和海上通道全部被严密封锁，传统的毒品通道一时间阻塞了。

香港毒品市场告急，继而日本、联邦德国和美国的毒品市场也宣布缺货，毒品价格一时扶摇直上，几乎成为人类社会第一昂贵商品。

“金三角”地区的不少毒贩子把目光盯到了中华人

民共和国。

中国本来是个庞大的毒品市场，自从十九世纪英国殖民者把鸦片烟从东印度带到中国以后，瘾君子一代接一代，几乎不曾中断过。

林则徐虎门销烟，只解决了一时一地的问题，远远未能使毒品从中国大地消失。

民国初年，各路军阀为集资购买外国军火，以武力扩张地盘，也半公开地走私鸦片，加剧了毒品在中国的泛滥。

日本帝国主义占领中国东三省后，更是制定了战略规划，拼命扩大毒品市场，以毒品麻醉中国人民的反抗意识，以至于最终达到东北每九人中就有一人吸毒。

全中国解放以后，新政权在消灭妓院、扫除卖淫现象的同时，也大规模查禁吸毒行为，在五十年代中期，曾豪迈地向全世界宣布：中国已经没有了妓女和吸毒者。

其实，这只是指大中城市和大部分农村，而在一些边远地区和小乡镇上，变相靠肉体挣钱和地下烟馆还依然存在，尤其是云贵川交界处，山深林密，能够种植罂粟，而且鸦片烟又能够起到治疗某些常见病的作用，所以更是有不少山民一直在吸食鸦片烟，地方官吏们无暇钻进深山老林，也就睁一只眼闭一只眼了。反正他们不上报，中央政府是不知道的。

由于中国毒品市场的消失，少部分吸毒的山民又自给自足，所以东南亚一带的毒贩子从没打过中国的主意。在中国，倾销毒品绝不像倾销汽车、彩电那样容易。

但是，在传统贩毒通道被封闭之后，借路中国并不是没有可能。

中缅边境中方一侧的边防检查站、海关和工商、公安部门在查私的过程中，也严格缉查毒品，对贩卖者判以重刑，一般标准是每携带一两鸦片便得坐一年大牢。

然而，中国警方并没有和海洛因打交道的经验，作为白色粉状的海洛因可以掺于白糖、奶粉、食盐、洗衣粉中，可以封进罐头、化妆品盒中，也可以压成各种形状的块体，藏在汽车、拖拉机的某些空隙间，没有特殊仪器和经过特殊训练的警犬，很难发现。

中国警方恰恰还没有装配特殊仪器和能嗅出毒品味道的警犬，甚至没有追捕贩毒汽车的直升飞机。

“金三角”地区的毒贩子们就是利用了中国警方这一弱点，开始携带毒品越过中缅边境线。

后来，中国加入了国际刑警组织，购进了一些先进仪器，并通过国际缉毒局与缅甸、泰国的缉毒组织建立了广泛的联系，互通情报，并布置眼线，进行卧底，成功地在上海、昆明、广州破获了几次大的贩毒案，初步显示了中国警方的威力。

然而，付出的代价也是不小的，几年中，香港毒品市场有相当一部分毒品是通过中国境内新的黑色走廊提供的，而且一部分中国人也开始吸食、注射海洛因。

昆明、西安、广州都有百万富翁因吸毒而变成穷光蛋的事发生，最为严重的是边民们重复使用一次性注射器将毒品进行静脉注射，导致艾滋病毒广泛传播。

一九八九年，中央电视台和中央人民广播电台同时宣布：在云南省某边境县进行了一次血液检查，一下发现一百七十多例艾滋病病毒检验阳性者，轰动了中国，震惊了世界。

这其中也有杨之洋的罪恶！

没有人断定中国的黑色通道是否杨之洋打开的，其实这也是无法断定的。

但是，可以说他是比较早地携带高克数海洛因进入中国国境的。

第一次，他是携带两千五百克海洛因，将其掺入五袋荷兰奶粉中，从缅甸木坎镇走陆路到达中国弄岛镇的。他此时的身份是一个做小生意的缅甸边民。

住了一夜之后，他又成为一个还留在农场当教师的北京知识青年，提着一个不大的旅行包，登上了开往昆明的长途班车。

一路上经历过三次检查，但都没有对他产生过任何怀疑，四天之后，他安全到达了云南省会昆明市。

到达昆明市以后，杨之洋的身份又变成了缅甸华侨，住进当时昆明最豪华的翠湖宾馆的一个套间。

路灯放光时分，他西装革履，戴着一副金丝眼镜，沿翠湖路向小西门方向走去。他第一次到昆明，就住在离那里不远的一所中学里。

昆明开始繁华了，翠湖宾馆门口几个找外国人换外汇券的女孩子还明显地透出一股另有所好的意思，杨之洋没理睬她们，他不愿在这些小事上惊动警察，以免误了大事。

沿昆明最宽的马路东风路一直走到东风广场，那里已经要施工、建设工人文化宫了。

其实那里本来就是工人文化宫，可“文化大革命”初期在云南说话算数的昆明军区第一政委谭甫仁非要搞个红太阳广场，一声令下将工人文化宫炸毁了，修了个检阅台和大广场，其实只是为了显显他个人的威风。

也是这个谭甫仁劳民伤财地组织十万多人，大搞围海造田，将五百里滇池的海埂地段围出数万亩地，排出水去，种植水稻，结果不但破坏了滇池鱼类的产卵区，使滇池鱼产量大幅度下降，还破坏了昆明市区的气候，使几万亩水面消失，不能调节温度，一到春天，就风沙骤起，颇像五六十年代的北京，搞得昆明人怨声载道。

一九七零年，这个谭甫仁在自己的别墅式住宅中被昆明军区保卫部下面某科副科长开枪击毙，而那副科长在围捕过程中开枪自杀，后来保卫部副部长也自杀于办公室中，此案便再无头绪。据传和路线斗争有关。

不过，这种官死了，老百姓绝对拍手称快，只是死得太少了些。

杨之洋想不到这么多，他只是觉得中国人像发了疟疾病一样，一会儿高热，一会儿冰冷，不知怎么活着好。

此时，他很想能和一些知青会上一面，看看这些人回城后都在干什么，是不是比当知青时更快乐。

不过，这大概是不可能的。

在翠湖宾馆住了三天，收到广州方面拍来的一封电报后，杨之洋搭乘飞机，直接抵达广州，住进了白云宾馆。

和一些电影中的镜头一样，一个衣冠楚楚的老者登门拜访了，将奶粉打开一个小口，品尝了一下之后，给杨之洋开出一张支票。这张随时可以在瑞士银行兑付的支票上显示出这趟生意杨之洋净赚十万美元。

而后，杨之洋又十数次来往于这条黑色走廊间，直到他被击毙于中缅边境线上。

杨之洋终于实现了一次知青大聚会。这是他写信给田萍安排的，一切费用由他支出。

这次聚会是在北京的一座四合院中，这座四合院平时红漆大门紧闭，门边有一个车库，邻居们都知道是一个将军住在里面。

其实，将军已经死了，住在里面的是一个寡妇和一个离了婚的儿子，这个儿子在一九六六年是首都红卫兵海淀区纠察队的一个头目。

田萍安排的聚会就是在这里举行的。

人不算多，也不算少，一共二十人。在一般家庭中会挤得转不开身子，而在这座占地近一千平方米的四合院中，则稀稀散散，就是坐进三间北房组成的大客厅，也没有拥挤之感， 这间客厅中搬开沙发，足可以使这二十人跳开探戈舞。

杨之洋以缅甸商人的身份从仰光转道香港飞回北京，住进原名复兴饭店的燕京饭店。

当天晚上，杨之洋带着满满一箱法国白兰地酒，坐着出租汽车来到了地处西四附近一条胡同中的这座四合院。

他进到客厅时，客人尚未到齐，田萍坐在一张沙发中，朝他深情地一笑。几年未见，田萍苍老了一些，但风韵依旧，尤其眼睛中那半带忧郁半是深沉的目光依然惹人注目。

杨之洋知道，田萍此时已经是一个在中国小有名气的作家了，虽然没得过什么全国奖，但其影响力则大大超过不少得奖作品。她以对知青生活的客观、真实描述而著称，台湾、香港、日本、美国、联邦德国都介绍过她的小说。

他坐到了田萍身边，田萍立刻握住了他的手，从手指的颤动可以感觉出，她依然对他一往情深。

“等人到齐了再作介绍，有一些你不认识的人。”田萍没有松开他的手，反倒倚到了他肩头，小声说。

又过了二十分钟，二十个已步入中年的男女都走进了客厅，坐在宽松的沙发上。

田萍欠了欠身子，作为召集人开始讲话了："这次聚会是杨之洋渴望已久的，也是我们大家渴望已久的。在座的人有一个共同的经历，就是都当过红卫兵和知识青年，还有一半人有一个共同点，就是在一九六六年曾经酝酿过成立世界红卫兵。"

人们开始激动起来，回忆和怀念使这些中年人像孩子一样议论纷纷，有人开始闪烁出星星点点的泪光。

"还记得上天安门城楼吗？宋彬彬挤得快，跑到毛主席身边掏出了红卫兵袖章。"

"那次砸铜佛，不是我拉你一把，就被铜佛砸死了。"

"咱们联动在北京展览馆剧场开大会，表决冲公安部的行动，你这小子一连往台上放了十个二踢脚，炸得人大附中红卫兵的头儿直骂大街。"

"老子在公安部被关了一个多月，还是江青去才放了我们，可老子都没正眼瞧她一下，哼！"

"锰钢车、大回力，不是一身蓝就是一身绿。"

"份大、盘亮、叶子活！"

一阵哄笑声响起。

"喂，你说要真成立了世界红卫兵会发生什么事？"

"先开展世界大串联呀，当时咱们拟定的计划里已经有了，分兵三路，一路去苏联，一路去西欧，一路去美国，搞它个天翻地覆，让红彤彤的毛泽东思想的灿烂阳光照亮全球！"

"可惜……"

没有人解释可惜什么。一年以后，胡平、张胜友写的长篇报告文学《世界大串联》发表了，一下子轰动中国。不过，文章中所写的世界大串联和一九六六年红卫兵们所设想的世界大串联差之千里。

田萍拄着拐杖站起来，大声喊着："静一下，红卫兵战友们，造反派同志们，联动的哥们儿们，知青弟兄们，现在就我的了解，把大家互相介绍一下，说错了的自己修正。"

田萍的声音低缓了，也许每一个人的简历对于她来讲就是一部惊心动魄的长篇小说。

"杨之洋，原金猴战斗队总勤务员，一九六九年插队，一九七七年越境到了缅甸，现在是个百万富翁。

"孙小平，原海淀红卫兵纠察队负责人之一，一九六八年到陕西延安插队，一九七零年走后门当兵，现在是北方工业公司下属一个分公司的经理，专门向两伊贩卖军火。

王国庆，原北大附中红旗战斗队的骨干，彭晓蒙的得力部下，一九六八年到黑龙江八五三农场插队，一九七五年成为北大西语系的工农兵学员，现在是美国可口可乐公司驻北京办事处的高级职员。

罗进军，原一零一中红卫兵的小头目，联动的发起人之一，一九六九年到内蒙古生产建设兵团插队，一九七九年考上北师大历史系研究生，现在是社科院历史所的副研究员，专门研究中国封建王朝的官名。

张丽丽，原八一中学红卫兵的女干将，一九六八年到吉林省白城子插队，一九七零年被招入省军区毛泽东思想文艺宣传队，现在是专演女特务和阔小姐的影视大明星。

李明，农大附中红旗战斗队的黑高参，一九六九年到陕西省延长县插队，一九七零年病退回北京，现在是北京一家机械厂的厂长，这个厂每年亏损三百万。

马中苏，人大附中红卫兵宣传队队长，一九六八年到陕西省延安插队，因成立马列主义研究小组被打成反革命，判刑十年，一九七九年平反，现已办好护照，准备到澳大利亚去留学。

吴继红，清华附中红卫兵的笔杆子，一九六八年到云南省德宏州插队，一九七零年越境参加缅共，一九七二年跑到仰光，后来又到了香港，现在是一家右派报纸驻北京的首席记者。

李安娜……红卫兵……插队……日本外交官的夫人。

莫红军……红卫兵……插队……腰缠数十万的服装贩子。

洪志军……红卫兵……插队……某国家机关的副局长。

王建国……红卫兵……插队……电视台导演，娶了一个香港女人，准备去香港接收遗产。"

还有中学教师、外交官、工人、饭店经理、服装模特、相声演员、出版社编辑，田萍自己是个作家。

历史不会记载那一次关于成立世界红卫兵的真诚而又热血沸腾的会议，但这些参加过那次会议的人们忘却不了。

文学作品开始描述知识青年的生活了，为此涌现出一批知青作家。但那些作品的内容还远远不够真实，还没有深刻地展现出整整一代人的心理历程。

"来，喝酒，像当知青时一样，用大碗。"杨之洋不喜欢沉闷，而此刻人们似乎都陷入了深深的回忆之中。

四合院的主人招呼保姆端来了一大盘一大盘的凉菜，堆满在茶几上。

狂饮之后，是一阵高歌，《造反有理》、《红卫兵战歌》、《知青之歌》、《大返城进行曲》。

人们都醉了。

杨之洋想：此时若有点海洛因，每一个人大概都不会拒绝吸食一点。那样，会使在场的人都进入到另一个境界。

人类总是在想方设法地折磨自己的肉体，也折磨自己的灵魂。

还会有人想着毛泽东思想的光辉普照全球吗?

杨之洋回答不出自己给自己提出的问题。但是，他不会忘记知青这个名词，不会忘记长达八年之久的知青生活，到死也不会忘记!

杨之洋离开了北京，以后再也没有回来过，这次大聚会也像当年讨论成立世界红卫兵的那个会议一样，不会被历史记载，只刻骨铭心地记在参加聚会的人们脑海中。

临走前，杨之洋和田萍又在燕京饭店的豪华套房中共同生活了三天三夜，做了一番长长的谈话。

杨之洋终于告诉了她自己是做什么生意的了，并说了自己修建知青纪念塔的宏愿，还说了自己在瑞士银行的存款已高达七位数字。

田萍没有震惊，杨之洋所做出的一切事对于她来讲都不会震惊。她只是问："干到什么时候算一站呢?"

"到死。"杨之洋回答。

"死并不是人生的终极。"田萍摇摇头。

杨之洋不懂这种哲学语言。

其实，他和田萍之间的共同语言本来就少得可怜，但他们还是觉得相互有一股吸引力，可能如同《钢铁是怎样炼成的》书中所描绘的保尔·柯察金与冬尼娅的那种爱。

不管人们承认不承认，那也是一种爱。

文化的差异在某种特定的时候并不会成为爱情的障碍，苏联电影《第四十一个》就真实地塑造了一个农民出身的女红军爱上了一个蓝眼睛的波兰贵族的儿子，而且爱得死去活来，并主动委身与他。

“不想去四川看看阿雪吗?”田萍问。她还记得杨之洋给她讲过的那些插队中的故事。

杨之洋摇摇头，但他说不出为什么不想，虽然他经常寄钱给阿雪，然而和她欢聚一下的欲望却很淡漠，倒是在孤寂之时常常怀念眼前这个女人。

田萍依偎到杨之洋的怀中，她感到一种欣慰，她知道女人都是自私的，自己也不例外，虽然杨之洋始终拒绝和她发生肉体关系，但她还是渴望在情感和精神上单独占有这个男人。

“需要钱吗?”杨之洋问田萍。

田萍摇摇头:“我的稿费足够我用了。”

杨之洋不知再说什么好。

“你能答应我一个要求吗?”田萍仰起脸，看着杨之洋的眼睛。

“你说。”

“给我洗个澡，把我从水中抱出来，像十多年前在河口的南溪河中一样。”

杨之洋不能不答应这个不算要求的要求，他抱起田萍，像捧着一片轻盈的羽毛，大步走进了浴室。

他一件一件地为田萍脱去衣服，摘下假肢，将浴缸中放满温暖的水，把一直闭着眼睛的田萍放了进去。

已年过三十的田萍居然还有着少女一样的体态，皮肤光洁，乳房坚挺，浑身一片白皙，只是右腿没有了，腿根处的截断面上凹凸不平，颜色深紫，由于长期戴着假肢，磨出一层发硬的茧子。

这都是为了他啊！杨之洋长长地叹了一口气，用手抚摸着那破坏了一个女性完整性的伤疤，久久不能停下来。

“水凉了。”田萍呢喃细语，任凭眼角热泪流淌。

杨之洋又加了些热水，开始轻轻擦拭田萍的身躯。这种与女人共浴，完全不同于在泰国曼谷的桑拿按摩院中与新加坡、日本或南朝鲜女人的挑逗和戏弄，那纯粹是追求刺激和发泄，而给田萍洗浴，则像是自己的灵魂在受到一只无形之手的深情抚摸。

田萍一动不动，任凭一双打过人、杀过人的粗糙的手滑过她的乳房、小腹、膀臂、脊背，但其实她每一个细胞都在战栗，都在呼喊，她从嗓子深处发出欢娱至极的呻吟。

她很想一下子叫出来：“我要你！”但是，她知道不能让杨之洋失去最后一点值得自豪的东西，她克制着自己。

两个小时后，杨之洋把她全身擦干，抱进卧室，与她相拥而卧，但他努力不突破那最后一道防线。

在情感与理智、心灵与肉体的搏斗中，杨之洋忽然意识到这大概就是一种人生的终极，此时此刻，腰缠万贯与身无分文都成了毫无意义，这样相拥相抱也没有任何价值。

哦，人生的终极就是虚无！

怪不得人类中的绝大部分都会在人生的某个时刻皈依宗教。

不，不！杨之洋不信虚无，也不信宗教，他不需要宁静，也不需要温良，强烈的刺激和疯狂的体验才是他的人生。

他睁大了眼睛，褪去身上最后一块遮掩物，带着一股绝望的状态压到了田萍身上。

田萍长长地呻吟了一声，分不清是痛楚还是幸福……

杨之洋又出现在中缅边境线的一片竹丛中间，这次他身上带有一万五千克四号海洛因。四号海洛因是专指纯度高达百分之九十九点九九的毒品，这趟生意若成功了，可以使杨之洋净赚四十七万美元。

他在寻找机会过境。

天很蓝，太阳很灿烂，周围很静，时而有边民从田埂上走过，坦然地挑着担子或背着竹篓通过边境线。

杨之洋也将这样大摇大摆地走过那条无形的高墙。

然而，他并不知道一张天罗地网已经架好，就等着已经被列入国际缉毒组织毒枭名单的类人猿钻进去了。

这次代号为“猎鼠”的行动是由国际刑警组织北京中心局云南分局和缅甸警方共同进行的，一个卧底于“金三角”地区的缅甸侦探提供了类人猿将携带大批量海洛因进入中国境内的准确情报。

一百多名中缅武装警察已经在中缅边境线的口岸地带潜伏了三天三夜，观察哨用对讲器通报：目标已经出现。

杨之洋贩毒的优势和劣势都在于他从来都是单枪匹马。一个人干可以减少目标，而且走露风声的危险较小，行动便利简捷；而一个人也存在无法派出先遣人员去探路的弊端。

假如杨之洋有几个部下先携带小批量毒品“投石问路”，到过境地区进行侦察，也许这次两国警方的联合行动就会失败。

然而，杨之洋过于自信，这也是他性格所定。

当他发现一个边民打扮的人在一小时内竟从田埂上通过三次时，想退出竹林已经晚了，十几个握着手枪的人正在包围上来。

杨之洋只有向前，本能地向耸立着一座界碑的边境线逃去，如同一个孩子在受到欺负时想奔回母亲的怀抱一样。

有人扑上来，抱住了他的腰，被他一拳打过去，顿时一个眼珠飞溅出来。

于是，枪响了。

杨之洋只觉得背部一阵发麻，热烘烘的液体在脊背上流淌，但他没有摔倒，依然奋力向方尖碑冲去。

冲锋枪的子弹成排扫来，他的肩部和双腿又被击中了。

按“猎鼠”行动的计划，本来是要将类人猿活捉，以搞清黑色走廊的内幕，但缅甸警方为了使杨之洋不越过边境，成为中方的俘虏，而不惜在杨之洋没有还击的情况下首先开枪了，即使将他击毙，只要死在缅甸领土上，就可以使新闻媒介大肆吹嘘缅甸警方如何缉毒有功了。

杨之洋摔倒在离界碑只有七米远的地方，身后五十多米处，成群的缅甸警察正在奔来，而界碑后面，如同从地上冒出来一样，齐刷刷站起一排中国武警战士。

杨之洋奋力向界碑爬去。

七米远的路程，和他三十多年人生的路程一样遥远，也可以说，三十多年人生的路程和这七米远的路程一样短暂。

真正的“咫尺应须论万里”！

有一部在六十年代曾轰动一时的长篇小说《欧阳海之歌》，曾把主人公在面临死亡前的一瞬间写得想到许多许多，其描述达到了万言以上。

这可能是真实的，据科学考证和分析，人大脑的每一闪电间的思维，都起码有上万个信息组合碰撞。

不过，杨之洋此刻却并没有想那么多，他只想着不能死，还想着即使死也要死在中国！

在一只大手伸向他的时候，他用生命最后的一股冲击力奋力一跃，抱住了冰冷的方尖碑，整过身子滑到了中国一侧。

中国武警制止了还想动手的缅甸警察，用缅语说："对不起，他现在是中国警方的犯人了，你们不能越境抓人。"

缅甸警察无可奈何地站在了界碑边上。在代表国家利益的人面前，一块没有任何生命的水泥柱子显示出了巨大的威严。

一个女武警掏出了不锈钢手铐。

杨之洋苦笑一下，发现这个女武警很美，像田萍，也像孟丽，还像阿雪。

他挣扎着问："你是知青吗？"

女武警不动声色，没有理睬他。

"我、我……是中国知、知青，用……不着铐我了，我……在瑞、瑞士……银行有一百五十万……存款，把它取……出、出来，建一座知、知青纪念塔……"

"我是知青。"一个军官模样的中年人蹲下来，搂住已经快要停止呼吸的杨之洋。

"哦，真、真好……死在哥、哥们儿身边了。告诉你，瑞、瑞士……银行的账号和、和密、密……"

杨之洋头一歪，停止了呼吸，但双眼却瞪得大大的，死不瞑目！

他终于没来得及说出瑞士银行的账号和密码，这笔钱将永远存在瑞士银行中，没有任何人能提取出来。

瑞士银行中起码有上千份这样再不会有人提取的存款，按瑞士银行的保密法，即使由国家政府出具证明，也不能提取说不出账号和密码的存款。

又一个当过知青的人死了，以后还会有当过知青的人陆续死去。

谁都会死的，无论他如何辉煌，也无论他如何渺小。

杨之洋在一代人中有代表性吗？

反正从他本意来说，他不想代表任何人，而只代表他自己。

但他永远说：他是一个中国知青！

这场边境缉毒行动中方没有发布任何消息，只在公安系统上层传阅的一个通报上写了这样一段简短的话：活跃于“金三角”地区的贩毒分子类人猿于近日在中缅边境线中国一方被击毙，收缴四号海洛因一万五千克。据此人死前称，他曾是知识青年。

三年以后，田萍才从一个在公安部工作的作家朋友那儿偶然得知这一消息。她回到家中，烧毁了一部刚刚完成的长篇知青小说，这部小说是以杨之洋为主角，把他塑造成了一个红卫兵领袖、知青头、虔诚的理想主义者和献身事业的苦行僧。

杨之洋死了，她不需要再欺骗自己和他，她要重新去写一个真正的类人猿，他的名字叫中国知青。

她相信，当过知青和没有当过知青的人们都会对历史的真实产生兴趣。

而阿雪和杨之洋的继父，还有许许多多杨之洋的朋友，都将在田萍的长篇小说出版以后才可能得知杨之洋的惨痛结局。

没有人能预测出田萍的小说何时写出来，更没有人能预测出田萍的这部小说何时才能出版。

这项工程可能要耗去田萍的全部有生之年。

这就是爱情的力量。

对一个男人的爱！

对整整一代人的爱！

在这部小说的扉页上，田萍将写下这样一行字：朋友，还记得那首《知青之歌》吗？

一九九零年十一月十六日修订于海南岛

府城一间漏雨的低矮小屋中

后　记

我的知青岁月

我当过知青！

不管在任何年代，不管知青这个字眼是耻辱的象征，还是悲壮的代名词，抑或是辉煌的同义语，我都会坦然地告诉人们我曾有过的知青身份。

我从不认为自己的经历会离自己遥远了，我们终究只有几十年的生命，而几十年对于历史来说，委实过于短暂了。

假如我连儿时的捅马蜂窝，和小朋友打架，到菜地里偷瓜都记忆犹新，幌如昨日的话，那么，六年的上山下乡生活于我就会永远是那样亲近，又那样不能忘怀，如同第一次亲吻一个女性，第一次体验性的交合般深深地铭刻于大脑沟痕之中。

我从不想用知青生活来炫耀什么灵魂的圣洁与崇高，也不想用知青生活来抱怨人生的委屈与不公，作为作家，我只想顽强地保留着中国当代社会越来越少的良知和责任感，将某个特定时期的特定事件以文学的形式记录下来，以免历史出现人为的空白。

然而，我突然发现，一批自称为共和国第四代的人们在急功近利目的的驱使下，以一种极度刻薄的激愤态度，向被他们称为第三代的我们发起了近乎疯狂的挑战，他们认为我们已经理所应当地被历史所淘汰，伴随着20世纪的消失而消失。

我承认，面对这种挑战，我有些困惑，也因而，我需要重新反思，有过知青经历的一代人真的成为社会前进的障碍了吗？

知青，一个历史的概念；知青，一个当代的存在。历史的概念可以被忽略，而当代的存在不能不被承认！

有过知青经历的一代人是在一个新政府建立伊始被精心而又严格培养过的。顽强、勇敢、集体主义、服从原则和自我牺牲精神贯彻于他们青少年时期的生活中。在后来的岁月里，他们经受了正常年月一个人一生都难以经历的社会动荡和人生变化，特殊的环境又磨炼出了他们惊人的毅力，这种毅力不仅仅是吃苦耐劳，更是一种经得起打击甚至摧残的精神，一种处于逆境下仍然奋发向上的意志。他们的最大特点是非凡年代铸造出来的韧劲十足的性格和群体凝聚力，他们的最大优势是亲身感受了中国底层社会生活的艰辛和矛盾，从而使他们最了解真正的中国国情，这一切成为有过知青经历的一代人独有的财富。

知青，意味着一种资历与身份，代表着一种品质与精神，有过知青经历的人肯定会有这样的自信，经过颇为曲折的抗争与奋斗的心路历程，在确认自己的历史价值与历史地位的同时，不但能够争取到自己作为一代人发言的权力，而且有足够的能力表现自己今天和未来的价值所在。

因而，当我又在重复一个“古老”题材的创作时，绝不是为知青们炫耀过去或追回往日的自豪，也不是为知青寻求情感关怀或觅取抚慰伤痕的良药，更不是为了争取对知青往昔行为评价的正确与公正。我写自己的知青岁月的关键是追忆坎坷的同时认同青春，反思历程的同时完善现在，珍惜过去的同时开拓未来，让知青用自己生命的体验告诉社会，他们作为民族大厦的栋梁和基石不仅属于昨天，也同样属于今天和明天！

我的知青岁月是从“红卫兵”开始的。

穿着一身黄布军装，蹬着一双白色回力牌球鞋，戴着半尺宽红绸子袖章，在北京大街上横行一时的日子已经让我们这些十几岁的学生们厌恶了，在批判老师、校长，大破“四旧”，大立“四新”，“革命大串联”，成立“联合行动委员会”，“复课闹革命”之后，我们这些无法再回到秩序的轨道上来生活的“红卫兵”小将们于 20 世纪 60 年代的第 8 个年头，需要新刺激了，否则我们必将在打群架、“拍婆子”中沦为一伙真正的流氓。

伟人毛泽东抓住了这个时机，发出了最新最高指示：“知识青年到农村去，接受贫下中农再教育，很有必要。”

1968 年 12 月份一个寒冷冬夜，北京和全国陷入了又一次沸腾，占世界人口总数四分之一的一群人开始了人类有史以来最大的一次人口大迁移。

北京火车站前演出了一幕幕悲喜剧，一群群的“红卫兵”小将们，手捧毛主席语录，在高音喇叭和锣鼓声中告别故乡；他们宣着誓，要“在世界革命的战场上重新相聚”，要“造就一身钢筋铁骨，成为真正的无产阶级革命事业的接班人”；他们高唱着毛主席语录歌，也唱着《抬头望见北斗星》和《告别战友的时候》；当然因为派性问题，他们更少不了时常在站台和候车室内大打出手。

我没有“后门”可走，不可能成为当时被称为最幸运的、最值得骄傲的解放军新兵，而我也不愿意留在城市内当一个小作坊的工人，尽管学校给了我这样的机会，我觉得只有像大多数同龄人一样去上山下乡，才是我真正的归宿，才可能使我的灵魂在悸动中慢慢成熟起来。

我很想到陕北去，那块神奇的黄土地对我的诱惑与其说是文化的，倒不如说是革命的更为准确，我对那里的了解和向往全部来自于宣传品。但是，我未能成为那里的知识青年，因为学校没有批准我去，而我想跟别的学校的人一同去，他们也没表示欢迎。

我送走了一拨又一拨同学和所谓战友，我所在的人民大学附中的校园渐渐冷清下来，在我感到孤寂和惶然的时候，学校革委会一个管分配的老师终于通知我到东北一个叫做白城子的地方插队落户。

我从没有听说过白城子，即使到今天我对那片土地也没有任何了解。但我绝没有任何不满，也没有对那陌生之地的恐惧，只要能上山下乡，能当知识青年，到什么地方于我是无所谓的。

我准备好了棉大衣、棉靴及厚厚的棉被，屈指计算着出发的时间。然而，在临行前，管分配的老师匆匆来到了我家，告诉我不用去东北白城子了，而是去云南的橡胶农场。

至今我也没搞明白那个管分配的老师为我更换上山下乡的地域是出于一种善意还是有什么别的目的，我也无法判定这种地域的更换对于我人生的命运是好还是坏，因为历史不能假设，人生也不能分为两次。

我退掉了棉大衣和棉靴，在小木箱中装上了热带地区用得着的衣物，蹬上了南下的列车。

没有任何同学和战友送我，他们都先我而去，只有父亲站在站台上，他虽然还处于中年之龄，但却给人以风烛残年的感觉，他正伴随着巨大的痛苦，不仅自己在被当成“走资派”批斗，而他的妻子，我的母亲更被当成国民党中统特务关在一间有铁栅栏的阴冷小屋中，他没有叮嘱我什么，只是默默地凝视着我，似乎想从我的脸上看出我的未来。但是，当几亿人都不知晓未来的时候，我一个16岁的男孩子又能呈现出什么希望的神情呢？

火车离去了，看着父亲飞快消失了的沉重身影，我第一次体验到什么叫做忧伤。

在硬长椅上坐了三天两夜，我们整整一列车1千多北京知青抵达了云南省会昆明。在和先期到达的上海知青打了一架之后，我们又很快地被送上小火车，翻越崇山峻岭，经过一天一夜的摇晃，终于在河口火车站下了车。

当迎接的人们告诉我们一条窄窄的河水对面就是越南的时候，我们禁不住惊讶万分，也欣喜若狂。

我们惊讶的是竟然来到了边境线，我们欣喜的是抗击美帝国主义的战场竟然只有咫尺之遥。我久久地站立于河边，看着清澈见底的河水，那不时掀起涟漪的河面上有竹筏飘过，也有留着长长黑发的越南少女在沐浴。

大自然如此恬静。而残酷的战场随时可能摧毁这田园诗般的风光。实际上，10年之后这里确实变成了战场，河对面的尖顶红瓦的法式小楼被一扫而光，那座横跨于河上的大桥被炸为两截。

河口县城对于突然到来的1千多名北京的不速之客呈现出的是古

朴的热情和天生的好奇，然而，当第二天百货商店丢失了100多顶遮阳帽盔，饭店供应了许多饭菜却没有收到相应的钱，北京所谓“老兵”“叫碴巴”的恶习在河口街头重演之时，河口人才知道这群少男少女并非善者。而农场也连忙向当地驻军借用军车，将知青们迅速分往各个生产队。在一个只有3千居民的小县城，1千多正处于青春期的男女确实令人提心吊胆。

在此时，我才明白，我的“红卫兵”身份已经历史性地结束了，我正式开始了我人生中的知青生涯。

我不是成为知识青年后才第一次到农村去的。

我在北京就住在城乡交界处，从我家的阳台向南望去，是一望无际的田野和掩映于杨树间的灰砖民舍，那田野间有金黄的麦浪，有绿油油的瓜菜，有红红的高粱，也有粗壮的玉米，那灰砖瓦舍间有袅袅的炊烟，有成群的鸡鸭，有喘着粗气的猪，也有见着生人就狂吠的狗。

然而，尽管我经常游戏于京郊，但我在那里从没有理解出贫困的含义。

我是在“步行串联”进入到太行山脉后才愕然地发现在60年代的中国还有着我只能从那些“忆苦思甜”的材料上才知晓的贫穷！

当我住在狼牙山下一座用石块和泥土堆砌成的简陋房子里时，那家好客的农民拿出的最好食品是红薯和玉米面煮的稀饭，还有一盘似乎比盐还咸的白菜帮子。而在那北风呼啸、雪花满天的冬季，他们一家5口人仅有一套露出棉絮的破棉衣，供出门之人使用，晚上，全家5口人赤身裸体地挤在一床不知盖了多少年的棉被下。

那一夜，我肯定失眠了。

因而，当我和十几位年龄相仿的少男少女们以知青身份，坐着一辆马车，在坑洼不平的泥泞道路上颠簸了很久，于夜幕之下来到一座山洼内的生产队时，我相信这里的贫困会再一次震惊我。

一排排四面透风的茅草屋，一群群光着屁股的孩子们，待客之饭是南瓜汤和糙米饭，两盏马灯挣扎着驱散那不可能消失的黑暗，这就是我将“扎根农村闹革命”的地方给我留下的第一印象。

这种贫困给我的是什么样的再教育呢？它是否一举摧垮了我 16 年来从解放前就参加革命的父母、小学中学的老师、书本所给我的全部教育呢？后来，在我吃着盐水泡饭的时候，也始终无法明白我们的国家为什么在一个那样漫长的岁月中都未能解决人民的吃穿住问题。

不过，至今我也不会抱怨我在那种贫困中生活了 6 年。倒不是我甘愿当一个苦行僧，也不是我有什么超人的毅力忍受煎熬和磨难，既然一些部长、将军的公子、千金和那么多农民都能忍受那种贫困，我又有什么可感觉到委屈的呢？至于贫困生活给今后人生所带来的益处那是被总结出来的。而在当时，作为知青的我们，只是想在自觉自愿地“接受贫下中农再教育”的同时，努力地去改变农村的那种贫困。

令人失望的是，直到“上山下乡”在历史上结束，绝大部分有过知识青年的地方也不能使贫困有本质程度的消失，倒是一些现代文明随着知青进入农村地区而随之波及开来是不容置疑的，甚至可以说为中国广大农民率先进入改革之列多少打下了些文化的基础。

在我插队的地方。我曾愕然地发现了一个自称沙族的部落里的女人不知胸罩和内裤为何物，不懂得往水田中施肥能高产的道理，我落户那个生产队的女人们只要结了婚，就敢于在大庭广众之下赤裸着上身，任凭乳房在无数双眼睛下乱颤。而一年之后，沙族女人们都戴上了胸罩，穿上了内裤，水田经施肥后亩产翻了一翻，我那个生产队的女人们也知道将乳房遮掩起来了。

贫困并不排斥现代文明，这也许是我知青生涯的第一收获。

我的青春在知青岁月中流淌殆尽。

我从没有从理论上去探究过青春的内涵到底是什么，我也从没有羡慕或嫉妒过所谓第四代人的青春是如何的更吻合人性和更为辉煌，我觉得每代人的青春都必定有其人生的价值，也必定值得被记忆，哪怕这记忆是苦涩的，甚至是悲凉的。

没有人能够重复我们这代人的青春！

在我 14 岁的时候，我就可以毫无恐惧地将大字报贴在省委大院门口，我就可以戴着红袖章出入任何一所民宅，我就可以常驻在颐和园万寿山下的一幢古建筑中，我就可以不用买火车票南下北上，东去西往，我就可以不用向父母打招呼而步行穿越平原，翻过高山，长驱千里，我就可以在公众面前自由地表达心中的愿望……

在我 16 岁的时候，我将我的青春种植在云南的红土地上。

我的青春是自豪的，我割过橡胶，看着那小苗一天天长大；我伐过原始森林，看着那四个人搂抱不过来的大树像巨人一样躺倒于斧下；我开过荒山，看着那千亩丘陵变成一层层梯田；我犁过田，我插过秧，我洒过肥，我收过稻，我赶过牛，我放过马，我养过猪，我喂过鸡，我种过菜，我盖过房，我……我用自己的劳动在 16 岁的时候就开始养活自己。

我的青春也是浪漫的，我在葛藤缠绕，密不透风的热带雨林中穿行，在山顶处一棵巨大的雷击木下野餐，这种对大自然的亲近远远超过了儿时爬香山的感觉；我在旱季漫长的夜晚，踩着厚厚的橡树的落叶，吹着国产重音口琴，看着稻田映出天上的星星，看着无数萤火虫在周围飞翔，年轻的心宁静得如同一动不动的夜雾；我在清澈得让人想落泪的河水中沐浴，不远处少女那小巧苗条的身体曲线毕露，青春的美妙联想随河水荡漾……我用大自然的神秘和古朴风情的惬意陶冶着自己的灵魂。

当1984年我和几个知青作家又回到云南边疆之时，我曾在一座因劳累过度而长眠于那里的知青的墓前跪下，把一路上采集的黄色小花编织成一个美丽的花环，摆在墓碑前。

我知道，这跪拜不仅仅是为了悼念一个与我经历相同的年轻生命，更是为了祭祀我们这代人的青春，当然也包括我自己那再也不可能恢复的青春。

青春无悔这个字眼中应该是悲壮多于豪迈，无奈多于自赏，但几乎每一代人都愿意重复这个词汇，这是因为没有人愿意否定自己最富生命活力时的一段人生经历，尽管那经历常常与荒唐联系在一起。

我曾努力把自己的青春与无知的英雄主义、自认为壮烈的理想主义、难以忘怀的坎坷人生，可以牺牲自我的民族责任感紧密地联系在一起，用以排解知青生涯的悲剧色彩，这于我个人或许是可行的。但对整整一代人来说肯定并非如此。

于是，我只能去祭祀那失去的青春，只能把年轻时的痛苦当成为一副良药，只能像皈依宗教般将青春做为永恒的图腾。

我永远怀念我知青岁月中随风飘逝，如雨渗土的青春，仅仅因为那是一段经历，仅仅因为它对我今日的情感的激励。

我的知青生活使我认识了死亡，我几乎扑进了死神那热烈的怀抱之中。

在成为知识青年之前，我只是听说过死亡，我的大伯父在1966年6月份面对着第一批批判他的大字报，便毅然在夏天第一场暴雨中跳入天津海河自尽，以结束自己的生命而向对他的侮辱与损害抗议。但我没能见到他的尸体，也未能向这位曾抚养过我的水电部的局级干部告别。

在震惊世界的“红八月”中，北京市每天都会传来某某地方有“阶级敌人”疯狂报复而被“红卫兵”小将打死的消息，终于有一天，我所在的人大附中也打死了一个被称为流氓集团“九龙一凤”中的凤，那是一位年仅18岁而且很有些姿色的姑娘。她的尸体被放在了距我们教室不远处的楼梯下面，天生对死亡的恐惧使我没有产生一点去看一下的念头。

当我在云南河口县城的山林中以一个知识青年的身份生活时，我知道了死亡是如何的惨烈，一个生命力不管多么旺盛的人死去又是多么的轻而易举。

在一次大规模开垦荒山之时，一个知青去排除埋在土中以炸碎坚硬竹根的炸药哑炮。然而，那炮并没有哑，在他刚刚伏下身时，一声巨响，土块、竹根、硝烟和破碎的肉体飞向了半空之中。

在场的人全部呆住了，我感觉到一切都凝固了，我也希望当烟雾消散之时，那个知青会满不在乎地从地上爬起来。然而，红土地上除了一个大坑外，甚至连血液都没有留下，那鲜血和红土地融为一体了。

没过多久，我自己也险些在毫无心理准备的情况下，步入死亡的行列。

那是旱季阴沉沉的一个下午，全生产队的人都在开荒，所谓开荒，其实就是把满山的热带雨林砍光，再修成梯田，种植上橡胶树。这种大规模破坏生态的人类行为，至今仍在继续，只不过种植的是其他树种，如桉树。

当时，我正在砍伐一棵大树，而这棵大树已经摇摇欲坠，树身发出凄厉的咔嚓声。忽然，有人从浓密的竹丛中钻了过来，我连忙疾呼："树要倒啦！"

可由于山风呼叫的原因，那人可能没有听见，依然前行，而其前行的方向正是大树倒下的地方。

不容犹豫，我冲了过去，在这一瞬间，大树沉重地砸了下来。

有什么东西扫中我的身体，于是，我便直挺挺地摔倒在热烘烘的松软土地上。

当然，我没有死，只是树梢打中了我的脖颈，使我暂时昏晕了一下，当我清醒过来时，已有人围在我的身边，庆幸地说："你小子命大，刚好有根藤子把大树往另一侧牵了一下，要不你就完蛋了！"

我顿时明白，我的命是捡回来的，从理论上说，我已经死过一次了。

我可以肯定地说，在扑向那个人之时，我绝没有什么崇高的目的，就像许多因病、因洪水、因大火、因各种意外而死去的知青们一样，仅仅是一种长期受到的教育在灵魂间形成的潜意识，这潜意识使我没有任何悲壮感地迎向死亡。

我没有死，这也许是命运所致，但我终于认识了死亡，也接受了死亡这个每天都会发生的事实。

也许，没有知青经历的新一代人也终将能接受死亡的体验，但我相信他们不会这样早，不会在如花年华的时候。

我不是说我很年轻时就会对死亡采取一种超然的态度，我只是想表明当死亡成为一种启示录时，我们会越发珍惜生命，会将并不漫长的生命历程浓缩为人类创造世界的有机动力，会认认真真地活着。

在许多个年头之后，我和在海南插队的知青作家郭小东一同拍摄关于知青生活的专题片《海南不会忘记》时，面对着一片知青墓群，这里掩埋的是26个被洪水吞没的少女尸体。这次，我没有跪下，我只是想拥抱她们，像拥抱自己的生命一样。

我无法抗拒已经死去的，但我可以捍卫正在活着的。死去的无数知青不是给我们留下了将永远应该活下去的东西吗?!

我在当知青的时候第一次品尝到了爱的甜蜜，也第一次体验到了失恋的痛苦。

按照70年代时人心理成长的标准判断，我应该算是早熟的，因为在我18岁的时候，就爱上了一个与我在同一个生产队当知青的姑娘。

她比我大3岁，同是北京人大附中的学生，她的父亲是国家某部的部长，当然被划入“走资派”之列，而她也并没有权贵千金的任何优越感，甚至比一般的女知青更能吃苦耐劳。

我永远也说不清是怎样爱上她的，也无法判定那爱到底有多深，按照90年代的观念，人们甚至可以怀疑那不是爱，但起码她是我人生道路上第一个使我心灵会极度膨胀起来的女性。

在离开故乡北京的火车上，我就已经发现了她的存在，在整整一节车厢里，我始终能看到她那与众不同的大眼睛中闪烁着热情的光芒，那光芒我至今难忘。

我所上山下乡的地方，对男女知青们之间的谈情说爱并没有什么强制性的不允许，甚至还将结婚的知青当成“扎根农村干革命”的典型给予表彰。

我绝没有想过结婚，甚至连今天中学生们都懂得的男女在一起应该干些什么都丝毫不懂得。我只觉得和她在一起有种愉悦感，会觉得热血沸腾，激动不已。

我喜欢和她在一起割胶，尽管这机会不多。当我和她一同踏破黎明时的露水，行走在寂静的、湿漉漉的山林中时，会感到生活是那样美好，切削着橡胶树的树皮时有如在进行着艺术创作。

我喜欢开会时坐在她的身后，看着她那自然卷曲的黑发和纤细白皙的脖颈，好像这就是我生活中的一切。我那热辣辣的目光也许使她的脊背感受到什么，她会嫣然回头一笑，深深地凝视我一眼，我便会陶醉得久久不知道生产队长在讲什么。

我和她之间绝没有相互讲过一个爱字，我们最亲热的接触就是手拉着手，在晴朗的月夜下走向打谷场，然后斜靠在有着一股淡淡清香的稻秆堆上，谈着革命的理想。

后来，她走了，她的母亲不愿意自己的女儿永远是一个农民，将她送进了一所中专学校，成为一个“工农兵”学员。许多年之后，我明白了，所有中国的母亲，都不愿意自己的女儿成为一个农民！

我们通了将近一年的信。终于，有一天我接到了她与我告别的最后一封信，她婉转地说是她的母亲不愿意，让她与我保持朋友关系，她的母亲希望她能有更好的前途。

这应该是那个时代必然的结局，一个可能永远离不开农村的男知青和一个在城市读书的女“工农兵”学员，一个普通干部的儿子和一个部长的女儿之间能结出什么样的果实呢？没有任何人对我们之间的关系抱乐观态度。

然而，我还是痛苦万分，长久地在一种自我哀伤中难以自拔。我觉得像人丢失了什么东西，但却不知道该如何寻找，我觉得那丢失的东西对我珍贵万分，但却不知道那东西到底是什么。

很久以来，我都不敢承认那是我的初恋，直到她和我分手 22 年之后，我才能肯定地说，是的，那就是我人生的第一次爱。

在 1992 年，我极为偶然地从一个朋友那里得知了她的消息，并且得知了她的北京工作单位的电话，我迫不及待地拨动了那个号码，电话铃只响了一下，就有人拿起了话筒。

我一下子就听出了是她的声音，而她在我仅说了一句让她猜我是谁后 3 秒钟，她叫出了我的名字，我约她在我的一间陋室中见一面，她毫不犹豫地答应了。

第二天，她来了，与 22 年前相比，她可以用老字来形容了，但她那双大眼睛还是那么明亮，那么美丽。我将一本在扉页上写满了字的我的一本长篇小说送给她，这本由人民文学出版社出版的长篇小说写的是我插队云南的真实经历，而扉页上的字是我苦思冥想了大半夜才写上去的。

她看着扉页上的字，神情渐渐忧郁了，两行泪水流淌下来。突然，她抱住我的头，在我脸上深深地亲吻了一下，然后拿着书，飞快地，逃一样地离开了小屋，以后，她再也不来见我了。

从她那复杂的情感中我只能做出我们曾经有过知青岁月中的爱的结论。那爱纯洁得像一张白纸，但绝不会被混同于友谊。

我的文学创作是从当知青时开始的。

假如没有知青岁月，我怀疑我是否会走上文学道路。

儿时的理想在长大以后才发现只不过是一个美丽的梦，从小就断定成年之时一定要干什么而且果然就干了什么的人是极少数的非凡之人。我没有什么与众不同之处，何况我也绝没有当作家的理想，尽管我在上小学六年级时就有一篇文章刊登于当时的《北京晚报》上，但那篇文章是被老师规定以另一个同学之名寄出的。

我开始写文艺作品完全是出于一种对知青不公正看法的愤怒和抗议，因为当时的社会几乎把知青当成比农民还不如的中国最底层的一个群体，这个群体不但遭受着肉体的煎熬与折磨，而且还要忍受心灵的侮辱与损害。

作为知青中的一员，我觉得我应该为恢复知青做人的尊严进行力所能及的呐喊，这不是出于艺术冲动，而仅仅是为了一代人唱赞歌，这后来成为我始终如一的创作原则。

我发表的第一篇作品是一首诗，那是我贴在大批判栏上的，内容是描绘知青一种生活的勇气和改造世界的信心。四川省知青慰问团的一个记者到我所在的生产队采访，看到了这首诗，征得我的同意后，将它抄录下来，于 1973 年的秋末刊登上《重庆日报》上。

这首 20 多行的小诗的发表改变了我未来生活的走向。在没有任何学习条件的山林间，在我不可能被招收进大学当“工农兵”学员的情况下，在不知晓最终是否能结束知青生涯的困惑中，文学创作成为我与命运抗争的唯一一条可取之路。

为了能更深切地体现我的创作原则，我放弃了写诗，而改写小说，我觉得小说比诗更为形象，更易于开拓视野，更能表达心绪，也为更多的人阅读。

当时的文学刊物屈指可数，而我每写出一篇小说就复写三份，寄至《朝霞》、《解放军文艺》和《云南文艺》，这也是那时我所知道的公开发行的全部文学刊物。

退稿，再退稿，写作，再写作，几乎每一个晚上和假日，我都伏在我的木箱上，忍受着蚊子的叮咬，不时抹去脸上的汗水，将我对知青生活的体验流淌于纸上。

1974年10月，我探亲回归，在成都做短暂的停留，漫无目的地溜于街头时，站到一个报刊栏前看报消磨时光。突然，一个熟悉的名字映入眼帘，我擦擦眼睛，又认真看去，没错，那是我的名字，在《朝霞》第10期的广告中，我的一篇小说的题目和我的名字清晰地印在了上面。

我手中那沉重的旅行袋跌落于地，嘴巴张开，几乎喊了出来。我看着周围的人们，他们无动于衷地看着报纸，我真想揪住一个人，大声告诉他："看，我的作品发表了，那篇小说的作者就是我！"

我承认，1974年刊登的那篇小说若是拿到今天来评判，肯定会被贻笑大方，甚至会被认为是文学垃圾，但那终归是我的第一篇小说，那上面倾注着我的心血，而且呈现着我至今不改的创作原则——理想主义的大旗。何况，那里面所表现的心态和人生体验是绝对真实的，任何人也无法跳出时代的影响。

我继续写作下去，不管是在云南的小山村中，还是在北京的一家重型机械厂里，知青生活在很长一段时间内成为我文学创作的主要题材。

奠定我文学地位、发表于《收获》杂志的中篇小说《世界》是写知青生活的，我第一部被青年电影制片厂拍摄的电影剧本《我们的田野》是写知青生活的，我第一部由人民文学出版社出版的长篇小说《青春梦幻曲》还是描写知青生活的，被称为知青作家，我毫无羞愧。

在我已经出版的50多本书中，知青题材的作品几近一半，《山色》、《一代人的情歌》、《中国知青秘闻录》、《中国知青在海外》，即使是描写当代生活的《海南大亨》、《海南教父》里面的主人公，也同样有着知青经历。

知青生活将影响我一生的文学创作，不管更年轻的人如何认为知青是个太“古老”了的故事。

以一个老知青的身份，1992年我又回到了云南河口，我在那里当了6年知青。

哪怕一张再小的共和国的地图上，都会在西南边境线处标明河口县城的位置，因为这里是祖国西南大门的出口，这里的一块界碑的一侧标明：大清朝河口；另一侧刻着：大法国越南。

很久以来，我觉得自己是在云南河口长大的，毕竟青春的火焰在这里开始燃烧，初恋的甜蜜在这里流淌，文学的创作在这里起步，人生的煎熬在这里体验。

17年前到北京探完亲回河口时总有一种无可奈何的心境，而17年后回河口却有迫不及待的感觉，为什么呢？很简单却又极其复杂。

但我还是回来了，河口确实有什么东西牵动着我的灵魂，这是一块我几乎将命留下的深情土地啊！我的人生中已经无法将这块土地，将6年的知青经历割舍掉了。

这就是我们所谓的知青情结！一种由记忆和思绪，由人生和情感编织出来的丝线系出的那永远也解不开的结！

我曾和韩少功、史铁生、梁晓声、王安忆等一批知青作家编选一套5卷的《知青文学精品文库》。

这种举动与其说是在总结十多年来知青文学的轨迹，还不如说是又一次回顾我们这代人的生命历程，过去的确实永远过去了，你可以说它万劫不复，也可以说它东去不回，但你很难设想它会在有过知青生活的人们心中被尘封，上一代人的偏见和下一代人的挑战都不可能强迫我们淡忘那段有血有泪，有情有恨的青春岁月。

我们绝不是垂暮之年而靠追忆来填补死亡前的无奈和空白，我们寻找的是尚未与肉体统一的那飘忽不定的灵魂，我们审视自己的过去是为了再一次核查自己的定位，再一次肯定我们未来的座标。

历史证明，我们是被耽误的一代，但历史同样也证明，我们是不可被跨越的一代，别人可以嘲弄、怜悯、误解和厌恶我们，但我们自己绝不！在我写《我的知青岁月》这一短文时，我相信我已经处于一种理性的平静状态，我也相信我描绘的不仅仅是我个人生命和情感的经历，我在写下每一个字时，想到的都是我们这一代人，这也就是我们和所谓第四代人人格上的根本区别！

我知道，多元化时代的到来正在强烈排斥着群体性格的存在，个人魅力的展现是世纪末不可阻挡的趋势，这种趋势将会把人类带入到下个世纪的喧闹之中，但是，整个人类存在的现实又必然地使任何想获得个人成功的人不可能忽视人类意识，否则，他注定只能走向失败。

于是，站在人类意识的高度，我们不可能将一个有数千万人投身进去的今天和未来所该享有的权利剥夺，这就是我至今还在塑造知青文学形象的全部理由。

第四代在诘问第三代了，我们向他们的回答应该是首先使他们了解历史的真实，我们的历史被人为遮掩得太多了，只有当他们了解了我们的真正经历，我们才能与他们同日而语。

为此，我写出了《我的知青岁月》。